科教管理与创新战略研究文库

主　编：顾建民
副主编：吴　伟

急剧变革中的
大学社会服务

Social Services of University in
Dramatic Social Reforming

吴　伟　臧玲玲　齐书宇　著

上海交通大学出版社
SHANGHAI JIAO TONG UNIVERSITY PRESS

内容提要

社会服务是大学的重要功能，已经贯穿到大学活动的方方面面，成为大学最基本的"底色"，重塑着大学的整体面貌。但社会服务易于功利化、短期化，加之其多元、零散的特征，常常使纯粹的学术使命碎片化，遑论反哺人才培养和科学研究。以密歇根州立大学(MSU)为代表的美国公立大学，多年来一直强调拓展与参与(outreach and engagement)理念，旨在把广泛、多元的社会服务活动与院内学术使命充分结合，更好地处理大学与社区(community)之间的互动和互惠关系，为我国大学提供了重要借鉴。本书以美国部分公立大学为案例支撑，提供社会服务理念在人才培养、经济服务、国际合作等方面的实现路径，也重点关注到规范化的社会服务评价方式，还描述了卡内基高等教育机构分类中最新出现的"社区参与性分类"。从中可以发现，社会服务已经成为不可阻挡的实践潮流，但要把学术标准贯彻到社会服务评价之中，强调其学术性。本书最后也对我国大学加强社会服务规划、提供有效的组织制度支持、强化社会服务学术评价等方面提出了建议。

图书在版编目(CIP)数据

急剧变革中的大学社会服务/吴伟，臧玲玲，齐书宇著.—上海：上海交通大学出版社，2020
ISBN 978-7-313-23039-3

Ⅰ.①急…　Ⅱ.①吴…②臧…③齐…　Ⅲ.①高等学校－社会服务－研究－世界
Ⅳ.①G647

中国版本图书馆 CIP 数据核字(2020)第 038763 号

急剧变革中的大学社会服务
JIJU BIANGEZHONG DE DAXUE SHEHUI FUWU

著　　者：	吴　伟　臧玲玲　齐书宇		
出版发行：	上海交通大学出版社	地　　址：	上海市番禺路 951 号
邮政编码：	200030	电　　话：	021-64071208
印　　制：	上海天地海设计印刷有限公司	经　　销：	全国新华书店
开　　本：	710mm×1000mm　1/16	印　　张：	15.75
字　　数：	257 千字		
版　　次：	2020 年 4 月第 1 版	印　　次：	2020 年 4 月第 1 次印刷
书　　号：	ISBN 978-7-313-23039-3		
定　　价：	78.00 元		

总　序

　　这是一个充满变数、急剧变革的时代。人类正经历百年未有之大变局,新一轮科技革命和产业变革正在重塑经济社会发展格局和人类生活面貌。大学当然不会置身事外。正如工业革命需求催生一大批新兴大学,进而倒逼古典大学在办学理念、学科设置、学术范式、培养模式上产生巨大革新一样,当前的大学也正面临着前所未有的挑战,经历着更加深刻、更为全面的变革。

　　从挑战的角度来看,如今对于大学在社会发展全局中的地位的认识似乎开始模糊起来。一方面,我们常说,随着经济社会的不断发展,大学已经远离象牙塔而走向社会的中心,日益成为社会的轴心机构;另一方面,对于大学还能否扮演社会发展中知识发源地、创新发动机的角色,已有不少怀疑的目光。究其原因,从根本上说,是人类面临挑战的日趋复杂化对大学发展提出了更为迫切和更为高端的需求。

　　就科技创新而言,很多发现、发明并非首先出现在大学,甚至与大学没有直接关系。大学在有组织研究和重大成果产出上,不断面临来自领军型企业、一流科研机构的挑战。

　　就人才培养而言,虽说是大学最核心、最传统的功能,一时半会尚难被其他社会机构所完全替代。但不容忽视的事实是,许多新兴科教机构已经抛开了传统的物理校园和教育组织体系,在招生与培养方式、课程体系、教学模式等方面进行了颠覆性变革。

　　再从大学内部的变革实践来看,传统的院系-学科结构正遭遇巨大挑战,跨学科、交叉学科机构和平台大量涌现,科学研究的范式和组织体系正在发生快速变化。以上种种,都说明大学如不顺势而为,勇于变革,真有被其他组织"挤出"

的危险。

　　"双一流"建设是当前国内影响高等教育系统运行最为强大的政策话语,可以说是吹响了中国高等教育迈向世界一流的冲锋号。核心政策诉求在于,以师资队伍和学科建设为基本抓手,通过一系列改革举措,强化质量和贡献导向,着力实现大学内涵式发展。

　　实践层面的挑战和变化也深刻影响着高等教育研究。在我看来,深入实践、回应需求、聚焦问题、讲求实证,应该成为高等教育研究必须做出的范式转变。高等教育正在发生着翻天覆地的变化,我们的研究不能只停留在过去,止步于经典,应当更多地关注现实,面向未来,做出更多能够创新理论、影响实践、引领发展的成果。

　　我们策划科教管理与创新战略研究文库,重要目的之一就是关注和回应迅速发展的实践变革,尝试回答其中的一些学术问题。我们把"科教管理"与"创新战略"合在一起作为丛书名称,体现着实践层面的发展趋势,当然另一方面也是为了有较好的覆盖面。文库聚焦全球视野下的中国科教管理与创新战略,主题涵盖人才培养、"双一流"建设、科技政策、院校管理等,将持续推出新品种,形成相关领域优秀学者成果展示的学术品牌和开放平台。

　　加入文库的作者,都是国内各大学的中青年骨干教师,长期从事与大学发展相关的学术研究,其中部分人兼有行政职务,具有学术研究与管理实践相结合的天然优势。难能可贵的是,他们当中的许多人有着较为密切的研究合作,并发表过高水平的研究成果。这对于提高著作质量无疑将会有很大帮助。丛书设计策划得到浙江大学中国科教战略研究院吴伟博士和上海交通大学出版社易文娟编辑的大力支持,在此表示衷心感谢。最后,我要感谢各位作者,是他们的不懈努力和严肃认真,使得丛书达到了一个较高的水平。

浙江大学教育学院院长、教授

顾建民

前　言

　　2005 年,宁波市政府提出构建服务型教育体系,通过理念创新、政策推进、实践探索,宁波市服务型教育体系建设取得初步成效。我国当前正处于深化提升服务型教育体系建设的重要时期,所以,当我收到浙江大学吴伟博士送来《急剧变革中的大学社会服务》书稿时,我非常期待,为其可能对服务型教育体系建设提供的理论指导感到十分高兴。

　　习近平总书记指出,"高等教育是一个国家发展水平和发展潜力的重要标志","高等教育要为人民服务、为中国共产党治国理政服务、为巩固和发展中国特色社会主义制度服务、为改革开放和社会主义现代化建设服务"。可见,我国高等教育进入了一个全面服务的新时代。从历史看,高等教育的社会服务职能自产生以来,便始终是高等教育理论和实践的重要问题。伴随着经济社会的快速发展,高等教育社会服务功能一方面不断拓展,另一方面与人才培养、科学研究功能的关系也不断演变,至今三大功能之间的关系也正在发生深刻变化。

　　社会服务功能从 19 世纪中叶正式确立以来,在历次的社会革新大潮中不断推陈出新,如今早已远非它诞生时的模样。"描绘"社会服务的前世今生,自然不能跳开它的诞生地——美国,何况美国至今还是全球高等教育最发达的国家之一。吴伟等撰写的《急剧变革中的大学社会服务》一书,以美国大学的社会服务发展为主线,通过丰富的案例和科学论证,揭示了大学社会服务功能的最新发展及其规范的管理和评价,对于我们深化对大学社会服务功能的认识,科学管理和激发大学社会服务功能,提供了先进的理论框架和有效方法。

　　本书对于高等教育的理论与实践都有一定指导意义,尤其在如下几个方面对我们很有启发:

　　一是提供关于大学社会服务的新认识。本书认为大学社会服务不是简单的"第三功能","社会服务不再与其他功能简单并列,而是成为大学各类活动的中心",揭示出大学社会服务对于人才培养和科学研究两大功能的重要作用,从而使社会服务这一"第三功能"具有了"嵌入""贯穿""重塑""提升"色彩,深化了高等教育社会功能的理论研究,丰富了大学社会服务的内涵。

　　二是通过引入参与性这一分析视角,认为社会服务开始由单向的公共服务向双向的公共参与演变。运用"拓展与参与"(outreach & engagement)这一更广泛和更具有包容性的术语来描写社会服务的最新发展,把服务性学习、社区参与性学术、拓展、参与性大学等概念,纳入共同的分析框架之中,突出互动的、互惠的、深度的协同关系。

　　此外,本书还系统介绍了美国部分大学参与性评价标准,以及社会服务的评价体系建设,对于我们科学管理大学社会服务活动,广泛调动广大教职工的积极性,更好地发挥社会服务的学术功能具有十分重要的借鉴作用。

　　本书立足于时代发展的大格局,呈现了社会服务的各个侧面,包括历史的演变、理念的更新以及人才培养、经济助力、国际交往、服务评价等。著作内容资料翔实,论证充分,行文流畅,既有对历史的关照,更有针对现状的描述;既有广阔的国际视野,又有扎根本土的问题意识,也有难得的批判精神。这可能与吴伟博士长期从事与大学发展实践密切相关的院校决策咨询工作,同时又身兼学术研究者的双重角色有关。我相信,对于高等教育管理者、决策者以及相关的学术研究者来说,这本书都值得一读。希望本书能够为深化高等教育改革,促进高等教育事业发展贡献力量!

宁波大学教授

胡赤弟

2020 年 2 月

目 录

绪 论

当前,全球社会正面临着诸多领域内艰巨而复杂的重大挑战,各国人民追求物质生活、精神享受、社会公平的动力愈发凸显,国家间合作与竞争相伴而生。大学作为科学、技术、艺术的汇集之地,是孕育人才和创新科技成果的重要依托,需要在创造人类更加美好的未来中发挥关键作用。2012 年,美国国家研究委员会(NRC)、美国自然科学基金会(NSF)、美国国家工程院(NAE)推出的政策导向性报告《研究型大学与美国未来:与国家繁荣与安全密切相关的十项突破行动》把高水平大学的地位和作用提升到国家繁荣与安全的角度来审视,进而提出增加联邦投入、减少行政规章及约束、缩短知识转化周期、设置国家层面的"战略性投资计划"、强化 STEM 教育等针对性建议。①

在回应社会亟须重视的问题的同时,大学自身不断演化,从最初的小规模、小团体、小场所逐渐成形为"多元巨型"(Multiversity)的样态。正如布鲁贝克在《高等教育哲学》中所言,人才培养、科学研究、社会服务是大学三大传统功能②。在新的历史时期,有学者提出"教育、研究、创业"三大功能,如田华和王沛民(2008)所提出的"知识中枢"概念,与原有"知识库""知识工厂"的创业功能相对

---

① Committee on Research Universities, Board on Higher Education and Workforce, Policy and Global Affairs, National Research Council. Research Universities and the Future of America: Ten Breakthrough Actions Vital to Our Nation's Prosperity and Security [R]. Washington D. C. : The National Academies Press, 2012.

② [美]约翰. S. 布鲁贝克. 高等教育哲学[M]. 杭州:浙江教育出版社,2002 年版,第 15 - 25 页。

应①。"四功能说"一般是在经典的传统三大功能之外,不同作者从不同角度加进不同的功能,如技术创新②、国际交流(或国际合作、文化交流、国际化、对外交流)③、文化引领④、引领社会⑤、文化传承与创新⑥等说法。国外文献中经常提及的与功能论相关的其他词汇还包括,"第三使命"(the third function/the third mission)、"第三种活动"(the third stream/third stream activity),大抵是指代同一类对象。也有学者从其他角度来描述大学的传统三功能,如亚拉伯罕·弗莱克斯纳(Abraharn Flexner)最早提出的探索真理、培养学生、诠释知识和思想⑦,加罗斯拉夫·帕利坎(Jaroslav Pelikan)界定的科学研究、教学和社会责任⑧,格兰特·哈曼(Grant Harman)划分的教学、研究与学术、社会服务⑨,李军以学术发表(代表研究功能)、本科生和研究生的教学、社会服务作为大学核心功能的三个核心维度,作为数据收集与分析的理论框架。⑩

需要明确的是,大学三大传统功能是随着大学所处社会环境的变化,以及大学自身运行范式的变革而渐次进入大学概念框架的,后一种功能的加入,在表现形式上是缓慢的,但在内涵上是与前一功能密切协同的。例如,洪堡大学观的理念所蕴含的科学研究功能,就是与人才培养的原始使命结合在一起出现的,这是教学与科研相统一的德国大学传统。同理,社会服务功能不能脱离人才培养和科学研究,它是把后两者的实现手段和展现空间做了进一步拓展。美国赠地学

---

① 田华,王沛民."知识中枢":大学创业转型的新功能——以美国佐治亚理工学院为例[J].高等工程教育研究,2009年第1期,第24-28页。

② 方展画.高等教育"第四职能":技术创新[J].教育研究,2000年第11期,第19-24页。

③ 冯振业,杨鹤.对大学的第四职能:国际文化交流与合作的一些理解[J].国家教育行政学院学报,2003年第6期,第61-66页。

④ 赵沁平.发挥大学第四功能作用　引领社会创新文化发展[J].中国高等教育,2006年第Z3期,第9-11页。

⑤ 袁广林.引领社会:大学第四职能[J].现代教育管理,2011年第1期,第8-11页。

⑥ 胡锦涛.在庆祝清华大学建校100周年大会上的讲话[J].清华大学教育研究,2011(3):1-4.

⑦ Abraharn Flexner. Universities: American, English, German [M]. Oxford: Oxford University Press, 1930, pp230.

⑧ Jaroslav Pelikan. The Idea of the University: A Reexamination [M]. New Haven: Yale University Press, 1992, pp98-101.

⑨ James J. F. Forest, Philip G. Altbach (Eds.). International Handbook of Higher Education [C]. Springer, Dordrecht, 2007, pp309.

⑩ 李军,田小红,张升芸.全球大学排名、科研评估与高等教育重构——中国内地、香港和日本的案例比较[J].高等教育研究,2017年第6期,第1-11页。

院(Land-grant College)最开始出现的时候,是针对地方工农业生产最新发展需求,面向劳工阶级培养农业、军事战术和机械技艺急需人才,同时也开展农业科学、工程技术、医学、物理等领域的科学研究。

大学三大传统功能之间的"演进式"特征十分明显。就人才培养来看,科学研究功能出现之前的人才培养目标是神职人员、政治经济精英、绅士等(即纽曼的理想)[①];科学研究进入大学围墙后的人才培养目标进一步拓展为专家学者、工程师、科技专家和高素质公民等(对应洪堡大学观的理想)[②],并且在当代得到进一步拓展,成为社会各阶层、各领域人们获得生存和发展素养、能力和技能的基本途径。就科学研究来看,中世纪以前的科学研究主要存在于家学渊源、师承关系和宫廷资助等组织形式,呈现出散点式、经验积累、随机偶然等特征,伴随着大学和研究机构在社会组织体系中地位的崛起,科学研究的建制化、规模化和长期化特征逐渐明确。

从大学学术发展演进的角度来看,欧内斯特·博耶(Ernest L. Boyer)是一位跳不过去的教育家,他在 1990 年向卡内基教学促进会提交的研究报告《学术反思:教授的工作重点》(*Scholarship Reconsidered*:*Priorities of the Professoriate*),对"学术"及"大学教师的学术工作"重新作了概念界定。他提出大学教师要承担四种相互独立而又互相联系的学术工作:探究的学术(Discovery)、应用的学术(Application)、教学的学术(Teaching)以及整合的学术(Integration)。学术工作的四个方面是不可分割的整体,知识需要历经研究(research)、实践(practice)、教学(learning)和综合(synthesis)的过程获得。博耶强调,"学术"(Scholarship)不仅仅指研究,知识的发现、传播或应用不是以单向线性的方式发展,它们之间常常是双向互动的。1996 年,博耶呼吁高等教育应该把"参与性学术"(scholarship of engagement/engaged scholarship)囊括进来,以应对紧迫的社会议题。显然,这进一步拓展了大学功能的实现空间及其所能囊括的活动范围。与此相联系的,还有一些使用较为频繁的概念,如"社区拓展"(community outreach)强调大学师生关系和活动的触角由内向外延伸;"服

---

① [英]约翰·亨利·纽曼.大学的理想[M].徐辉,顾建新,何曙荣,译.杭州:浙江教育出版社,2001 年版,第 1－12 页。

② 张弢,何雪冰,蔡志楠.洪堡神话的终结?——德国史学界对洪堡与德国现代大学史之关系的解构以及相关思考[J].德国研究,2018 年第 3 期,第 132－147/152 页。

务性活动"(service activities)强调大学在开展社会服务中践行服务理念;"商务和社区参与"(business and community engagement)意在突出知识转化和商业回报范畴的社会服务活动;"参与型大学"(Engaged University)是指社会服务精神内化为大学运行范式的总体状态[1],与"创业型大学"(Entrepreneurial University)所指向的灵活变革、风险意识、引领高技术行业发展等定义相通。

程军(2017)等通过使用语料库和批判话语分析相结合的研究方法,对美国公立大学使命宣言中的话语变迁主题进行了分析,研究发现知识经济社会中的大学社会活动的学术质性增强,以"拓展与参与"(Outreach and Engagement)为代表的组织活动正在逐渐融入大学传统功能之中,成为公立大学新的使命和任务。拓展与参与的组织活动特点是:强调大学需要走出象牙塔,使大学知识与社区产生合作,促进大学自身的学术发展[2]。

谈及大学社会服务功能,自然首推美国大学的社会服务实践,因为社会服务早已嵌入了美国大学的基因中。无论是美国建国初期的国父富兰克林(Benjamin Franklin,1706 - 1790)和杰斐逊(Thomas Jefferson,1743—1826),还是美国工业革命时期的教育家吉尔曼(Daniel Coite Gilman,1831—1908)和艾略特(Charles W. Eliot,1834 - 1926),都强调教育的目的是服务于社会。[3] 1862 年,美国国会通过的《莫里尔法案》(Morrill Land Grant Act)使得大学服务社会的使命快速确立,直接表现为大学承担起满足农业机械化、制造工业化发展的现实责任,直至 1890 年又通过第二个《莫里尔法案》接续推动社会服务活动开展。而在第二次科技革命和第三次科技革命如火如荼发展的背景下,美国大学不断嵌入经济社会发展进程,在表征创新引领角度上的研究型大学概念不断得到强化,到 20 世纪下半叶,大学已成为促进社会经济发展的原动力和创新枢纽,其间大多数社会功能范式都是在美国发轫并拓展开来的。

从 20 世纪后期开始,全球范围内的各个层次和各个类别的大学都经历了翻天覆地的变化,尤其是在资源获取、组织转型、活动范围等方面,大学的"社会服

---

[1] 任重,邵晓梅.大学功能研究的新范式——基于参与型大学理论[J].高教探索,2009 年第 5 期,第 70 - 72 页。

[2] 程军,高文豪.美国公立大学使命宣言的话语变迁——基于语料库的批判话语分析[J].比较教育研究,2017 年第 3 期,第 14 - 25 页。

[3] 吴军.大学之路:陪女儿在美国选大学(第二版. 上册)[M].北京:人民邮电出版社,2018 年版:前言 XIX。

务"功能已远非它当初的模样。当今,创新支撑经济转型、创业激发社会活力、创造引领未来发展的趋势逐渐清晰。随着与社会联系的不断深化和多元,大学渴望在前沿创新、高技术创业、文化传承与辐射、引领社会发展中扮演更加重要的角色。本书认为,大学从来没有像今天这样嵌入经济社会发展的血液和骨髓,成为创新生态系统、社会价值体系、人类发展源动力的关键组成部分,社会服务也已经在重塑大学面貌,遑论作为其职能的人才培养和科学研究。同时,大学存在的样态正在不断被改变,尤其在与其他知识生产机构之间的竞争中,大学不断面临挑战。

美国社会经济是以生物医疗健康、未来信息智能等重大科学为支撑的产业发展样态,作为大学人才培养、纯粹研究基础功能之外的第三大功能的社会服务,正逐步过渡到混成交互各种创新创业活动的"拓展与参与"、"服务性学习"(Service Learning)、应对"重大挑战"(Grand Challenge)等功能范式。美国公立/赠地院校是承载大学公益使命的战略力量,借以与更大社区(community)的广泛活动实现在创新创业上的充分融合。"拓展与参与"意在表征美国公立大学与私立大学一样,强化了面向社会需求尤其是公益需求办学,以及"草根式创新"、与政产学研深度融合的发展范式转变[①];"服务性学习"被公认为是一种有效的教育方法,能够帮助和促进学生的学习和成长,同时在培养兼备知识和技能、分析能力、合作水平以及社会责任感的合格公民方面发挥着重要作用。"重大挑战"是指人类社会面临的重大而急迫问题,如贫困、水资源短缺、网络空间安全、脑健康等,大学如何在解决这些问题中扮演重要角色,巩固其问题解决者角色,关系到大学的社会显示度。但需要指出的是,广泛的社会服务活动并未冲击到美国公立大学从事学术活动的本质,无论是教师评价、管理制度,还是具体的研究与教学项目设计,都充分体现内在的学术诉求,以保持学术之于大学内核这一点上的内在连贯性。这也是美国大学社会服务虽然广泛,但不分散;虽然有利,但不盲目图利的主要原因。

参与性(engaged)、社区(community)、拓展(outreach & extention)等与服务(service)的连用,近年来常见于美国高等教育的相关资料中,从不同角度强调

---

① 吴伟,邹晓东,王凯,黄扬杰. 拓展与参与:美国公立大学功能的新变化[J]. 高等教育研究,2013 年第 6 期,第 84 - 93 页。

或表征大学在新的时代背景下与社会的关系,此外还有社区参与(Community Engagement)、公共服务(Public Service)、公民参与(Civic Engagement)、基于社区的学习(Community-based Learning)等相关表述。吉本斯等把"社区参与性学术"(Community-engaged Scholarship)定义为学术界与实践性群体间(practitioner communities)的多重对话,拓展各自边界并提升各自福祉,其内涵在于异质性的、多向的、协作的、高度参与性的,并且是面向多元化受众(audience)的服务①。从这些名称可以看出,这些活动都是强调大学与社区深度合作,以发挥大学知识和人才优势,促进社区、社会发展,大学以公共参与来整合原有功能,实现三者的融合发展。

参与性学术(engaged scholarship)在英文文献、网站公告中有许多不同的表述,如 community-engaged scholarship、public scholarship、scholarship of engagement,但基本表示同一内涵的相同活动指向,与"传统研究"(traditional research)有极大差别。传统研究的活动过程和研究发现都局限于学术共同体内部,参与性学术则是要基于多元主体的需求,并接受关于价值、绩效、程序的多元化反馈,二者研究的问题也是通过不同方法架构出来②。参与性学术在凝练学术问题、确立学术目标、开展学术活动,以及在设计、分析、实施学术活动各环节和传播学术成果中都实现高度协同参与,是社区利益相关者(包括教师、学术职员等)共同参与智力投入的过程。今天,大学功能的这种模式——将大学看作社会引擎,全面参与社会变革和发展超越了原有的大学功能范式。正如,一种新的大学类型——参与型大学(Engaged University)被提出,这一新型大学将公共参与作为主要特色,将公共参与作为大学发展的重要任务,在教学、科研和服务方面着重体现出关注公共福祉。大学公共参与不再是一项简单的活动类型,而是教学、科研和社会服务的重要领域,也是大学提升办学质量、社会声誉的重要路径。③

① M. Gibbons, C. Limoges, H. Nowotny, S. Schwartzman, P. Scott, & M. Trow. The new production of knowledge: The dynamics of science and research in contemporary societies [M]. London: Sage, 1994.

② Lorilee R. Sandmann. Scholarship as architecture: Framing and enhancing community engagement [J]. Journal of Physical Therapy Education, 2006, Vol. 20, No. 3, pp80–84.

③ David Watson, Susan E. Stroud, Robert M. Hollister, Elizabeth Babcock. The Engaged University: International Perspectives on Civic Engagement [M]. Routledge, 2013, pp208.

与此相关的一个问题是,量大面广、形式多样甚至是难以考察效果的社会服务活动,是否会影响到大学传统的、纯粹的学术使命的履行? 包括培养创新人才、开展前瞻性研究、满足国家和社会的长远利益等。这涉及社会服务文化,准确说是以人员评价为形塑力量之一的师生精神状态,以及大学层面的制度规制体系等问题。一味以市场为目标或以直接短期利益为导向的社会服务往往会让师生的注意力漂移到学术之外,甚至诱发重科研轻教学、重理工知识轻人文社科、重回报轻贡献、重短期轻长远等弊病。从更深层次来看,社会服务的组织化发展以及问责制的兴起,可能会损害倡导学术自由的大学精神,使得教师变成普通劳动力市场的"雇佣人员",降低教师职业的吸引力;更甚者,政府和产业界出于自身利益考虑,要求大学教师对研究成果保密或推迟发表,导致研究成果不能及时公布甚至被埋没[①]。

从历史发展角度来看,世界一流大学本就是在一次次地解决社会重大问题过程中建立起来,其发展过程是旧大学蜕变或者被新大学替代的过程。美国工程院前任院长诺曼·奥古斯丁在《一流大学卓越校长:麻省理工学院与研究型大学的作用》一书的前言中指出:"多方面的研究表明,能够存在数百年的组织——无论何种类型——并不太多;其中主要的组织是大学。人们还注意到,大学延续时间如此之长却变化最少。"这似乎在向我们暗示,大学的定义包括一流大学的内涵应该存有一种永恒的价值诉求,历经世纪,变化无几。但他同时认为,"查尔斯·达尔文对生物有机体的观察似乎也适用于人类有机体"。如达尔文所言,"存在的物种既不是最聪明的,也不是最强壮的,而是最适应变化的物种。"这似乎又在提醒我们,大学尤其是那些一流大学的流芳百世,正是在于其持之不懈地追求对社会变化及时代变迁的最佳适应。在诺曼先生眼中,该书作者查尔斯·维斯特,历任 MIT 校长近 14 年之久并引领这所一流大学超越了其百年来的卓越与成功,无疑是最合适的人选为上述问题提供解答或予以佐证[②]。

在应对工业革命推动社会大发展的过程中,英国议会通过《牛津大学法案》(1854)和《剑桥大学法案》(1856),改革旧的大学章程和条例,并在"新大学运动"(New University Movement)背景下逐步建立了重视科学技术与应用研究的伦

---

① 熊华军. 后学院科学时代的大学学术职业[J]. 高等教育研究,2012 年第 9 期,第 36 - 41 页.

② Charles M. Vest. Pursuing the Endless Frontier: Essays on MIT and the Role of Research Universities [M]. The MIT Press, 2011, Preface.

敦大学、曼彻斯特大学等近代大学，以应对经济社会发展的新需求。大致在同一历史时期，美国颁布《莫里尔法案》，建立了适应工农业发展需求的威斯康星大学、加利福尼亚大学和康奈尔大学，并开创了扎根基层办学的大学发展理念。同样，在"曼哈顿工程"重大科技攻关计划背景下，麻省理工学院、斯坦福大学和加州大学伯克利分校等研究型大学顺势而起，成为面向国家重大需求打造自身核心竞争力的大学发展典范。从 20 世纪 70 年代开始的信息技术革命和经济爆发式增长趋势，使得全球大学走向了共通的社会服务道路，即深度融入国家和区域经济发展，进而改造自身，使得大学变得更加敏锐和灵活，但仍与经济社会发展保持适度的距离和张力。也正是基于这个视角，有学者把大学的传统角色概括为"通过研究、教学和服务来生产和传播知识"（Generate and Transmit Knowledge：Research，Teaching，Service），与之相对的，把大学的新角色定位于"通过发现、学习和参与创建一个学习型社会"（Create a Learning Society Through Discovery，Learning and Engagement）。[①]

　　在这方面的案例研究中，除了美国著名的斯坦福大学与硅谷（湾区）、麻省理工学院与 128 公路（波士顿地区）、北卡罗来纳州研究三角园区（涵盖北卡罗来纳大学、北卡罗来纳州立大学、杜克大学三所大学与罗利、杜兰、查佩尔希尔三个城市）之外，近年来讨论比较多的典型案例还有以色列理工学院（Israel Institute of Technology）与特拉维夫地区、斯科尔沃理工学院（Skoltech）与莫斯科斯科尔沃（Skolkovo）地区、巴黎萨克雷大学（Université Paris-Saclay）与萨克雷地区、剑桥大学及剑桥科技园与其周边地区，以及中国的中关村地区、深圳地区、武汉"光谷"等。围绕这一趋势，从 20 世纪末开始，学术界出现了创业型大学（Entrepreneurial University）、参与型大学（Engagement University）[②]、服务型大学（Service University）、创新型大学（Innovative University）以及三螺旋

① Barbara A. Holland. Scholarship and Mission in the 21st Century：The Role of Engagement ［EB/OL］. https://depts. washington. edu/ccph/pdf _ files/HollandFIPSE％205. 18％ 20Teleconf. pdf，2017 - 08 - 09.
② 参与性大学概念用来说明大学与社会的新型关系构建，其基本涵义为：通过对知识、技能、信息的共同开发和资源共享，大学实现与外部社区的相互依赖和交互作用；通过交互作用，学术机构的知识开发能力得以扩展，社区则更可以深层次地理解学术机构对知识资产的储备和开发作用，从而整个社区的经济也得以实现增益。参见：任羽，邵晓梅. 论大学功能的演进和创业型大学的兴起——基于三螺旋和参与型大学的两种路径［J］. 学术论坛，2009 年第 8 期，第 188 - 192 页.

(Triple Helix)、知识三角(Knowledge Triangle)等概念。在这些概念视域下,大学一方面成为国家或地区经济发展的引领者,在从事自身教学、科研等学术创新活动中不断溢出知识,这甚至成为大学本身的"第三职能";①另一方面大学与社会之间存在密切的互利共赢关系,大学运行需要来自社会的资源支持,甚至大学自身的运行范式、组织变革以及学术命题,都可能来自社会的直接需求②。这些鲜活的实践案例,在学术领域内表征的是 20 世纪末开始被充分讨论的"创业型大学"现象,亨利·埃兹科维茨(Henry Etzkowitz)和雷奥斯多夫(Loet Leydesdorff)在 1995 年出版的《大学和全球知识经济:大学—产业—政府关系的三螺旋》一书中对政产学之间的交互关系进行了刻画,他们尤其关注到了那些在高新技术创新创业扮演发动机角色的研究型大学在区域经济发展中起到的积极作用,进而使得"创业"衍生成为大学功能的新变种③。

有研究者认为,社会服务是大学在教学、科研活动的基础上,利用自身的知识资源和智力优势,根据社会需求和大学的类型和特点,直接参与旨在推动所处社区、城市、国家乃至全世界的经济、科技、文化、价值观和社会全面发展的活动。大学的社会服务职能是其教学职能和科研职能的必要扩展。④ 我们注意到,传统观念对大学功能最普遍的认识是循序渐进出现培养人才、科学研究和服务社会,尽管在中国语境下也陆续出现了文化传承、国际交往和成果转化等提法,但始终没有替代经典的"三功能说"。如果说这种认识在 20 世纪中后期之前存在合理性的话,那么大学功能发展到今天,这种认识已经不符合大学的总体状况,大学培养人才、科学研究和服务社会的功能已经很难被分开。大学活动的复杂化、集成化和迅疾变化使得这三项功能之间混成交互、相互支撑,并以新的需求

① Henry Etzkowitz, Loet Leydesdorff. The Dynamics of Innovation: from National Systems and Mode 2 to A Triple Helix of University-Industry-Government Relations [J]. Research Policy, 2000, Vol. 29, No. 2, pp109 - 123.

② Martin Lehmann, Per Christensen, Björn Johnson. Partnerships and Sustainable Regional Innovation Systems: Special Roles for Universities? [M]// Facilitating Sustainable Innovation through Collaboration. Netherlands: Springer, 2010, pp41 - 58.

③ Henry Etzkowitz, Loet Leydesdorff. Universities and Global Knowledge Economy: A Triple Helix of University-Industry-Government Relations [M]. New York: Continuum International Publishing Group Ltd, 1995.

④ 邹晓东,李铭霞,刘继荣. 顶天与立地结合,全方位打造服务社会新体系[J]. 高等工程教育研究,2009 年第 6 期,第 46 - 52 页。

面向得以贯穿。在很多时候，大学服务社会已经成为一种理念、一种范式，无论是科学研究还是培养人才，都在强化服务社会导向。大学科学研究要跨学科、面向需求、强化成果转移转化，人才培养要以解决当前社会问题为导向，强调人才手段的立体式、知识的复合型、能力的实践性；这俨然不是大学培养人才最初的内涵，也不是洪堡时代科学研究进入大学时的样貌了。所以，站在历史发展的节点上，我们不难发现，传统的大学功能已经演变成"面向社会发展的人才培养""面向社会服务的科学研究"和"面向区域、国家甚至全球发展的社会服务"。并且，随着社会期待的不断提升，大学需要在知识创新上追求学术卓越，在技术创新上追求技术超群，在服务创新上追求高强辐射，实现从支撑社会发展到引领发展前沿的转变。

社会服务作为中国研究型大学的重要使命，同时也是大学提升自身社会认可度与学术影响力的重要途径。但我们往往发现，在实践中大学社会服务易于变成其牟利的借口，从而扰乱自身纯粹学术活动，使得学术碎片化、功利化、短期化。尤其是近年来，在"大众创业、万众创新"背景下，大学学术活动不断被拉向创新链的后端（如成果转化），承担着越来越广泛的社会服务职能，大学已远不再是纯净的"象牙塔"。在拓展大学发展空间的同时，使得更广泛、更深入的大学社会服务体现"学术性"，为教学科研的持续发展提供动力与反哺，是大学迫切需要解决的问题。西方发达国家大学社会服务渗入社区的经验，能够为我国研究型大学提供部分经验和借鉴。

本书将关注全球大学社会服务功能及活动的最新研究进展，反映大学在急剧变革的社会背景下，紧抓发展机遇，其传统的培养人才、科学研究、服务社会三大功能被重新塑造的基本样态。研究对象上，本书主要以美国公立研究型大学为主，也兼顾全球其他国家和地区研究型大学基本情况；在研究方法上，主要是第一手案例素材的整理与理论研究。其中：

绪论部分主要介绍本书撰写的时代背景和各章节主要内容。

第一章主要从历史嬗变视角，呈现了伴随着大学逐渐走向社会发展中心，社会服务指向的日渐多元和内涵不断充实的过程，阐释社会服务概念全貌及当前形态的必然性。本章把大学社会服务200年左右时间的发展划分为三个历史时期：一是从1825年弗吉尼亚大学创建到1904年威斯康星大学校长范海斯提出"威斯康星思想"，其中覆盖1862年《莫里尔法案》出台的标志性事件；二是从"二战"到 20 世纪后半叶创新创业活动日渐凸显,大学社会服务对社会发展的引领作用不强增强;三是 21 世纪以来社会深度融合的新时代。

第二章对"服务性学术"(Service Scholarship)概念的产生背景、基本内涵以及其指向的相关实践进行论述。"服务性学术"是本书中社会服务概念的核心指向,与此密切相关的概念包括参与性学术(Engagement Scholarship)、拓展性学术(Outreach Scholarship)、面向社区的学术(Community-based Scholarship)等。其基本含义在于:在社会深度融合时代,社会服务的泛在性不断增强,甚至成为大学的一种"存在方式",进而改变着大学的总体面貌,而且是功利化角度上获得动力源泉的重要抓手。

第三章以"服务性学习"(Service Learning)概念为核心,以普渡大学的社区服务工程项目(Engineering Projects In Community Service)为典型案例,介绍社会服务视域下的人才培养转型。服务性学习拓展了人才培养的空间,打破了传统的学科/专业范式,强化与社区主体间实现全方位的协同和互惠,尤其是工程人才培养上的服务性学习,突出体现了面向实践、强化体验的核心理念。

第四章阐述当代大学在直接助力经济社会发展中的举措和贡献,主要涉及夯实人力资源基础、知识转化及商业化、就业创造及其衍生效应、构建新型大学—社区互动关系等方面。大学直接助力经济发展最显著的表现是推动区域高技术创业的巨大成功,这也是美国版创业型大学(Entrepreneurial University)所特别强调的实践侧面。在内容上,本章重点关注了加州大学在服务加州经济发展上的情况,附录 2 是对本章内容的一个补充。

第五章是社会服务在国际化维度上的表征,是当代大学社会服务的最新演绎。大学在实现自身国际化的过程中,无形中扮演了地方、区域甚至更大范围的"国际交往中心"角色。一些顶尖大学成为链接、汇聚全球范围内的人才、智力、资金、平台等创新资源并发挥区域性资源辐射功能、带动相应地区国际化水平提升,进而成为走出去、引进来的关键"枢纽"(hub)。

第六章聚焦大学如何推动社会服务进入传统学术评价系统。一般情况下,社会服务活动涉及面宽,形式多样,难以考核,更难以量化,这同样也是强调绩效责任的美国大学所面临的重要问题。本章着重论述"拓展与参与"(Outreach & Engagement)评价的理念与内容、方式与挑战,及其进入传统的"任命、晋升和终身教职"(RP&T)体系中的初步探索,还包括评价工具开发等。论述中重点关注了以密歇根州立大学为代表的若干美国赠地大学的评价实践,并初步提出了其对我国大学社会服务活动评价的借鉴意义。

第七章对全球范围内影响最大的高等教育机构分类——卡内基高等教育机构分类中最新出现的一种机构分类——选择性社区参与分类(Elective Community Engagement Classification)进行了全面述评。社区参与性分类以大学社会参与表现作为分类维度,是美国大学尤其是公立大学所开展的、广泛的社会服务活动的全面呈现,是对高等教育系统多样性和分类发展的一种激励。

第八章和《致谢》对本书主要内容进行总结,对本书存在的不足以及未来大学社会服务的研究方向进行展望。部分内容对我国大学社会服务中所存在的问题进行评论,并提出在本书主题下所应做出的改革努力。

第一章
大学社会服务的 200 年嬗变

　　站在当前的历史时刻回望,我们发现大学社会服务概念既具有历史限定性,也具有一脉相承的历史延续性。虽然在每个历史时期,高等教育发展的主题不尽相同,但其逐步嵌入社会发展的趋势从未改变,并不断得到强化。从最初的"服务本地的农业技艺"到"面向国家战争急需的重大创新",再到"催生高技术产业的创业导向"泛化为"嵌入社会肌体的多元化活动",大学社会服务走过了内涵丰富的演变历程。大学变革的历史就是世俗社会力量和生产生活需求不断嵌入大学功能体系的历史,其间的演进迭代特征非常明显,这也导致大学在组织形态、精神面貌、功能框架上的重构。相较于人才培养和科学研究,社会服务虽然最后渗入大学传统功能体系,但也随着经济社会的不断发展而呈现出明显的阶段性变化,展示出极强的包容性和情境适应的敏锐性。一般认为,大学社会服务无论在理念上还是实践上均发端于美国,从 19 世纪初社会服务活动浸入大学肌体,至今大约经历了 200 年的历史嬗变,对这一历程的回顾,将有助于我们明晰大学社会服务功能未来的发展方向。

第一节　从弗吉尼亚大学到威斯康星思想

　　在社会服务功能出现之前的很长一段时间内,大学只是被作为普通的社会机构或精英阶层的精神家园来看待,似乎与现实需求、功利主义等毫不沾边。如洪堡就将大学界定为"以纯知识为对象的学术研究机构"。纯学术的研究活动正是大学孤寂和自由的存在形式的内在依据。据此,大学应有一种精神贵族的气质和对纯粹学术的强烈追求,而不考虑社会经济、职业等种种实际需要。① 美国著名教育家弗莱克斯纳说:"我一向主张大学与现实世界保持接触,同时继续保持不承担责任……,工业界已经发展了利用纯科学研究的方式,因此它不需要大学的实用性……,如果社会科学要作为科学来发展,它们就必须脱离商业行为、政治行为以及这样那样的改革,即使他们需要不断与各种商业现象、政治现象和社会实验现象保持接触。"② 英国著名教育理论家纽曼认为:"从功利派的论点中看到了真正教育的死敌。新大学在功利派理论的指导下,更看重的是专业培训而不是文化要求,是考试及结果而不是心理过程,是对事实的被动获取而不是心智的一般活动"。③ 纽曼所指的"新大学",是那些违背了大学逻辑而将市场经济逻辑和政治逻辑当作自身使命而运行的大学。

从 1825 年,第一所承载社会服务功能的大学——弗吉尼亚大学的创建,到 1904 年,美国威斯康星大学校长范海斯(C. R. Vanhise)提出"威斯康星思想"(Wisconsin Idea),进而确立社会服务成为大学三大功能之一,这一阶段可以被视为大学社会服务的 1.0 版本。这一阶段的大学社会服务具体指向为工农业生产服务,通过农业试验站、工艺培训机构等类似载体,传播技能型知识,解决生产生活中的具体问题;社会服务的建制化、系统性、学术性等特征尚不明显。

美国开始自发地探索大学社会服务的方法和路径,可以追溯到建国后的新建学院时期。独立战争的胜利促使美国摆脱英国在其政治、经济方面的束缚,反映在高等教育上,就是美国迫切要求改变殖民地时期模仿英国建立的教会学院模式,建立带有自身特色的高等教育机构。与此同时,建国后美国的各行业都迎来了大发展,尤其是工业、农业等领域急需大量专业型人才。殖民地时期的 9 所学院受教会控制,开设古典课程和人文科目,以培养教士等神职人员为目的。这些学院的人才培养模式显然不能适应新国家建设的需要,建立新型学院成为美国经济社会发展的大趋势。

---

① 陈洪捷.德国古典大学观及其对中国大学的影响[M].北京:北京大学出版社,2002 年版,第 44 页。
② 夏清华.学术创业:中国研究型大学"第三使命"的认知与实现机制[M].武汉:武汉大学出版社,2013 年版,第 33 页。
③ 王晨.契合与超越——纽曼和赫钦斯大学思想核心概念比较[J].教育科学,2005 年第 1 期,第 47－51 页。

在建国后的 75 年里,美国建立了近百所学院,仅在建前 20 年间,美国新建学院就是殖民地时期学院的两倍,到 19 世纪 60 年代,美国已经建立了 500 多所学院,并且还有 210—250 所学院正在建设中①。这些新建学院既有以教授实用知识和技能为主的公立院校,也有教会建立的院校,但是此类教会学院与殖民地时期以培养神职人员的学院有很大不同,已经从以宗教传播为唯一目的转向世俗人才的培养,对课程设置和教学方法等进行调整,以适应当时的经济社会发展需要。虽然有的学院只是一所专业学校、技能培训中心或者学徒制的训练场所,与今天所说的大学或学院相去甚远,但是它们在某种程度上满足了当时社会对专业技能人才的需要,可以被视为大学服务社会的雏形,其主要特征包括世俗性、实用性和民主化。

世俗性主要体现在培养目标上。与殖民地时期的教会学院培养神职人员不同,新建学院以为各行各业培养专业人才作为目标定位,满足建国初期社会发展的需要,为此,课程设置上新建学院开设实用性课程,如工程、机械、农业、制造等,教学方法采用实践和实训,让学生在实际操作中掌握相关方法和技能,这与以往教会学院开设古典课程使用的反复诵读、辩论等教学方法截然不同。同时,新建学院多是面向社会中下阶层民众传授知识和技能,尤其是让普通民众了解科学、认识到科学技术能够提高生产率,使工业时期的农业走向科学化,改变在殖民地学院时期只有贵族或上层社会才有机会接受高等教育,且这种教育多是远离生活实际需要的神学教育的情况。因此,这一时期新建学院在某种程度上可以说是开启民智、实现民主化的重要手段。

在新建学院时期,大学社会服务功能发展史上出现了第一个具有标志性的事件,即 1825 年美国历史上第一所真正意义上的州立大学——弗吉尼亚大学的建立。弗吉尼亚大学的创办者托马斯·杰斐逊是美国开国元勋,他在独立战争之后回到自己家乡弗吉尼亚州,开展的主要活动之一便是致力于创办一所服务于地方经济及社会发展的公立大学。弗吉尼亚大学的创办具有典型的功利主义色彩,强调突破对自由教育的狭隘理解,重视理科和实践教育,为本州培养实用型人才,服务本州经济社会发展,进而谋求本州公民平等幸福。在这种思想的指导下,弗吉尼亚大学设置了古典语言、现代语言、数学、自然哲学、自然史、解剖学

---

① 亚瑟·科恩.美国高等教育通史[M].李子江,译.北京:北京大学出版社,2010 年版,第 52-53 页。

和医药学、道德哲学和法律等八所学院,并说服州政府通过法案的形式保证每一位来自议员所在选区的贫穷学生都能免费进入大学,所有进入大学的学生可在任一领域内进行专业化学习。

尽管新建学院为当时社会培养了一批工农业急需的人才,但是由于其规模小,多是自发形成,缺乏一定的系统性和持续性,影响力有限,不能满足大量培养专业人才的需求,因此难以与快速发展的工农业生产相适应。南北战争之后,美国迎来了工业快速发展的黄金时期,对发展高等教育提出了迫切需求。在此背景下,以技能教育为培养目标的公立大学迅速发展,伴随着美国版图从北美大陆东部向中西部的逐渐拓展,公立大学也从东部不断向中西部延伸。我们现在普遍认可的社会服务或为社区服务的观念源于美国赠地学院(Land Granted College)创办时代,即1862年7月2日,林肯总统签署的《莫里尔法案》(Morrill Land-Grant Colleges Act)颁布,这是美国高等教育史上具有里程碑式意义的法案。《莫里尔法案》由佛蒙特州的众议员莫里尔(Justin S. Morrill)提出,他受到教育史学家特纳(Jonathan B. Turner)的"产业大学计划"①启迪。该法案明确规定联邦向各州和将要进入联邦体系的"准州"赠予一定数量的公地(标准是每名国会议员3万英亩)或相等的土地期票,用以资助各州建立至少一所农工学院,开设与农业和工艺相关的学科,以促进各行业工人阶级的文理和实用教育发展,培养州工农业发展急需的专业人才。法案的本质意义在于,在美国大学发展史上以国家立法形式,强化了建立在社会服务基础上的高等教育与社会公众、经济发展和国家使命之间的关系。

在《莫里尔法案》的激励下,各州公立大学如雨后春笋般发展起来,联邦政府共拨地1 740万英亩用于建设赠地学院,其中28个州先后建立了以工业和机械技术人才培养为重点的赠地学院,其余的州将土地拨给已有的州立学院成立州立大学,或在州立大学内添设农工学院。其后,美国联邦政府相继颁布多部法案

---

① 1850年5月13日,特纳在伊利诺伊师范学院举行的农业协会会议上作了题为《为了产业阶级的州立大学计划》的演讲,这是特纳首次提出产业大学计划的思想。他建议在各州都建立一所为农民及一般的产业阶级服务的大学。这一计划包括三个主要目标:一是以最低的花费建立一所对所有需要教育帮助的农业、商业及艺术劳动者开放的学院;二是建立包括实用及职业科目教学在内的课程体系;三是从联邦拥有的大量土地中赠地资助这种学院的创办。1853年,特纳的计划由伊利诺伊州议会提交联邦国会,要求联邦拨地给各州用于兴建农工大学,各校费用不少于50万美元。由于时机不成熟,该项提案未获通过。

继续推动此进程。1887 年通过的《哈奇法案》(Hatch Act)授权联邦政府继续援助设置在赠地学院内部的农业实验站,并要求拥有实验站的学院建立科学研究协会等。1890 年颁布的《第二莫里尔法》(Second Morrill Act)规定:联邦政府对业已建立和将要建立赠地学院的州或准州,第一年拨款 15 000 美元,此后 10 年每年都在前一年的基础上递增 1 000 美元,直至达到 25 000 美元,以保证这些学校具有充足和稳定的财力保持正常运行①。同时,《第二莫里尔法》还要求联邦政府停止资助任何以种族为由拒绝录取非裔学生的赠地学院,但可以用赠地款项建立单收白人或黑人的学院,条件是联邦赠地款项必须在白人和黑人之间平均分配。② 1914 年出台的《史密斯—莱沃法案》(Smith Lever Act)要求赠地学院与联邦农业部合作,共同开展社区农业知识的传播和实用技术的推广工作,联邦政府予以每年 1 万美元资助,以提高农业生产效率和居民生活质量。到 1922 年,全美最终建立了 69 所赠地学院,成为美国今天州立大学的主体。公立大学注重开设实用学科,培养技术人才,积极服务于区域社会经济,使大学服务功能得以催生和壮大。

在联邦政府政策引导和支持下,这一时期的大学提供社会服务的路径主要有三种:一是提供大量实用性课程,如农学、工程、兽医、家政等。以农学课程为例,1893 年,威斯康星大学在农业领域内开设 3 门课程,10 年后增加到 37 门,到 1911 年,增加至 169 门。1910 年,堪萨斯州立农业及应用科学学院在农业领域内开设 112 门课程,艾奥瓦州立农业学院开设 170 门课程,俄勒冈州立学院开设 123 门课程,密歇根州立大学开设 80 门课程,伊利诺伊大学开设 142 门课程③。课程开设方式比较灵活,开设时间长短不一,既有颁发毕业证书的长期课程,也有持续几天至几周的短期课程,以满足不同人群的个性化学习需求。课程培养旨在提升学习者的实践能力,因此教学重点放在专业训练方面。同时,教师通过讲座、函授、讲习班等方式为社会各界人士提供专业教育。二是开展与工农业相关的研究工作。当时,美国仍是以农业为主要产业的社会,提升农业生产率和农作物产量是社会经济发展的重要任务,且发达的农业学会在资助农业项目、促进农业技术创新、推动农业生产科学化方面起到重要作用。因此,大学在农业方面

① 都昌满. 美国高等教育纵览[M]. 上海:上海交通大学出版社,2017 年,第 195 页。
② 程星. 美国大学小史[M]. 北京:商务印书馆,2018 版,第 42 页。
③ 李素敏. 美国赠地学院发展研究[M]. 保定:河北大学出版社,2004 年,第 75 - 76 页。

的研究较其他产业研究发展更为迅速。在《哈奇法案》推动下,此时大学农业研究主要是以农业实验站为依托,开展大量有针对性的研究工作,如培育农作物新品种、对疾病与昆虫的控制、提升农作物产量等,帮助农民接受科学技术培训。三是开展推广工作。20世纪初,为了新技术的传播和应用,大学推广工作的需求逐渐增大,很多赠地学院开始将实验站与推广工作相分离,设置专门的推广中心,一方面是使研究人员专心于科学工作,另一方面是大量的推广工作需要专门机构和人员来进行。大学开展推广工作是为那些由于各种原因无法来到学院学习的人们提供技术指导和生产示范,其目的在于帮助更多人接受新知识和新技术培训,进而促进农业发展。《史密斯—莱沃法案》的出台极大刺激了大学推广工作,从而使参与农业推广的人数飞速增长。在该法案出台之前,大学在县级推广的工作人员,42个州共有近1 350人,而在1917年,从事这一工作的人员达到4 100人[1]。

　　从建国后的新建学院发展到《莫里尔法案》后赠地学院的大发展,美国大学一直在摆脱殖民地时期的学院模式,试图为社会经济发展提供智力支持和服务,然而直到"威斯康星理念"的形成,社会服务才被视为一项正式的,与教学、科研并列的大学功能,因此这也被教育史界公认为大学社会服务职能确立的标志。"威斯康星理念"来自时任威斯康星州政府立法咨询委员会主席麦卡西对威斯康星大学注重社会服务办学理念的总结,其核心内涵是大学的资源和能力直接用于解决公共问题[2]。1904年,出任威斯康星大学校长的范海斯首次提出将"社会公共服务"作为州立大学继教学和科研之后的第三项职能,认为州立大学的生命力存在于它和州的紧密关系之中,州立大学应为全州服务,将知识传递给广大民众;大学必须走出象牙塔,成为本州经济和文化的中心。在任15年间,范梅斯锐意改革,将威斯康星大学服务社会的实践活动推向高潮。

　　在传统的科研服务、推广服务之外,威斯康星大学的服务工作还体现在直接为州政府提供服务,如参与州政府主持的改革项目、提供政策建议或信息,甚至直接到政府部门相应机构任职或担任顾问,以及利用"周末午餐俱乐部"与政府官员交流彼此的看法[3]。以威斯康星大学经济系教授康芒斯(John R.

---

① 李素敏.美国赠地学院发展研究[M].保定:河北大学出版社,2004年版,第100页。
② 刘宝存.威斯康星理念与大学的社会服务职能[J].理工高教研究,2003年第5期,第15-16页。
③ 孙益.美国高等教育中的"威斯康星理念"[J].北京教育(高教),2015年第13期,第3页。

Commons)为例,作为拉弗雷特州长任期内的重要幕僚,康芒斯参与、主持多部重要法律、法规、政策的制订和州政府部门的组织结构设计及建设。拉弗雷特的继任者麦格温(Francis McGovern)根据康芒斯的建议成立威斯康星州公共事务委员会(The State Board of Public Affairs),康芒斯的学生若斯特(Benjamin Rastall)被任命为首任主任。康芒斯及他的学生的政治、经济思想对威斯康星州政府的影响一直持续到菲利普·拉弗雷特(Philip La Follette)任职期间。①

美国大学社会服务功能出现之初,更多地指向直接服务经济,而并未指向更广范围的"社会",如建立农业技术推广服务站,直接为农业生产提供技术支持和服务保障。在服务范围上,大学社会服务大多局限于本地区,甚至连州的范围都没有超出;在服务内容上,大学社会服务多局限于手工技术、机器工艺等"低技术"行业;在服务理念上,大学社会服务并未成为大学和教师的自觉行动,也并未成为大学获得社会办学资源的重要途径;在实现路径上,大学主要是教学和培养人才,尚未明确提出通过创新成果直接为社会服务的思想②。

第二节　从"二战"到创新创业时代来临

在第二次世界大战前夕阴云密布的背景下,各国对胜利的渴望不断转化为对军工科研创新的巨大支持,这种支持在战后又通过建制化模式逐渐被确定下来,并成为政府与科学共同体之间的长期约定。因而,这一时期的大学社会服务最大的特征是向科技创新领域聚焦,服务方向从军用或国家重大需求逐渐转移到民用领域。从服务社会的动机上来看,大学是被社会发展潮流裹挟着前进,从开始的抽调大量人员服务于重大科技工程(如美国"曼哈顿工程"),到后来的鼓励产学研合作恢复国民经济发展(如日本),政府在这期间的主导和推动特征十分明显。同时,在这一发展过程中,大学在整个社会发展系统中的地位得到极大的彰显。

在第二次世界大战中,美国联邦政府将重大军事科研项目委托给大学,大学

① 菲利普·拉弗雷特为罗伯特·拉弗雷特州长的儿子,威斯康星大学毕业生,1931—1933 年、1935—1939 年两次就任威斯康星州州长。
② 金保华,刘禹含.美国州立大学社会服务职能:演进、特征及启示[J].教育研究与实验,2016 年第 3 期,第 64 - 70 页。

则通过设置军事研究实验室参与相关的军事研究,麻省理工学院、哈佛大学、芝加哥大学、加州大学等研究型大学和威斯康星大学、密歇根大学、明尼苏达大学等州立大学都纷纷参与其中。1940 年,美国联邦政府将一项重大军事科研项目——雷达的研制任务委托给麻省理工学院,麻省理工学院因此建立了第一个以承担重大军事科研任务为目标的大学军事实验室——辐射实验室(Radiation Lab),获得了相当于建校 80 年正常办学开支总和的研究开发经费①,辐射实验室用了 5 年时间便取得了在正常情况下需要 20 年才能取得的科学技术成就。再以联邦政府临时成立的"科学研究与发展局"为例,其委托签订合同金额在 300 万美元以上项目的大学共计 9 所,按照金额总数依次排列分别为麻省理工学院、加州理工学院、哈佛大学、哥伦比亚大学、加州大学、约翰·霍普金斯大学、芝加哥大学、乔治·华盛顿大学和普林斯顿大学,合同项目共计 502 项,平均项目额度为 60.11 万美元②。

麻省理工学院、芝加哥大学、加州大学等还参与了著名的"曼哈顿工程",建立了一批响应国家战时研发需求的国家实验室。国家实验室的产生和发展不断刺激大学优势学科领域发展,是大学社会服务功能在学校—政府互动关系中不断成长的典型案例。一方面,联邦政府依托国家实验室,充分利用大学的高层次人力资源,实现了从军用领域到民用领域重大创新的快速突破;另一方面,不少大学借助于联邦政府对国家实验室的强力资源注入,打造了全球领先的学科领域,建构了卓越的全球影响力。以加州大学伯克利分校为例,联邦政府依托其管理于 1931 年成立劳伦斯·伯克利国家实验室(Lawrence Berkeley National Laboratory,LBNL),二战期间及战后,在联邦政府大规模投资科学事业的背景下,该实验室获得大量资金投入,与大学在尖端智力、前沿信息、丰沛资源之间实现互动,双方在物理、化学、生物以及工程方面的合作研究走在全球前沿。甚至可以说,如果没有劳伦斯实验室,加州大学伯克利分校的科学和工程专业就没有今天的卓越成功③。此外,成立于 1952 年的劳伦斯·利弗莫尔国家实验室

---

① 高云峰,陈希.美国研究型大学与军事科研的互动发展[J].清华大学教育研究,2004 年第 5 期,第 39 - 45 页。

② 谷贤林.美国研究型大学管理——国家、市场和学术权力的平衡与制约[M].北京:教育科学出版社,2008 年,第 64 - 65 页。

③ 乔治·W·布瑞斯劳尔,杜瑞军,常桐善.加州大学伯克利分校何以久负盛名:历史性动因的视角[J].清华大学教育研究,2011 年第 6 期,第 1 - 14 页。

(Lawrence Livermore National Laboratory，LLNL)大致发挥着同样的作用,包括汇聚科学和工程领域人才并成为创业的磁石,帮助伯克利大学吸引更多优秀教师和学生。大学参与军事研究不仅为美国提升综合实力和促进经济科技发展作出贡献,而且还有利于实现自身跨越式发展。二战期间,大学参与军事研究所取得的成就让联邦政府日益重视大学在科技发展中的作用。二战后,联邦政府继续为大学提供大量的科研经费,以美国国家科学基金会(National Science Foundation，NSF)拨款为例,1952 年基金会拨款经费仅为 350 万美元,到了1964 年,投入到大学学术研究的联邦基金总额超过 12.5 亿美元,且多数资金用于基础研究[①]。

　　这一时期,大学社会服务的范围从州扩大到了联邦与州,服务领域从工农业扩展到了武器、高新技术、医药等各个知识和生产领域。大学不断提高科学研究水平以保证社会服务质量,并且与政府、工商业界的联系愈加紧密。从学科发展来看,战时基础和应用研究也对大学的物理、化学、生物以及工程等学科发展产生了重要影响[②],战后民用事业的发展更是对经济、法律、商学等学科起到了推动作用,民权运动甚至直接导致了妇女研究和种族研究的学科产生[③]。

　　随着冷战的延续以及国际经济形势的变化,尤其是日本的迅速崛起,美国联邦政府将对大学研究的资助重点从基础研究转向应用研究,并注重将军事研究成果转化为民用,原子能技术、信息技术、生物技术、空间技术等尖端技术得到快速发展并被广泛应用。伴随着第三次科技革命浪潮兴起,大学更多是以创新成果来服务社会,主要途径有:一是通过与政府建立合作关系,从事科学研究,截止到 1970 年,大学及其研究中心共承担美国 60%的基础研究和 10%—15%的应用研究;二是通过出售知识产权、转移技术成果等形式加快科研成果的市场转化,1980 年《贝多法案》(Bayh-Dole Act)的出台加强了大学与产业界的合作,放宽技术转让政策,几乎所有的研究型大学都成立了技术转移办公室等专门的管理机构。这个时期虽然有大量的私人基金用于社会科学领域的公益研究,但是整

---

① 亚瑟·科恩. 美国高等教育通史[M]. 李子江,译. 北京：北京大学出版社,2010 年版,第 232 页。
② Kerr Clark. Expanding Access and Changing Missions：The Federal Role in U. S. Higher Education [J]. Educational Record，1994，Vol. 75，No. 4，pp27 - 31.
③ Stephen B. Adams. Follow the Money：Engineering at Stanford and UC Berkeley during the Rise of Silicon Valley [J]. Minerva，2009，Vol. 47，No. 4，pp367 - 390.

体来说,此时的大学社会服务带有明显的功利化和商业化导向。20 世纪 80 年代初,一些重视技术市场化的大学从技术转让中收益颇丰,密歇根大学(University of Michigan)靠转让两个治疗癌症的专利获得 1.6 亿美元,佛罗里达州立大学(Florida State University)为名叫 Gatorade 的运动饮料提供了改进配方而获利 3 700 万美元,斯坦福大学转让一种 DNA 结合技术获利 1.43 亿美元。[①]

在这种背景之下,不单单是大学本身需要更加具有企业家精神或者开拓精神,大学的教职员工同样需要具有创业者的气质以从事开拓性事业。社会、大学对教师的各种要求日益立体化、复杂化,教师从事学术活动的范式和空间发生了翻天覆地的变化。大学教师的学术转换者角色日趋明显,他们要在纯粹的学术研究工作之外,抽出大量时间反思、批判、调整纯粹学术活动与社会服务活动的关系。学科知识、跨学科知识以及在实践中应用这些专业知识的能力成为大学教师的标配,大学教师甚至要善于把知识转化为资本,由此来实现价值回报、利益获取或学术进阶。当然,这并不意味教师活动不受其基本职业伦理规范的约束,西方国家的大学尤其是美国的大学已经在院内学术活动与社会服务活动之间划分出严格的界限。如斯坦福大学坚决禁止教授在相关公司里担任任何管理职务,而是只能从事咨询等业务,且每周只能有 1 天在公司工作,并制定了严格的汇报制度和监督制度。

以博耶(Ernest Boyer)为代表的学者提出的"知识四分类"学说揭示了大学或学者在创新创业时代所面临的重要转型挑战。四类知识分别表征的是:发现(discovery)是对人类知识宝库的添砖加瓦,即"发现已有的世界",包括理论的创新和实践的创新;整合(integration)涉及在学科领域间的铺路架桥,以引致新的理解,将个人的研究或其他人的研究综合进更大的学术范围内,用启发的方式解释数据,并常常教育非专业人员;应用(application)是把知识用于解决真实世界的问题,指大学教师要贴近市场从事知识生产,注重知识生产的市场价值或商业价值;教学(teaching)意在把知识或对知识的理解传递给他人,涵盖学生如何学、学什么、向谁学等教师必须要回答的学术问题。博耶事实上是强调了各类知识的重要性,进而避免把学术和知识狭隘化,尤其是局限在发表(publication),即大学最基本构成元素之一的教师应面向社会需要,从事知识综合、教学、发现和

---

① 王定华.美国高等教育:观察与研究[M].北京:人民教育出版社,2016 年版,第 182 页。

应用的学术活动①。从学术界的理论应用角度来看,博耶的"知识四分类"观点特别强调了大学或学者应用和整合知识的重要性,即大学或学者应面向社会发展情境生产知识。与此相关的重要理论观点还有后学院科学、巴斯德象限理论、知识生产模式和三螺旋理论等。

【后学院科学】

约翰·齐曼捕捉到大学知识生产活动越来越受到政府、产业界的驱动和支配这一变化,他认为 20 世纪 60 年代以来是后学院科学时代(post-academic science times),它区别于 17 世纪以来的学院科学时代(academic science times)。学院科学指大学教师秉承古希腊"为知识而知识"的纯科学传统,根据自己的兴趣爱好和知识内在逻辑从事知识生产。后学院科学指大学教师以实际应用为导向,根据市场原则从事能直接带来商业价值的知识生产。在齐曼看来,学院科学向后学院科学的转变是"一场悄然的革命",转变的动因在于"政治、经济和工业等压力……越来越强有力地从'外部'影响科学共同体"。② 后学院科学时代,大学的科学研究活动不再是纯粹的学术活动,而是包含着复杂的利益驱动并受到各种因素制约的国家行为和市场活动,主要表现在研究目标更为强调效用和应用,科学研究"市场化"成为主流趋势,科研组织呈现出跨学科和集体化特征,以及科研行为的科学管理制度愈发复杂等。③ 学院科学向后学院科学的变革反映出大学科研的工具属性日益彰显,社会服务功能得到高度重视,适应了现代社会发展对科学研究的强烈需要。

【巴斯德象限理论】

所谓"巴斯德象限理论"是普林斯顿大学唐纳德·司托克斯(Donald Stokes)教授在 1997 年出版的《巴斯德象限:基础科学与技术创新》(*Pasteur's Quadrant: Basic Science and Technological Innovation*)中提出的④。它强调了

---

① Ernest L. Boyer. Scholarship Reconsidered: Priorities of the Professoriate [M]. New Jersey: Princeton University Press, 1990, pp18 - 24.

② 约翰·齐曼. 真科学:它是什么,它指什么[M].曾国屏等,译. 上海:世纪出版集团,2008 年,第 82 页。

③ 李志峰,高慧. 后学院科学时代大学科学研究的政策选择[J].中国高教研究,2014 年第 8 期,第 61 - 66 页。

④ Donald E. Stokes. Pasteur's Quadrant: Basic Science and Technological Innovation [M]. Brookings Institution Press, 1997.

在当前科技创新背景下基础科学和应用研究呈现出明显的互动关系,即"应用启发的基础研究"(use-inspired basic research)的重要性。司托克斯用一个四象限的图示概括了人类社会长久以来的研究与创新活动,其中右上角的象限即为"巴斯德象限",代表照顾到社会需要的基础研究,而其更本质的意义在于提出了创新链条回环往复的错综复杂关系。法国微生物学家路易斯·巴斯德奠定了工业微生物学和医学微生物学的基础,并开创了微生物生理学,其研究成果直接对发酵、食品、农牧业、医疗等行业产生了巨大影响,开创了既寻求对科学问题的基本理解同时也能对社会有直接应用价值的研究范式。巴斯德象限理论一定程度上颠覆了传统上从基础研究到应用研究再到试验与开发、产业化的线性创新模式认知,也启示科技政策要在创新链条上提供更加多元化的支持。

【知识生产模式】

吉本斯注意到,当前学科性知识生产已经从模式1转向模式2,在其经典著作《知识生产的新模式》[①]中,他着重阐述了这个观点。与模式1相比,模式2具有以下基本特征:①应用情景:模式1知识生产在学术情景下进行,模式2则在应用情景下进行,更关注知识在技术、商业、工业等问题上的直接运用;②跨学科性:模式1知识生产基于学科,模式2以问题为导向,不受现有学科限制,最终解决方案超出单一学科知识范围;③异质性:模式1以同质性为特征且采用等级制的组织形式,模式2知识生产主体、组织形式和资金来源具有异质性和多样性特征,学者、研发设计者、工程师、熟练技工等利益攸关者都可参与知识生产;④反思性:模式2知识生产过程比模式1更强调社会责任,价值观在问题界定、问题解决和成果评估中发挥重要作用;⑤质量控制具有新形式:模式2的质量控制既包括标准多样化,需要兼顾智力、社会、经济和政治等多种因素,也包括主体多元化,除模式1所依赖的同行评议外,政府、企业等力量开始参与其中。[②]模式2的出现,对大学传统的办学理念、办学模式和培养方式提出了挑战,要求大学积极回应社会发展需要,突破学科规制,与政府、企业、研发机构、非政府组织等多元社会和市场主体进行良性互动。

---

① [英]吉本斯等.知识生产的新模式——当代社会科学与研究的动力学[M].陈洪捷、沈文钦等,译.北京:北京大学出版社,2011年版,导言。
② 蒋逸民.新的知识生产模式对大学教学和科研的影响[J].中国高教研究,2010年第2期,第16-19页。

【三螺旋理论】

三螺旋理论是产学研合作研究的重要成果,产生的标志是亨利·埃茨科威兹(Henry Etzkowitz)和罗伊特·雷德斯多夫(Loet Leydesdorff)两人于 1995 年合著的《大学和全球知识经济:大学—产业—政府关系的三螺旋》。三螺旋理论描绘了在知识商品化的不同阶段、不同创新机构之间的多重关系,提出一种非线形创新模式,具体是指大学、产业、政府之间通过组织的结构安排、制度设计等加强三者资源分享与讯息沟通,进而提高科技资源的运用效率和效能;与此同时,三者又都保持原有作用和独立身份,其中产业作为生产场所,政府作为契约关系的支持主体,大学作为新知识、新技术的来源。它把大学—产业—政府关系视为一个相对平等但又相互依赖的制度领域,三者相互重叠并承接其他制度的角色,并通过各种混成组织作为中介来跨越边界进行互动。① 其核心价值在于将有不同价值体系的政府、企业和大学在国家创新和区域创新中统一起来,以形成在知识领域、行政领域和制造领域的合力。② 三螺旋理论有效回应了 20 世纪后半叶以来"政产学研"协作推动高技术创新创业的发展趋势,也是创业型大学概念产生的基础。此后,三螺旋理论和知识生产理论基础上还衍生出了四螺旋与知识生产模式 3 的概念。③

随着创新范式从线性创新④到创新系统⑤再到创新生态系统⑥的不断演进,

---

① 方卫华. 创新研究的三螺旋模型:概念、结构和公共政策含义[J]. 自然辩证法研究,2003 年第 11 期,第 69 - 72 页。
② 张秀萍,卢小君,黄晓颖. 基于三螺旋理论的区域协同创新网络结构分析[J]. 中国科技论坛,2016 年第 11 期,第 82 - 88 页。
③ 黄瑶,王铭. "三螺旋"到"四螺旋":知识生产模式的动力机制演变[J]. 教育发展研究,2018 年第 1 期,第 69 - 75 页。
④ 即以布什(Vannever Bush)为代表的从基础研究到应用研究、技术开发及其产业化的一维单向创新模式,这一理论在其《科学:无止境的前沿》[(美)V. 布什等著,范岱年等译,商务印书馆,2004 年 9 月第 1 版]一书中得到阐释。
⑤ 创新系统表现为国家创新系统和区域创新系统。国家创新系统指某国家内各种经济和科技部门、机构间相互作用而形成的复杂性创新网络,国际上以弗里曼(Freeman)、伦德维尔(Lundvall)、纳尔逊(Nelson)、波特(Michael E. Porter)的研究为代表;区域创新系统是国家创新系统在区域层次上的延伸,前者对后者起到重要的战略支点和支撑作用,较早的研究见于英国经济学科库克(Cooke)1992 年发表的《区域创新系统:新欧洲的竞争性规制》。参见:吴羿琳. 协同创新系统的统计度量与模型研究[M]. 北京:清华大学出版社,2018 年,第 30 - 40 页。
⑥ 基于自然生态理论隐喻,创新生态系统理论强调创新主体的多样共生、创新资源的频繁流动,尤其关注创新链式运行的网络协同关系,目前研究关注重点已从国家、区域、产业宏观层面向企业、大学等的中微观层面拓展,三螺旋理论是这个方面的重要研究成果。

大学的创新能力逐渐成为创新生态系统的主要的发动机和策源地之一。大学的创新服务不断向创新链的后端延伸,也不断强化跨学科的科研支持。美国联邦政府以支持基础研究为核心的资助计划有了拓展资助范围的倾向,典型的如美国国家自然科学基金会(NSF)对推动大学与企业合作研发的重点支持计划。在此背景下,大学不得不通过工业界等其他途径来获取自己的研发收入,例如从20世纪70年代到20世纪末,美国大学研究开发资金结构中来自工业界的占比从最初的2%上升到了6.1%。在20世纪60年代早期,大学研究与商业化运作之间保持一定距离的理念发生了改变,大学开始建立自己的技术转移办公室,其中最成功的是1968年斯坦福大学莱默尔(Neils Reimer)建立的技术转移办公室,大学本身和教师从技术转移、技术咨询、创办企业的行为中获利良多[1]。另据不完全统计,自20世纪70年代以来,在美国联邦政府、国家自然科学基金会和州政府的资助下,美国大学陆续建立了1 000多个大学—工业联合研究开发中心,并且这种合作中心更多(占总数70%以上)的是由大学推动建立的[2]。

　　20世纪80年代,全球进入知识经济时代,科技创新成为第一生产力,以美国为首的大学纷纷通过创建科技园区、推动成果转化、鼓励企业孵化等形式直接、深度参与经济发展,进而形成了北卡三角、128公路、硅谷、剑桥科学园等典型的新兴高技术产业园区。这些园区在不同程度上推动和引领了区域经济社会发展,进而为大学创新发展提供了广阔的试验场和丰富的资源供给地。以色列海法是一个仅有30万居民的小城市,但还是吸引了全球顶尖的340多家高科技公司在海法高科技园成立研发中心,包括微软、苹果、英特尔、华为等,这与其拥有的三所大学密不可分,其中包括号称中东地区麻省理工学院的以色列理工学院。中国同济大学以机械设计、材料学、控制工程、测量工程、环境工程、海洋地质等优势学科为依托,充分利用所在区域经济社会发展的有利条件,在探索大学校区、科技园区、公共社区"三区融合、联动发展"上取得了较好成效,形成"环同济知识经济圈",既为地方经济发展和行业产业集聚做出了卓越贡献,也推动了

①　[美]保拉·斯蒂芬.经济如何塑造科学[M].刘细文,译.北京:北京大学出版社,2016年版,第44-58页。
②　程永波,李雪飞.嬗变与发展:美国研究型大学战略规划研究[M].北京:科学出版社,2016年版,第175页。

学科集群发展和学科生态优化。① 据上海市杨浦区官方统计,截至 2018 年,仅同济大学杨浦校区周边集聚的知识型产业的产值已达到 415 亿元。

得克萨斯大学奥斯汀分校(University of Texas at Austin)**案例:**结合 20 世纪 70 年代得克萨斯州半导体和计算机产业快速发展的实际情况,该校联合当地企业和政府,致力于相关领域应用研究,积极为相关产业发展提供人才、智力和科技支持,并通过向企业提供咨询及与企业进行联合研发等形式多样的社会服务活动,服务于得克萨斯州经济社会与产业的发展,逐步成为州经济发展的强力推手。至 20 年代 90 年代后期,奥斯汀已成为美国软件和电子服务的中心,被誉为美国的"硅丘"。当前,奥斯汀市作为众多高科技企业所在的高新技术中心,是全美经济增长最快的城市之一,而这些显然离不开得克萨斯大学奥斯汀分校所做出的努力和贡献。管窥得克萨斯大学奥斯汀分校的社会服务实践可见,美国州立大学通过立足区域发展,聚焦区域需求,有针对性地开展社会服务实践,不断提升其服务社会的能力,进而促进自身与所在州的共同发展,切实践行了区域大学的使命。

这一时期,关于大学在区域经济社会发展中的角色定位的讨论,有学者认为大学是"知识工厂"[2],将大学视为是知识资源的提供者,认为对大学进行的投入能够自动转化为创新产出(包括专利、产品或流程创新等)。但这种观点只是一种线性的创新观,认为创新始于实验室的研究活动,最多再加以研发过程的持续改进,最终顺利投入生产并实现商业化,这一生产过程没有反馈循环机制,在不同阶段分工明确,尤其在"寻求知识"和"使用知识"的活动之间。大学对知识商业化的重视,促使大学社会服务功能被不断拓展,院内学术活动与院外社会服务活动的协同不断深化,大学与企业间的产学合作培养、技术研发合作以及产业创新、企业技术创新等领域的合作日渐丰富。随着以斯坦福大学、麻省理工学院

① 官远发,王雁,章仁彪. 环大学经济圈:从知识外溢到科技转化——"知识杨浦:三区联动之同济模式"研究[J]. 高等工程教育研究,2007 年第 6 期,第 13 - 19 页。
② JanYoutie, Philip Shapira. Building an innovation hub: A case study of the transformation of university roles in regional technological and economic development [J]. Research Policy, 2008, Vol. 37, No. 8, pp1188 - 1204.

（MIT）等为代表的"创业型大学"（Entrepreneurial University）的兴起以及"硅谷模式"、北卡三角、波士顿 128 公路等区域创新生态系统影响力的不断扩大，大学社会服务被不断赋予"创业"的内涵。

第三节　社会深度融合的新时代

21 世纪前后，大学与社会深度融合发展，大学完全被社会"俘获"，成为国家和区域创新系统的组成部分。社会服务开始由单向的公共服务（public service）向双向的公共参与（public engagement）演变，主体间的多元互动、功能间的多元嵌入成为"新常态"。进入 21 世纪，大学社会服务完全嵌入大学运行体系之中，成为大学生存之必须和发展之必要，甚至不断重塑大学的整体面貌，这一阶段可被视为大学社会服务的 3.0 版本。这一时期，人们对创新产品的需求急剧增加，智能化时代的来临更使得社会群体之间的紧密度迅速提升。在"融创新"时代，物理、数字（信息）、生物（人）等三个世界的界限愈发模糊，人工智能加剧了这个演进态势。人类社会至今已经经历了三次工业革命：第一次产业革命以水力和机械动力为基本范式，滥觞于纺织业的工场机械化；第二次产业革命基于劳动力精细化分工和电力，实现了大规模、流水线生产；第三次产业革命的核心是电子与信息技术，逐步实现了制造自动化。当前，新一轮科技革命和第四次产业革命交融汇聚，以生态网络为特征的创新 3.0 时代到来，传统封闭的技术创新模式或线性、链式合作模式逐渐让位于多主体、强互动的协同创新模式。行业企业与创新网络的区域性集聚，使大学与创新生态系统和区域经济产业发展的协同性不断提高。创新链条上和创新任务中各主体切块分割的局面已经逐渐被打破，产业研究院、科技园、孵化器、国家实验室等均是院系组织、专业实验室与企业、研发机构、创新服务机构等跨越组织边界、创新资源彼此渗透的场所，这引发了社会服务模式上的重大转型。

从前，传统大学单向地输出成果，如培养社会需求的人才、提供高水平创新成果、引领区域社会文化，校园外办学智慧并未对大学产生"反作用力"。现在，大学开始逐步突破传统单向提供服务的模式，校内外的双向、多向合作日渐突出。例如 20 世纪 90 年代以后形成的大学—社区参与模式，强调在互惠、平等、公益的定位基础上,形成大学与更大范围的社区(community)(当地、地区/州、国家以至世界)之间为促进知识创新和资源交换而开展的协同共生关系。这种模式尤其表现在美国公立大学和所在州身上,特别是在"公益"这一诉求上,双向互动关系是必要条件,互惠互利是必然结果。

大学在创新发展中的作用极为重要,但其面临的挑战同样极为严峻。创新范式已经历了线性范式(创新范式 1.0)、主体交互反馈的创新体系(创新范式 2.0),开始进入到以动态演化为特征的创新生态系统(创新范式 3.0)阶段,与此相关的是企业创新模式、政府创新政策也都开始转向 3.0 时代。《斯坦福社会创新评论》于 2013 年发表名为《下一代经济与创新生态系统》的文章,文章认为社会网络、团队、信任等六大要素是营造良好创新生态系统和创新型经济发展的关键要素。曾任美国 NSF 主席的埃里克·布洛克(Erich Bloch)指出:"政府关注的所有问题:健康、教育、环境、能源、城市发展、国际关系、空间领域、经济竞争以及防御和国家安全,其解决之道都依赖于创造新的知识——由此依赖于美国研究型大学的健康与活力。"[①]

从 20 世纪 90 年代中后期开始,在信息化不断深入发展的背景下,全球化进程加速推进,人类生产生活方式乃至整个社会面貌都孕育着巨大变革。虚拟与实体融合改变着社会形态,例如人工智能的高速发展使得人类生活的梦幻色彩愈加明显,一些虚拟化社区导致原来的有形组织无边界化,网络所能网罗的空间无限扩大,尤其是物联网与云计算的到来,一如爱因斯坦的相对论对牛顿万有引力定律范式的挑战,逐渐改变着我们的社会认知。知识生产的效率提高到前所未有的程度,借助发达的网络载体,知识传播与扩散的"瞬时性"特征愈发明显,知识资源呈现出全球化配置和高效率共享趋势。知识主体多元化特征、网络开放互动导致社会扁平化,加上知识劳动者迁移范围的扩大和频率的增加,各类知识主体加快融合,话语隔阂或者"隔行如隔山"的情况在很多情形下已经不复存在。

进一步来看,在知识经济时代尤其是随着以人工智能为引领的新一轮科技革命时代,彻底改变了人类社会以空间(H)+物理空间(P)为特征的二元空间世界结构,进入了空间(H)+物理空间(P)+信息空间(C)的新世界。大学按部就

---

① 詹姆斯·杜德斯达.21 世纪的大学[M].刘彤,译.北京:北京大学出版社,2005 年版,第 91 页。

班的传统学术生活正在被急剧变化的社会生活所打乱,大学正面临着自诞生以来从未有过的"千年未有之大变局"。大学通过人才培养和知识创新的组织属性垄断专业人才和科技知识的主导地位随着知识生产的泛在性和人才培养空间的拓展而不复存在。

在此背景下,大学面临巨大的挑战,包括:①大学结构的稳定性与文化的滞后性已经不能适应全球化科研合作、创新范式的快速变革,人才培养活动面临着环境急剧变化的挑战;②大学作为知识生产主体的地位遭到挑战,走出"象牙塔"和设置与社会间的"隔离膜"的平衡对大学生存至为重要,大学要重塑作为社会网络节点的功能,能够链接多种研发资源和教育资源;③大学内部活动组织亟待更新,既要改革教学技术、方法和模式,又要创新功能结构、科研模式、服务方式,不断打造其创新源、人才泵、思想库的角色;④外部对大学开放包容性的要求不断提高,如各类社会主体希望大学开放知识资源和知识设施,也希望大学活动围绕更为迫切的需求展开学术研究,学生、家庭参与教育教学过程以及企业、非营利性组织等参与办学的诉求开始显现。

为应对各项巨大挑战,近年来全球范围内的一流研究型大学都正在经历巨大变革:

从人才培养角度看,当前大学不断强化人才培养的应用性、实践性、国际性,不断创新培养模式,提高人才培养与社会发展的契合度。在夯实学生未来社会化发展基础,不断提升学生的专业知识与公民素养的人才培养理念的引导下,大学积极开展产学研合作教育,强调科教融合、产教融合,充分利用多元化人才培养资源,拓展培养空间;创新中外联合办学模式,利用国际高端教育教学资源,提升学生的全球化适应能力,如近年来广泛兴起的国际联合培养项目、平台、学院等;同时以信息技术为抓手,面向科技、教育、经济等社会最新发展趋势,满足学生学习方式多样化的需求,应对人才培养质量内涵提升。

从产业学协同角度看,大学主动面向创新驱动型社会发展需求,不断拉近实验室活动与生产实践的紧密联系,为解决社会重大问题提供创新方案和创新源泉。大学积极贯通实验室研究与行业产业需求,很多院内学术命题甚至直接来源于真实的行业情境;大学强调以行业问题为导向开展产学研协同创新,包括建立区域性研发平台、鼓励衍生企业发展、建立高校地方研究院等。为推动科技成果转化及产业化,众多大学纷纷设置技术转移办公室、建设大学科技园、成立产业技术研究院、创办学科性公司,同时通过双聘或兼职方式鼓励富有实践创新经验的企业人士到大学从事研究,以及选派教师进入企业实践,通过校企人员间的双向交流使大学了解产业需求并掌握生产实践的前沿技术。

从科学研究角度看,大学不断强化跨学科研究或重大创新挑战研究。在体制机制上,大学重视跨学科研究组织的构建,如麻省理工学院的媒体实验室致力于科学、技术、多媒体、艺术和设计相融合,通过倡导跨学科乃至反学科研究、鼓励研究人员在学科空白处大胆探索、培养跨界拔尖人才①,以便在设计的临界点上找到人类的创新之路。在活动项目上,为应对美国国家工程院(NAE)于 2008年发布的《21 世纪工程大挑战》(Grand Challenges for Engineering in the 21st Century)中提出的全人类在 21 世纪面临 14 项工程大挑战,包括可持续能源、清洁用水、网络信息安全、虚拟现实等②,多所优势工科大学参加"大挑战学者计划"(Grand Challenge Scholars Program),以期培养能够应对这些重大挑战的未来顶尖人才③。如伦敦大学学院(University College London, UCL)提出 6 项重大挑战(Grand Challenge)包括全球健康(Global Health)、可持续城市(Sustainable Cities)、文化理解(Culture Understanding)、人类生存(Human Wellbeing)、正义与公平(Justice & Equality)、可转化技术(Transformative Technology),其中"全球健康"旨在"将来自各个学科的知识资本集合起来,以寻求创新、可行的解决方案"。④

从社会服务角度看,大学积极提倡公共参与,教师、学术和工作人员参与对当地、社会和全球问题有意义、有影响的全部活动,如针对环境可持续发展问题、健康及贫困问题,参与包括公共讨论、应用研究和正式的拓展项目等多种形式。例如在康奈尔大学(Cornell University),公共参与的教育与研究活动是高度分散的,包括正式的推广计划、转化研究、临床项目、技术转让,以及服务性学习、国

---

① 袁广林.麻省理工学院媒体实验室跨学科研究的经验与启示[J].国家教育行政学院学报,2018 年第 8 期,第 81 - 85 页。

② David A. Wyrick, Warren Myers. Strategic Project Management to Use the Grand Challenge Scholars Program to Address Urban Infrastructure [J]. Frontiers of Engineering Management, 2016, Vol. 3, No. 3, pp203 - 205/297 - 298.

③ 吴伟,吕旭峰,范惠明.美国工程拔尖人才培养新战略——"大挑战学者计划"实施评述[J].教育发展研究,2010 年第 23 期,第 63 - 68 页。

④ UCL. UCL Grand Challenges [EB/OL]. https://www.ucl.ac.uk/grand-challenges/, 2019 - 06 - 23.

际参与、教师参与公共政策的制定以及担当公共知识分子等①。

　　从全球化拓展角度看,大学正在逐渐拓展社会服务对象,在全球范围内寻求合作,建立新型伙伴关系,致力于解决人类社会发展面临的共同问题。例如,作为大学社会服务功能的策源地,威斯康星大学社会服务的内容和形式不断创新,注重全球影响力。早在1995年的大学发展规划《未来目标:威斯康星大学麦迪逊分校未来十年的工作重点》中,威斯康星大学就提出要加入全球社区(Joining the Global Community),强调通过信息技术不断扩大社会服务渠道,将大学的信息、知识和服务扩展至全国乃至全球,与全球共享知识。在2001年的发展战略规划中,威斯康星大学提出"扩大威斯康星理念"(Amplify the Wisconsin Idea),强调运用跨学科方法解决全球化问题,利用远程教育等方式在国际范围内构建并分享知识等。2011—2016年的威斯康星大学麦迪逊分校发展战略规划中提出"威斯康星理念",即师生应利用所学知识促进威斯康星州、美国乃至全世界的发展。自2010年起,威斯康星大学开始与全球健康组织、国际学习联盟、国际学习项目、国际实习项目、世界大学互联网等组织建立伙伴关系,创建"无国界的威斯康星"(Wisconsin Without Boarders)项目,积极解决人类社会发展面临的共同问题。②

① 程永波,李雪飞.嬗变与发展:美国研究型大学战略规划研究[M].北京:科学出版社,2016年版,第103－105页。
② 钱露.全球化时代"威斯康星理念"的更新与实践——以威斯康星大学麦迪逊分校为例[J].中国高教研究,2017年第4期,第99页。

第二章
服务性学术理念[①②]

"服务性学术"指专业人员开展的、以直接服务于社会受众(audience)的高深知识的生产、传播、创造等活动,强调公益、互惠、多元互动。服务性学术活动有多个名词映衬,如参与性学术、拓展性学术、基于社区的学术等,分别用在不同语境中。服务性学术既是大学社会服务这一传统使命的继承,又是在新的知识经济、创新创业时代把面向应用的跨学科研究、高技术转移转化、基于社区的教与学等维度的学术内涵融合的集中体现。而"服务性学习"是基于服务校外社区,并以解决实用问题或参与实践体验为核心特征的人才培养理念和教育教学方式。所以,上述概念所体现出来的根本导向在于,大学要面向更广阔的经济社会发展背景来开展学术活动。

第一节 理念产生的背景

服务性学术理念源于美国州立大学的社会服务转型升级。自 20 世纪 90 年代始,美国州立大学积极寻求与区域社会建立新的伙伴关系,在人才培养、科学研究和社会服务等方面进行革新,将三者融为一体。尤其是在区域发展上全面

---

① Steven Brint. Research University Spaces: The Multiple Purposes of an Undergraduate Education [R]. Research and Occasional Papers Series: CSHE. 9. 16, 2015.
② 本章部分内容发表于《外国教育研究》2018 年第 7 期(作者:臧玲玲,吴伟,题目为《美国州立大学社会服务的新框架:"大学—社区参与"》)。

引入"参与"(Engagement)理念,最终形成服务性学术的新理念,对大学的人才培养和科学研究产生了深远影响。需要指出的是,"服务性学术"与"参与性学术""拓展性学术""基于社区的学术"等概念大致指向同一层面的大学活动,涵盖,或准确地说是贯穿了研究、成果转化、服务性学习等维度,是"学术"概念的进一步拓展和融合。其中,"拓展"(outreach)面向外部受众的直接利益,是一种横跨教学、研究、服务的学术形式,它采用与大学及其各组成部分的使命相一致的方式,涉及知识的生产、传播、应用和保存。更重要的,它不是一套独立于教学和研究之外的"服务"活动,在实践上它把组织或团体中的个人的努力,与其他组织、团队、特定对象或一般公众的努力充分结合起来。①

全球化以经济全球化为核心,同时涉及政治、文化、科技等多领域的相互关联、影响和制约。以技术革新为先导的全球化要求大学从形式到内容全面升级社会服务功能,使之进入 2.0 甚至 3.0 时代。全球化发展带来的社会撕裂和伦理问题使得任何"个人困扰"都成为"公众议题"。② 与其他社会机构相比,大学更有责任聚焦和解决人类共同面临的难题,如资源枯竭、环境恶化、掠夺与剥削、战争与难民,充分发挥知识和人才优势,全面参与社会变革,从"边缘"走向"中心",为促进社会进步和增进人类福祉做出更大贡献。而在全球化时代,大学必须放眼世界,从服务本州/本国拓展到服务全球。

由《莫里尔法案》和威斯康星理念共同构筑的大学社会服务功能强调为本州服务,如范海斯在就职演讲中明确提出,"威斯康星大学(University of Wisconsin)的存在不是为了教授的学术志趣,甚至不是为了直接使学生受益,而是直接服务于威斯康星州的居民。"③而全球化时代的州立大学以服务全球居民为己任,不断扩大服务群体和范围。密歇根州立大学(Michigan State University,MSU)的社会服务使命阐述为:"致力于提升密歇根州和世界各地人民的健康和生活福祉"④。威斯康星大学麦迪逊分校(University of Wisconsin-

① The Provost's Committee on Outreach. University Outreach at Michigan State University: Extending Knowledge to Serve Society [R]. East Lansing, MI: Michigan State University, 1993.
② C. 赖特·米尔斯. 社会学的想象力[M]. 陈强,张永强,译. 北京:三联书店,2016 年版,第 8 页。
③ University of Wisconsin-Madison. 1905address [EB/OL]. http://www. wisc. edu/pdfs/VanHiseBeneficentAddress. pdf,2016 - 10 - 21.
④ Michigan State University. Engagement Overview [EB/OL]. https://msu. edu/engagement/,2016 - 12 - 11.

Madison，UWM)在 2011—2016 年发展战略规划中对"威斯康星理念"做出全新定义：威斯康星大学的师生应该利用所学知识促进威斯康星州、美国乃至全世界的发展。[①] 从服务内容看，当前美国公立/赠地大学已经着眼于从服务经济到服务文化、健康、人权、福利等社会生活各领域。美国州立大学早期的社会服务主要限于经济发展和政府咨询，如建立农业实验室、技术推广站、提供政策咨询建议等。随着人们社会活动范围的不断扩大，大学拓宽社会服务领域，为人类发展提供智力支持，如提升公民的公共问题意识、社会参与能力，增进国际理解和多元文化发展。

从工业化、信息化到移动互联时代，以科技为核心的生产力发展愈加迅猛。一方面，经济社会发展蕴含着前所未有的机遇。大学要充分发挥其"智力引擎"的重要作用，通过知识创新、技术转移等方式推动技术革新和社会进步。据统计，在欧洲，大学承担了 80％的基础研究任务，雇用了 34％的研究者，大学培养的毕业生失业率在 2001 年仅为 3.9％。在美国，大学的知识创新成为专利申请、成果转化以及衍生公司创办的主要来源。这些基于知识的创业活动，不仅为大学带来了丰厚的收入，也极大地推动了经济发展和产业结构的转型。例如，在MIT 毕业生创办的企业中，目前仍旧在运行的有 12 900 家企业，共雇用了 160万劳动力，年销售额达到一万亿美元左右；[②]另一方面，经济社会的快速发展带来巨大挑战。如知识生产模式的转型使知识生产的主体由科学家(scientist)转向从业者(practitioner)[③]，大学不再是知识生产的唯一权威机构，知识生产的"众筹"(吸附、整合、利用各种"边角料"完成自身核心任务)特征显现出来。这要求大学打破传统边界，不断吸纳不同类型的机构和人员参与，不断创新合作方式，把知识应用融入知识生产，考虑实践的变化及问题解决的有效性。

20 世纪 80 年代以来，美国高等教育发展危机主要表现在经费危机、学术危机、学科危机，这要求大学必须进行全面革新。经费危机是指大学收入来源中占主要部分的政府拨款急剧减少。1975—1976 年美国高等教育机构收入来源中，政府经费占比 51％(联邦政府经费占比 16％，州政府经费占比 31％，地方政府

---

① 钱露. 全球化时代"威斯康星理念"的更新与实践[J]. 中国高教研究,2017 年第 4 期,第 99 - 100 页。
② 梅伟惠. 西方大学创业主义的外在表现与价值意蕴[J]. 高等教育研究,2015 年第 6 期,第 96 - 101 页。
③ 迈克尔·吉本斯. 知识生产的新模式：当代社会科学与研究的动力学[M]. 陈洪捷,沈文钦,译. 北京：北京大学出版社,2011 年版,第 3 页。

占比 4%），而 1994—1995 年的数据显示，政府经费在高等教育机构收入中占比 38%（联邦政府经费占比 12%，州政府经费占比 23%，地方政府占比 3%）。① 经费危机促使大学及其管理者重新规划经费结构，寻求多元化收入渠道，如企业捐赠、技术商业化、合同收入等。由此，积极开展以社会服务为导向的各类活动成为大学校长和院系领导的重要职责。学术危机是指对学术（scholarship）的狭隘理解将大学的视野聚焦于所谓高深、纯粹的科学研究，忽视了大学应有的社会责任。博耶（Boyer）提出的四分类学术观改变了人们对学术的刻板化理解，首次将社会服务纳入学术活动范畴，使社会服务的价值得到重视。正如哈佛大学教授奥斯卡·汉德林（Oscar Handlin）所说，学术不应局限于象牙塔中，而应在服务本民族和全世界的过程中彰显其价值。② 社会服务不再处于大学的边缘，而是和其他学术活动一起构成大学学术的完整内涵。学科危机是指以学科为逻辑的大学制度和组织管理不能适应社会变化。全球化和时代发展趋势要求大学以问题解决为核心来创新组织管理方式，如由跨学科的研究中心对人才、资源进行重新整合。参与型大学（Engaged University）、服务型大学（Service University）等理念的出现要求以服务为核心对大学功能进行重新整合。

第二节　理念形成及其基本内涵

　　服务性学术理念是与传统大学社会服务相对应的，其中涉及对学术的理解和大学社会服务功能的再认识。服务性学术理念的形成经历了从理论认识到实践探索的多阶段过程，直至今日仍然处于不断发展之中。服务性学术理念的基本内涵主要是从社会服务和学术两方面进行界定的，是大学在面临新的时代问题和挑战中积极应对的集中体现。

一、服务性学术理念的形成

　　对服务性学术理念的理解首先涉及对学术的理解。"学术"是一个源自西方

---

① 亚瑟·科恩. 美国高等教育通史[M]. 李子江，译. 北京：北京大学出版社，2010 年版，第 348 页。
② Ernest L. Boyer. Scholarship Reconsidered：Priorities of the Professoriate [M]. New Jersey：Princeton University Press，1990：23.

的概念,因为中国古代对该词的使用与今天的含义差距较大。"学术"对应的英文应该是"Academia",来自古代雅典的地名(Akademeia),指的是雅典附近的一片森林,因柏拉图与弟子曾在此讲学论道而闻名,所以 Academia 与较为专门、有系统的学问相关,在这个意义上通常译为学术。与学术较为相近的词汇有两个:学院(Academy)、学者(Scholar)。Academy 指的是学院、高等学校等高等教育机构,源自柏拉图创建的学园。在这种学校里,人们"探索哲理只是为想脱出愚蠢,显然他们为求知而从事学术,并无任何实用的目的"。Scholar 指的是在大学或高等学府中以研究为职业的人员,常常也是教师。学者通常都拥有高等学位。学者一词在英文中可对应于 Academy 或 Scholar,这两者在英文中的意义稍有不同,后者也指在大学大量出现以前以研究为职业的人。学者一般不包括管理人员。由此,Academia、Academy、Scholar 之间的关系逐渐清晰,即受过专门训练的人在高等教育机构中探究专门、系统的学问/知识。在欧洲的传统中,学术是由受过专业训练的人在具备专业条件的环境中进行非实用性的探索。美国的大学有研究型大学(research university)和教学型学院(teaching college)之分,后一类学校并不要求教师进行学术研究,尽管这些教师都是经过正规训练的;即使在前一类大学中,也只有一部分教师具有进行学术研究的资格并拥有相应的学术职位——教授。[1] 从上述分析中看出,学术一词包括诸如纯粹、非实用、非功利等内涵,构成了以探究高深学问为志趣的学院/大学的核心与基石。

大学的社会服务功能形成于 19 世纪后半叶的美国,尤其以 1862 年"莫雷尔法案"(Morrill Act)颁布进而确立起服务区域发展的合法性基础为标志,因而美国大学具有服务社会的悠久传统,尤其是州立大学。范海斯在就任威斯康星大学校长时提出州立大学应该致力于为本州的经济发展服务,在知识传播、人才培养等方面充分考虑本州需求。此举大力推动了美国州立大学社会服务功能的发展,诞生了著名的威斯康星理念,并产生了全球影响。在传统意义上,学术研究和社会服务是两个相并列和独立的领域,或者说在某种意义上来讲,学术研究意味着探究高深纯粹的学问,而社会服务指代的是一系列面向实践的应用性活动。将学术和服务融合在一起,则发端于博耶的学术分类,经过多年的理论探索和实践发展,最终形成服务性学术理念。

① 涂艳国.多元学术观与大学学术发展[J].高等教育研究,2011 年第 11 期,第 10－14 页。

　　服务性学术理念的形成包括三个阶段。一是参与理念的提出奠定其理论基础。1990 年,博耶在《学术的反思：教授的工作重点》中提出四分类学术观,打破了人们对学术长期以来的狭隘化认识,将学术分为探究的学术、综合的学术、应用的学术和教学的学术。其中,应用的学术就是服务性学术理念的雏形。在对"应用的学术"(scholarship of application)分析中,博耶首次提出"参与"(engagement)概念,呼吁大学将存在于社会服务之中的"参与性学术"列入学术活动范畴。虽然社会服务功能由来已久,但在实践中大学普遍将其视为一系列边界模糊、琐碎的活动甚至是慈善活动的倾向。更为普遍的是,人们将社会服务理解为连接理论与实践的桥梁,换句话说,社会服务是将大学产生的理论应用于实践的种种活动的总和。这些认识偏离了社会服务应有的学术内涵,由此博耶指出,参与性学术本身就是一类需要具备专门化学科知识、经过严格学术训练的智力活动。在参与性学术中,理论和实践是融为一体、互相启发的,绝非是发现到应用的单向线性过程。博耶的学术分类改变了人们对学术的认识,使参与性学术获得了与探究性学术等同的价值和地位,消解了社会服务与教学、科研之间的屏障,使整合成为可能。

　　二是"参与型大学"的界定明确了服务性学术的实践特征。虽然美国大学有悠久的社会服务传统和相对完善的社会服务体系,但也存在诸多问题,如缺乏与校外的双向互动、不能很好适应社会变革。为了充分发挥大学的社会价值和影响力,1996—2000 年,美国凯洛格基金会(W. K. Kellogg Foundation)相继发布多份研究报告,号召州立大学重新审视社会服务职能,积极参与社区发展,提出参与型大学(Engaged University)的特征及其内涵(见表 2 - 1)。参与型大学将参与作为大学战略规划的主要内容,通过与社区共同分享知识和资源来丰富学生的学习经验、扩大教师的研究机会、促进区域社会发展。参与型大学将参与理念具象化,为服务性学术"提供了具体指向和实践依托。

　　三是深入的理论和实践探索丰富了参与性学术的多重向度。进入 21 世纪,关于服务学习、大学—社区合作的研究逐渐增多,学者们有意识地对拓展(outreach)和参与进行区分,如"拓展"强调大学单向发起、参与关注双向互动,而"参与"重视知识生产过程的公共参加(public participation),重视社区成员的参与度和满意度。吸引教师参与社会服务或激励教师将服务融入科研、教学中成为研究重点,大学为此开设了大量旨在提升教师社会服务能力的工作坊、系列

表2-1　参与型大学的特征及其内涵

序号	特　征	内　涵
1	敏锐于社会需求变化 （Responsiveness）	保持与社区、地区、州和国家的积极沟通；对社区需求给予积极有效的回应
2	尊重合作者 （Respect for partners）	支持和鼓励社区合作者的积极参与；充分尊重社区合作者的经验和能力
3	学术中立 （Academic neutrality）	在参与型学术活动中，对有争议的社会问题保持客观中立态度
4	可获得性 （Accessibility）	帮助缺乏经验的外部参与者理解和支持大学提供的资源和项目；确保专业领域内容能够被更多的人理解和接受
5	整合性 （Integration）	使用跨学科方法将社会服务整合进大学的科研和教学；鼓励教师和学生参与社会服务活动
6	协调性 （Coordination）	建立全校性社会服务活动的协调体系；为师生参与社会服务活动提供支持和帮助
7	资源合作 （Resource partnerships）	确保社会服务活动所需的多种资源；与校外机构保持良好的合作关系

资料来源：National Association of State Universities and Land-Grant Colleges. Returning to our roots：Executive Summaries of the Reports of the Kellogg Commission on the Future of State and Land-Grant Universities［R/OL］. http://www. aplu. org/library/returning-to-our-roots-kellogg-commission-on-the-future-of-state-and-land-grant-universities-executive-summaries-of-the-reports-of-the-kellogg-commission-on-the-future-of-state-and-land-grant-universities-2000/file，2016-10-21.

讲座。如密歇根州立大学每年举办的"参与性学术讲座"（Engaged Scholar Speaker Series），由美国不同领域的专家学者分享和讨论社会服务的理论和实践，主题涉及医疗健康、区域经济发展、城市环境等。[1] 这些讲座提升教师对服务性学术的理论认识，并促使教师将服务性学术融入科研教学中。成立专门的服务性学术管理机构、制定规范化的章程和制度、对社区合作成功经验的总结和推广都是服务性学术建制化的具体表现。如美国很多大学都设有专门的服务性学术管理中心，这些中心主要负责对全校的服务性学术活动进行整体调配和集中监管，除了对不同需求进行协调外，绝大多数中心都起着信息搜集所的作用，发布和提供有关服务学习、社区服务和社区参与等方面的资源材料。

———————————

[1] Michigan State University. The Engaged Scholar Speaker Series［EB/OL］. http://ncsue. msu. edu/esss/，2017-04-23.

二、服务性学术理念的内涵

由于服务性学术概念未有明确一致的内涵界定,此处根据相关概念——包括"基于社区的学术""拓展与参与""大学—社区参与"(University-Community Engagement)等,进行提炼和总结,进而获得相对清晰的概念认识。

1. 基于社区的学术

基于社区的学术是指将大学的学术活动与社区相融合,一方面提升大学科学研究和人才培养的质量,另一方面促进社区及其成员的发展。具体包括基于社区的教与学、基于社区的参与式研究、大学与社区合作等。

基于社区的教与学是把传统以课堂、教师、教材为中心的教与学活动的空间拓展到社区,主要表现在对社区需求的关照、对社区成员的接纳、对学生体验的强化。

基于社区的参与式研究改变了传统科研项目中将社区作为研究背景和样本的做法,真正将社区及其成员吸纳到研究中来,其主题是社区所面临的真实问题或困境,在研究过程中,参与者之间是平等的合作关系,每个人真正参与到研究中,同时认可每一个参与者所贡献的力量。基于社区的参与式研究的主要特征包括:研究充分考虑社区现状与需求;研究过程是与社区成员共同完成,实现了与社区的合作研究(research with communities),而不是仅仅在社区中进行的研究(research on communities);注重研究成果及时转化,用于社区发展,关注社区行动力的改变。

大学与社区合作是指州立大学利用自身的知识优势、教育资源和科学研究等积极参与社区发展,并全面推动城市的经济增长、文化繁荣和社会进步。

2. 拓展与参与

"拓展"是"与教育、商业、公共与社会服务伙伴之间有意义的互利合作,它代表着教学中越过校园围墙的学习,也代表普适到学术共同体之外的有用研究,也代表着直接惠及公众的服务"。"参与"就是在知识和资源上的大学与公私部门(包括慈善机构)间的伙伴关系,这种关系丰富了学术、研究和创造性活动,提升课程、教学和学习,培养全面的、参与型的公民/公民学者,强化民主价值观和公民责任,解决重大的社会问题,进而为公共利益做贡献。"拓展"表示大学有关活动延伸到大学之外的个人或组织(即各种"community"),如从大学到委托人的知识与技术的转移，这种流动是单向的，包括传统上的拓展和公共服务；"参与"更多体现双向关系，表示在大学及其委托人之间的交流关系，能够产生对大学和社会而言的共赢，通常这种关系具有共同的目标、事项和成功举措，双方共同解决问题并分享专业知识。① 拓展与参与是美国大学，尤其是州立大学在社会服务领域的发展理念和阶段性特征。

目前，对于拓展与参与二者关系的认识有两种：一种是将拓展与参与看作是美国大学社会服务发展的两个不同阶段的典型特征，如将美国大学社会服务分为三个阶段：公共服务（public service）、拓展（outreach）、参与（engagement），其中拓展代表第二个阶段，参与代表第三个阶段；另一种是将拓展与参与看作是美国大学社会服务发展的新理念和新阶段，只是两者的侧重点有所不同，如美国很多大学都设有"拓展与参与办公室"统筹全校服务性学术工作的开展。

3. 大学—社区参与

大学—社区参与是基于参与理念提出的，指大学基于自身优势与社区建立平等的合作关系，通过深度参与对教学、科研、服务等大学传统活动进行重新整合，实现知识和资源的双向互动，推动公共福祉和社会进步。大学—社区参与具有四个主要特征：学术性、嵌入式、互动互惠、公共性。

（1）学术性是"大学—社区参与"的首要特征，也是其与传统社会服务活动的最大区别。不论是博耶对参与的学术活动的界定和阐述，还是大学在新框架的引导下开展的各类服务活动都充分证明了这一点。学术性意味着社会服务并非一般意义上的"志愿服务"，而是内在地涵盖知识的发现、应用、传播和保存等过程。如活动需要较高水平的专业知识；以学术方式进行管理，如明确的目标、充足的准备、适当的方法；被合适而有效地记录并传递给学术同行和社区受众，并接受关于意义、过程和经验教训的反思性批判；具有超越具体环境的普遍意义，具有突破性和创新性，能够被阐述和验证；被同行判定为值得关注而又具有重大价值。② 学术性一方面保证各类服务活动能够与大学的人才培养、科学研

① 吴伟，邹晓东，王凯，黄扬杰. 拓展与参与：美国公立大学功能的新变化[J]. 高等教育研究，2013 年第 8 期，第 84 - 93 页。
② 吴伟，邹晓东，王凯，黄扬杰. 拓展与参与：美国公立大学功能的新变化[J]. 高等教育研究，2013 年第 8 期，第 84 - 93 页。

究等获得等同的地位,提升大学成员参与的积极性,另一方面也为各类社会问题的解决提供更为有效的智力支持。

(2) 嵌入式是指将社会服务融入大学各项使命。社会服务不再与其他功能简单并列,而是成为大学各类活动的中心,与其他功能整合,深入各项使命。首先是在传统活动中渗透社会服务理念。教学上,通过与社区合作,开展参与性、实践性课程,丰富学生的学习经验,实现学生多元化发展;科研上,为校内外研究合作提供平台,为跨学科研究提供机会,拓展校内研究的范围和应用性;服务上,通过与不同区域的合作实现大学的国际化,加强大学与社区的合作关系,在参与活动中担负更多社会责任。其次是从强调结果的参与到强调过程的参与。传统社会服务活动是一种工具性参与(instrumental engagement),强调特定目标的完成,容易忽视参与者在过程中的感受和自我提升。"大学—社区参与"强调分享知识和学习机会,关注参与双方或多方的反思(对工作、生活、实践和自身的反思)和收获,即作为过程的参与(critical engagement)。

(3) 互动互惠性体现在共同参与和实现双赢。一是共同参与,大学不再将社区当作被动的社会服务接受者,而是平等的合作伙伴。活动计划的制定、实施和评价等环节在双方共同参与下完成,其中的发起者既可以是大学,也可以是社区。同时,在活动过程中要充分考虑社区及其成员的角色、作用和具体经验,提升其参与度和满意度。二是实现双赢,参与型学术活动的出发点是互利互惠,即大学和社区都能获得发展和提升。大学能够在教学、科研与服务方面获得更多实践空间和资源支持,如拓展教学实践平台、实现跨学科合作、创新学术范式、建立校内外协同机制,获得更多办学资源。社区在参与过程中不仅解决了已有问题,如教育、安全和环境建设,还能提升其成员的整体素养。

(4) 公共性是指社会服务超越商业化利益的公益关照。纵观当前大学的创新创业转型发展,商业化利益、创业型导向的渗透和影响与传统学术使命之间的平衡始终是一对矛盾。《莫里尔法案》建立赠地学院的逻辑假设是知识传播→技能养成→学术应用→财富创造→社会繁荣,特别强调社会服务中的可视化收益;而"大学—社区参与"框架的基本假设是:受过良好教育的公众是民主社会的基础和前提,强调社会服务中的公益导向。这种公益导向不仅是学术与社区的共生共荣,还带有推动社会民主进步的理想。在早期的参与型学术活动中,服务学习是较为典型的代表,旨在提升学生的学习经验和结果,同时解决社区问题。在后期发展中,对公共参与、民主能力建设的讨论逐渐增多,大学将公共性和公益性作为衡量参与型学术活动的主要标准。

第三节 服务性学术的实践

服务性学术的实践类型十分丰富,既包括传统的基于社区的教与学,如服务学习、顶点课程、社区服务项目,也涵盖多种新的活动类型,如聚焦全球化的跨学科研究、关注弱势群体的参与式研究、助力社会发展的创新创业活动。

一、基于社区的教与学

在大学中,教学是最为传统和重要的活动,也是大学实现育人功能的主要形式。而随着时代发展和对人才培养规格要求的变化,大学不断革新其教学活动的内容和形式。在服务学术理念的引导下,大学兴起很多新的教学活动类型,不断拓展教与学的空间和形式,其中较为典型的是服务性学习和顶点课程(capstone course)。

1. 服务性学习

服务性学习以杜威的经验学习理论作为主要理论基础,是一种基于课程、载有学分的教育经验,其核心是课程学习、社区服务和经验反思的结合。学生在服务中应用课堂上所学的知识提高服务质量,用从服务中积累的经验促进专业发展,在培养发现、分析和解决问题的能力的同时增进公民意识和社会责任感。[①]服务性学习兴起于 20 世纪 70、80 年代的美国,因其在连接社区与大学、理论与实践方面的优势,同时有助于学生社会责任和公民意识培养等方面的特点,迅速成为美国高等教育新的教学模式,并不断扩大影响力,成为世界性的高等教育改革运动。服务性学习的基本特征包括:①学术性,关注学术能力培养目标的实现;②反思性,通过社区参与来培养批判思维、领导力、公民责任意识和多元文化理解力;③互惠性,社区对象和学生之间非单一给予,而是形成互惠互利、共同发

---

① 高振强. 美国高等学校服务—学习:内涵、模式及原则[J]. 高等工程教育研究,2013 年第 2 期,第 122 - 127 页。

展的关系。服务性学习的范式主要有四种：第一种以满足社区需要为主；第二种以满足学生学习为主；第三种是前两种的综合，被称为理想的综合型；第四种是一种新兴范式，主要基于近几年服务——学习项目逐渐将其场所设定在国外，或者是多采用跨学科的方式来推行服务——学习项目，由此称之为国际化/跨学科范式。[①] 这四种范式并不是截然独立的，它们之间存在着内在关联，如第三种是融合前两种的优点而形成的；第四种则是服务——学习范式的发展趋势，预示了服务学习未来发展趋势——走向国际化与全球化，致力于解决全球共同面临的问题。

作为较早践行参与性理念的公立研究型大学，密歇根州立大学设立服务性学习和公民参与中心（the Center for Service-Learning and Civic Engagement，CSLCE），将服务学习作为履行其赠地学院使命的重要途径。该中心的宗旨是通过将学术课程与社区参与相结合，培养学生反思批判思维、民主意识和社会责任感，并为学生的服务学习提供从目标定位到反思评价等一系列的指导帮助，如在服务学习开始阶段，为学生提供有关服务学习的个性化咨询和计划制定；在服务学习过程中，为学生提供支持和反馈信息；在服务学习结束后，为学生提供评价服务。密歇根州立大学的服务学习涵盖教育、医学、健康、管理等不同领域的内容，形式灵活多样，既有持续几天的短期项目，也有每周 2—6 小时持续一学期或一学年的长期项目。2015 年，密歇根州立大学有两万多名学生通过该中心参与服务性学习。[②]

威斯康星大学麦迪逊分校的服务性学习强调多学科多主体参与，注重平衡社区发展、学生成长与学校进步之间的关系。学校开设的社区学习课程准则包括：①服务内容应与课程内容紧密联系，每人每学期至少服务 25 小时；②学生应与社区合作，参与创造社区价值，在课程提议中必须包含与社区合作机构接洽的内容；③课程应包含指导性反思活动，如写作任务、讨论、讲座、日志等；④对学习效果及评估方式有清晰的解释，对学业和社区参与的部分必须分别阐明；⑤学期开始前，将课程大纲提供给社区合作机构，并邀请其成员到课上开展讲座；⑥教师和学生多次核对课程内容，并选取对各方都有利的沟通方式，以确保不会

---

① 李福春，李良方. 美国高校服务——学习：审视与反思[J]. 中国高教研究，2013 年第 5 期，第 43 - 49 页。

② Center for Service Learning and Civic Engagement. Students [EB/OL]. https://servicelearning.msu.edu，2016 - 11 - 10.

对学生和社区成员造成文化敏感和无意识伤害。[①]

2. 顶点课程(Capstone Courses)

"顶点课程"是由英文 Capstone Courses 翻译而来,这里的"顶点"与心理学"顶峰体验"概念较为类似,即人在完成某项实践活动后,感受到自我实现后的幸福、超然的情绪体验。国内也有人将其翻译为顶石课程、顶峰课程。顶点课程顾名思义是能够给学生带来顶峰体验的课程,一般在大学四年级设置,以团队和项目为基本形式,旨在促使学生将知识学习与实践应用相结合,基于学科知识解决实际问题,类似于国内的毕业设计。顶点课程不仅传授学科或专业知识,更要对学生过去所学课程内容进行整合,重塑知识结构,还要将知识技能与实际工作岗位、社会需求结合起来,对知识进行反思、批判和拓展,获得知识的社会意义。[②]顶点课程的兴起得益于著名的《博耶报告》(*Boyer Report*),该报告在重振美国本科教育的建议中提出将顶点课程作为本科教育中"以顶点体验达至顶峰"(culminate with a capstone experience)的重要内容。

美国一项针对顶点课程的调查显示:课程目标涉及对学生知识、能力、意识、情感等方面的培养(见表 2 - 2),不仅注重学生对"以何为生"的专业知识培养,同时注重培养学生在"何以为生"方面的领导力、决策力及全局把握力等。顶点课程的上述特点决定了其在"基于社区的教与学"中的广泛应用。美国工程技术认证委员会(Accreditation Board for Engineering and Technology, ABET)的调查显示,400 余所开设该课程的大学中,课程存在时长超过 21 年的占 14%,16~20 年的占 10%,11~15 年的占 17%,6~10 年的占 25%,而 0~5 年的占 33%,由此可见美国高校在持续加强对顶点课程建设的力度。[③] 以波特兰州立大学(Portland State University, PSU)为例,该校从 1995 年起致力于基于社区的教与学的活动开发,在顶点课程中整合社区经验,让学生与社区成员共同完成实践项目,仅 2015 年开设的实践课程就有 147 项,涵盖了青少年教育、食品安

---

① 钱露. 全球化时代"威斯康星理念"的更新与实践——以威斯康星大学麦迪逊分校为例[J]. 中国高教研究,2017 年第 4 期,第 98 - 102 页。

② 刘小强,蒋喜锋. 质量战略下的课程改革——20 世纪 80 年代以来美国本科教育顶点课程的改革发展[J]. 清华大学教育研究,2010 年第 2 期,第 69 - 76 页。

③ 张学良,李辉. 过程取向与自主建构:美国高校顶石课程形态[J]. 中国高教研究,2017 年第 3 期,第 78 - 82 页。

全、社区健康、城市可持续发展等几十个主题。[①]

表2-2 美国大学顶点课程的首要贡献统计(N=864)

序号	课 程 目 标	数量	百分比
1	学生专业教育的系统化与综合化	440	51.2%
2	促进在校教育与社会现实工作的有效衔接	112	13.0%
3	提升本科毕业生的志愿技能从而减少直接进入社会的阻碍	79	9.2%
4	加强通识教育与专业教育的衔接性	50	5.8%
5	促进所开展通识教育的连贯和相关性	44	5.1%
6	提升对学生成长核心竞争力的培养(领导力等),拓展学生观察问题视角	44	5.1%
7	其他	29	3.4%
8	加强学生在生活技能及决策能力方面的培养,应对现实生活中遇到的问题(如婚姻、家庭发展、理财等)	23	2.7%
9	提升学生对研究生学习的认识,对自己是否读研有自己的主张	21	2.4%
10	为有意向开展研究生学习的高年级本科生提供知识准备	17	2.0%

资料来源: Henscheid J M. Professing the Disciplines: An Analysis of Senior Seminars and Capstone Courses. The First-Year Experience Monograph Series No. 30 [M]// National Resource Center for the First Year Experience and Students in Transition. Cdumbia: University of South Carolina, 2000: 18. 转引自张学良、李辉. 过程取向与自主建构: 美国高校顶石课程形态[J]. 中国高教研究, 2017 年第 3 期, 第 78 - 82 页。

3. 基于社区的服务项目

提供免费教育、短期课程和公益讲座是美国大学服务社区的传统形式,如成立继续教育中心,为校外人士提供涉及农业、工业、科学和艺术等方面的继续教育。在新形势下,大学一方面增加项目数量,惠及更多居民,另一方面扩充项目领域,使项目类型多样化。下面以密歇根州立大学和威斯康星大学麦迪逊分校的社区拓展项目为例进行分析。

---

① Portland State University. University Studies: Senior Capstone [EB/OL]. http://capstone. unst. pdx. edu/search-courses? f[0]=field_term%253Aname%3ASpring%202015,2016 - 10 - 20.

作为早期的赠地学院,密歇根州立大学自建校伊始就致力于服务密歇根州的发展。截至 2015 年,密歇根州立大学将社区服务活动扩展到州内所有 83 个县,为校外人士开展多种类型的学术项目、专业项目和证书项目;超过 20 000 人参与到 80 多个项目中,涉及教育、社会生态学、艺术、人类健康、工程、农业、自然资源等多个领域。密歇根州立大学开展的各类拓展项目涉及开放式教学、艺术服务、医疗服务、技术支持等。沃顿艺术表演中心(Wharton Center for Performing Arts)就是一个提供社区艺术服务的校内机构,致力于提高公众的艺术修养和生活质量。该机构为公众提供各类音乐、舞蹈、歌剧演出,不定期开展各类艺术研讨会和工作坊,同时还将艺术教育内容整合到 K12 年级学生的课程中。①

斯巴达青少年项目(Spartan Youth Programs,SYP)是密歇根州立大学面向公众开放教学的代表。斯巴达青少年项目是一个面向 Pre-K12 年级学生的门户网站,为他们提供学习机会、学习材料和学习环境。斯巴达青少年项目提供 200 多个不同类型的学习项目,涉及农业、商业、计算机、环境科学、数学、医学、工程等领域,学生可以自主选择感兴趣的领域进行深入学习,获得密歇根州立大学教师的专业支持和教学指导。同时,斯巴达青少年项目为高中生提供大学预科课程,使他们有机会参加大学课程项目和学术活动。②

威斯康星大学麦迪逊分校在原有的函授教学、辩论和公共讨论等推广教育的基础之上拓展新的教育模式,如"大学—社区电台"(University Community Radio)、"威斯康星论坛"(Wisconsin Seminar)、"家庭科学教育年会""家庭视野下的年龄代沟问题讲座""科学教育协作"等新形式,它们分散在州内各处,为本州居民提供智力和学术服务。每年,许多威斯康星州的民众会参加威斯康星大学举办的各种课程、会议和工作室的活动,在大学服务社会活动中直接受益。诸多此类教育活动吸引着地区乃至全国的注意,同时,这些活动又往往借助最新的信息技术传递到很远的地方,实现了"远程教育"。此外,威斯康星大学针对各个行业劳动者职业技能提升的职业教育也在继续开展,每年都有许多在医院、学

---

① Michigan State University. Education & Engagement in Wharton Center [EB/OL]. https://www.whartoncenter.com/education-engagement,2016-10-28.

② Michigan State University. Spartan Youth Programs [EB/OL]. http://spartanyouth.msu.edu/AboutSYP.aspx,2016-10-25.

校、企业和社区机构里工作的人员参加在大学开展的各种职员职业技能发展训练活动。此外,大学的推广教育得到各个县区的大力支持与配合,推广教育在基层有了稳定的组织基地。每年,在数以千计的这种职业推广教育活动中,县区的工作人员和大学的专家、志愿者们共同开展工作。例如农业统合教育项目(CAI)在每年冬季都会开设"农场和工业短期课程",向农场主和绿色产业里的工人提供 17 周的教育培训。①

二、聚焦全球化的跨学科研究

全球化是服务性学术的重要向度。尽管社会服务诞生于美国的区域或州内范畴,但在全球化时代,公立/赠地大学的服务对象不再局限于大学所在的城市或州,而是扩展至全国和全球范围。这一方面是因为诸多人类社会面临的多领域、重大问题越来越具有全球普适性,如贫穷、饥饿、暴力、偏见、失业等,这些问题是影响人类发展的障碍;另一方面源于大学活动范围及其与社会之间的互动领域和地域的不断拓展。今天人类所面临的诸多问题不能仅依靠一国或一个地区独立解决,而是必须通过国际组织、各国间的合作共同寻求解决办法,当然,也就更不是一所大学所能胜任。不少世界一流大学正是聚焦于解决全人类所面临的共同挑战,才树立起了大学发展的标杆,如在培养目标上强调具有世界公民责任的全球领导者,在科学研究上强调为全人类的共同福祉而不断开拓学术前沿。

洛杉矶加州大学(Universityof California, Los Angeles,UCLA)的"重大挑战计划"(Grand Challenge Project)就是应对能源、水资源、可持续发展和气候变化等领域重大问题而实施的教育、科研、社会服务的集成性活动。其官网宣示:GC 计划着眼于维护生态系统健康、人类健康和福祉,主要聚焦于解决重大社会挑战、凝聚跨学科研究团队、提高现有能力的公众形象、吸纳校园社区、加强与外部合作伙伴的联系、培养下一代变革者、吸引新的投资等七个方面。UCLA 遵循其提出"重大挑战"计划时所设定的"大目标,大影响"(Big Goals,Big Impact)的初衷,目前已推出两个项目:可持续洛杉矶(Sustainable LA)和抑郁症重大挑战(Depression Grand Challenge,DGC)。前者的目标是于 2050 年前将洛杉矶

---

① 杨艳蕾. 当代"威斯康星理念"的新发展及其启示[J]. 外国教育研究,2012 年第 5 期,第 115 - 116 页。

转变成完全使用可再生能源并且实现当地供水的城市,后者的目标是于 2050 年前达成抑郁症患者减半并在世纪末攻克抑郁症(详细内容参加附录 1)。

威斯康星大学麦迪逊分校通过研发最新科技、解决能源和卫生健康问题等方式致力于全球化时代的社区服务,以"为海地及荒漠化地区研发生物能源"(AE)和"多米尼加共和国山区水质优化"(WQD)为代表。此外,设立国际化研究中心,整合各方资源,如东亚法律研究中心(EALSC)为东亚地区提供法律服务,联合美中韩、日、泰等国的专家、学生、政府人员和贸易组织,通过组织交换、研讨会和工作坊等形式促进国际合作。威斯康星大学麦迪逊分校的研究者通过技术转让促进经济发展,提倡学生参与国际经济事务,接受跨学科教育。项目成员来自国际关系、信息技术、农业、生命科学、商业、法律等不同学科。项目开展主要通过以下几种方式:①与国际商业教育研究中心(CIBER)合作,解决公私立机构的商业需求;②开展工作坊,如"全球经济中的威斯康星"(WGE),召集威斯康星大学麦迪逊分校各部门成员、专家、政府工作人员,共同商讨以促进威斯康星州商业在东南亚地区的开展;③创建国际学习和项目办公室(OISP),增加与海外机构建立伙伴关系的机会。在国际学习和项目办公室的号召下,威斯康星大学麦迪逊分校联合美国农业科技国际有限公司和中国天津农业科学院,共同研发了无菌高产的土豆种子,成为全球化条件下大学技术转让合作的经典案例。[①]

作为亚洲顶级的研究型大学,新加坡南洋理工大学(Nanyang Technological University,NTU)坚持全球化的跨学科研究导向,利用自身优势关注人类发展问题的解决。在 2015 年出台的"迈向 2020 计划"中,南洋理工大学提出未来五年内重点关注的研究聚领域:地球的可持续发展(Sustainable Earth)、亚洲全球化(Global Asia)、社区安全(Secure Community)、社会健康(Healthy Society)、未来的学习(Future Learning)。以地球的可持续发展为例,这一领域聚焦地球的生态保护、资源的循环发展、生产生活方式的转变等议题。其中主要包括环境生命科学工程、环境与水体研究、能源研究为主的三大研究方向。[②] 在上述领

---

① 钱露. 全球化时代"威斯康星理念"的更新与实践——以威斯康星大学麦迪逊分校为例[J]. 中国高教研究,2017 年第 4 期,第 98 - 102 页。

② Nanyang Technological University. Developing a New Strategy 2015 - 2020 [EB/OL]. http://www. ntu. edu. sg/AboutNTU/Pages/AcademicHighlights. aspx#top, 2017 - 09 - 21.

域,南洋理工大学不仅谋求与亚洲顶级研究机构和大学的合作,还与帝国理工学院、佐治亚理工学院等世界一流理工大学在上述领域建立长期合作关系,共同致力于推动人类可持续发展。

三、基于社区的参与式研究

随着经济社会的迅猛发展,社会阶层的差异逐渐扩大,关注弱势群体的生活质量和社会权益成为大学研究者的重要议题。此类研究的目的在于提升弱势群体的社会参与意识和能力,关注其保护自身权益的行动力的改变。与其他研究项目不同,此类项目充分考虑弱势群体的现状与需求,关注弱势群体的参与度和满意度,认可他们的贡献;在研究过程中,双方是平等的伙伴关系。这里的弱势群体主要包括残障人士、少数族裔、低收入群体、偏远社区群体等。研究的主题包括环境污染、医疗卫生、教育技能等。

加州大学、布朗大学和其他社会组织共同组建南加州环境公平协同中心是大学与社区合作解决当地环境污染问题的典范。该中心通过环境数据研究、社区能力(Community Capacity)建设等方式改变环境政策,积极推动社区环境优化。在整个研究过程中,各方充分发挥自身优势,共同制定研究方案,并充分认识到社区改革的复杂性和多方参与的重要性。如社区机构通过宣传、集会等形式充分调动社区成员的积极性,并着力培养社区领导者,使他们成为实现持续性社会变革的主力军;"自由山基金会"(Liberty Hill Foundation)提供资金、技术和管理支持,促成多个合作项目;研究机构进行数据分析、风险评估和相关性论证等多项研究,为环境政策的改变提供强有力证据。在各方的共同努力下,当地政府承认并正视环境污染给低收入的有色人种带来的不公正负担,同时采取多种措施治理污染,如修订空气环境质量标准、推广使用清洁能源等。时至今日,南加州地区的环境质量得到明显提升,在协同中心支持下,该社区居民的公共事务意识得以增强,他们愿意致力于环境保护工作并积极联络各方形成合力促进社区变革。[1]

伊利诺伊州长期住院的残障人士数量庞大且不断增长,同时州内 80% 的医

---

[1] Meredith Minkler, Victoria Breckwich Vásquez, Charlotte Chang, Jenesse Miller. Promoting Healthy Public Policy through Community-Based Participatory Research: Ten Case Studies [EB/OL]. http://depts. washington. edu/ccph/pdf_files/CBPR_final. pdf, 2016 - 12 - 10.

疗经费被投入到医院体系中,社区医疗经费十分有限。为了解决残障人士回归社区后的经费、权益和社会保障等问题,伊利诺伊大学(University of Illinois)与当地社区残障人士服务中心共同开展了一项针对残障人士的赋权干预研究。研究采取参与式行动研究方法,发掘回归社区后的残障人士的真实需求,运用多种干预措施,如普及残障人士权利教育、拓展残障人士资源获取途径、提升残障人士对其生活和健康的决策和控制能力;同时,各方参与者通过参与听证会、市民大会、媒体推介等形式提升政府官员和社区居民对非住院化运动的关注。整个研究过程是各方人士共同规划、开发、实施和评估的,他们在研究中建立起良好的互助合作关系,共同推动个人赋权(Individual Empowerment)和社区赋权(Community Empowerment)。该项研究取得了显著效果:参加研究的残障人士在权益意识、社会适应等方面明显优于个人先前水平;2007 年该州建立了残障人士基金,首批就获得 5 500 万美元的经费支持;当地政府推行了多项保障残障人士权益的政策法案。①

密歇根州有近 4 万人居住在政府提供的公租房,包括老人、有色人种和残障人士,他们大都收入低下、受教育水平低,很难融入社区生活。为了改变他们的生活困境,密歇根州立大学研究者与美国住房部、密歇根州住房委员会和当地组织机构共同努力,持续为他们提供资金、培训和政策支持。具体包括:①通过面授和远程教育提升公租房居民对公共政策的了解、组织计划管理能力和参与公共事务及决策的能力;②通过修订政策法案保障公租房居民行使其公共权利;③通过职业训练、资金支持提升公租房居民的生活质量。② 有别于传统科研项目中将社区成员作为被试的单向关系,此类项目中研究者和社区成员建立平等的伙伴关系,考虑他们的需求,充分发挥他们的民主能力,通过社区成员行动力的改变直接推动其权益的保障和生活福祉的提升。

① Meredith Minkler, Victoria Breckwich Vásquez, Charlotte Chang, Jenesse Miller. Promoting Healthy Public Policy through Community-Based Participatory Research: Ten Case Studies [EB/OL]. http://depts. washington. edu/ccph/pdf_files/CBPR_final. pdf, 2016 - 12 - 10.
② Michigan State University. The Community and Economic Development Program: Urban and Regional Planning Program [EB/OL]. http://ced. msu. edu/upload/self_study_2006. pdf, 2016 - 10 - 25.

第三章
服务性学习与培养范式转变

社会服务视域下的人才培养,更加强调培养平台、培养资源上的多样化,以更好体现当前社会情境对复合型、应用型、创新型人才的需求。在校内,人才培养范式转变的最本质表现是从学科/专业范式和院系为本,逐步过渡到交叉学科培养,并倾向于依赖新型的跨学科研究组织来实现,以及更加注重科教融合培养,甚至也出现了面向特定对象需求的"定向培养"。在校外,人才培养范式转变的重要表现是为人才成长搭建广阔舞台,充分体现真实情境中的体验式成长,以增强其应对生产生活难题的能力。服务性学习是把校内知识学习与校外情境体验充分结合起来的一种培养理念,讲究在真实情境下提升知识运用能力、培养创新创业素养并挖掘职业潜力。表现在工程教育上,服务性学习强调充分链接工程实践,解决真实的或设计的工程问题。实际上,近年来炙手可热的"创业教育",在其本质意义上与服务性学习不谋而合。本章主要以普渡大学(Purdue University)的社区服务工程项目(Engineering Projects in Community Service, EPICS)为例,介绍美国公立大学日益重视的服务性学习理念与实践。

第一节　工程教育挑战与服务性学习

随着科技的加速发展,工程系统日趋综合化、复杂化,对工程教育提出了新的更高的要求。① 工程教育不仅要传授理论知识和工程技术,还需要鼓励学生从跨入大学校门之初就投入到工程领域的真实世界中去。② 服务性学习则通过将服务社会和课堂学习紧密结合,为学生创设解决真正社会问题的环境,促使学生综合运用所学理论知识,帮助学生掌握未来职业发展所需要的技能和能力。因此,越来越多的大学尤其是工科院校将服务性学习理念运用到教育教学之中,以应对学生实践动手能力不强、工程教育质量与社会需求脱节等挑战。

一、工程教育转型发展

第二次世界大战以后,基于对工程人才偏重技能和实践而普遍缺乏科学训练的反思,以及对科学理论要求较高的雷达和原子武器等新军事技术与核能、电信、材料科学、计算机科学等新兴工程领域的出现,美国开始大规模资助大学的基础研究,美国工程教育也由二战前关注技术应用和实践操作的技术范式逐渐转向强调工程科学和理论分析的科学范式。1955 年,美国工程教育协会(American Society for Engineering Education,ASEE)出版的《工程教育评估报告》(也称《格林特报告》,*Grinter Report*)提出未来工程师培养必须紧跟科学和技术发展的步伐,以保证美国在重要专业的领先地位。③ 该报告进一步设计了以科学为导向的课程体系,其中数学与基础科学课程约占四分之一,工程科学④课程约占四分之一,人文和社会科学研究课程约占五分之一。⑤ 由此,美国工程教育加大了工程科学在教学中的比重,同时弱化了工程实践,如大学里的机械制度和测量等以应用和实践为导向的课程逐渐消失,转而被微分方程、控制系统理论、传递现象等课程取代,工程学科课程和应用科学学科课程变得难以区分,工程专家的性质从具有丰富实践经验的工程师转变为具有博士学位但几乎没有工

① 雷庆,苑健. 关注工程教育中的工程实践——美国"社区服务工程项目"评述[J]. 清华大学教育研究,2015 年第 3 期,第 57 - 63 页。
② 雷庆,巩翔. 普渡大学工学院新生计划及启示[J]. 高等工程教育研究,2009 年第 2 期,第 92 - 98 页。
③ 叶民,叶伟巍. 美国工程教育演进史初探[J]. 高等工程教育研究,2013 年第 2 期,第 109 - 114 页。
④ 在《格林特报告》中,工程科学被定义为一门与工程问题相关的基础科学原理的学科,通常被细分为六种,即固体力学、流体力学、热力学、传递与速率机制、电气理论、材料的性质与特性。
⑤ American Society For Engineering Education. Summary of the Report on Evaluation of Engineering Education [EB/OL]. https://www.asee.org/papers-and-publications/publications/The-Grinter-Report-PDF.pdf,2019 - 10 - 02.

业实践经验的科学家。① 科学范式主导的工程教育高度重视数学和科学,对工程师的培养逐渐趋同于对科学家的培养,工程甚至被认为是科学的应用分支。

　　起初,科学范式推动了工程科学的进步和发展,夯实了工程科学的理论基础,强化了学生的通识教育基础,甚至推动了人文社会科学的发展。但是,随着科学范式的不断演进,同时伴随着学科细分的深入,工程教育逐渐陷入困境,即在教育价值取向方面偏重工具理性,在知识观方面崇尚科学知识,在工程教学方面偏重主客体关系。② 尤其到 20 世纪 80 年代以后,这种模式所培养的人才越来越不适应工程职业的变化,工科毕业生的工程实践经验明显匮乏,综合素质和个人能力饱受企业和雇主质疑。杨百翰大学(Brigham Young University)的托德(Robert H. Todd)等学者于 1993 年开展了一项对工业界雇主的调查,总结了雇主认为刚毕业的工科学生存在的不足之处,具体包括:不了解制造过程、缺乏设计能力或创造力、对工程和相关学科的理解狭隘、缺少对工程项目整体过程的认知、不会考虑可替代方案、缺乏灵活变通、都想成为分析师、沟通技巧薄弱、团队工作经验匮乏等。③ 因此,20 世纪 90 年代开始,美国工程教育界掀起"回归工程"的浪潮,主张工程教育范式从科学范式走向工程范式,其核心要义是要使建立在学科基础上的工程教育回归其本来的含义,即更加强调工程教育的系统性和完整性,在注重实践的同时追求理论与实践的平衡,注重学生知识、素质、能力的协调发展,以尽可能满足工程教育利益相关者的需求。④ 由此,融科学、技术、非技术、工程实践为一体的具有实践性、整合性、创新性的"工程模式"教育理念体系——大工程观应运而生,以麻省理工学院为首的高校开展了以培养具有人际交往能力和系统构建能力的工程人才为目标的工程教育改革。

　　在工程教育范式转型发展的背景下,美国工程技术认证委员会也对工程专业鉴定标准进行了改革,目前正在执行的 EC2000 标准中要求:申请鉴定的工程

① John W. Prados. Engineering Education in the United States: Past, Present, and Future [R/OL]. https://pdfs. semanticscholar. org/388f/978b1c893d492123ef31ceba5102bc179476. pdf, 2019 - 10 - 02.

② 项聪. 设计范式:工程教育发展的应然选择[J]. 高等工程教育研究,2014 年第 6 期,第 12 - 19 页。

③ Robert H. Todd, Carl D. Sorensen, Spencer P. Magleby. Designing a Senior Capstone Course to Satisfy Industrial Customers [J]. Journal of Engineering Education, 1993, Vol. 82, No. 2, pp92 - 100.

④ 李茂国,朱正伟. 工程教育范式:从回归工程走向融合创新[J]. 中国高教研究,2017 第 6 期,第 30 - 36 页。

专业必须证实毕业生具备设计系统、部件和工艺的能力,多学科团队协作的能力,识别工程问题、建立方程和求解的能力,职业道德和社会认知的能力,有效的人际交往能力,在工程实践中运用各种技术、技能和现代工程工具的能力等 11 种能力。美国工程教育协会和美国国家科学基金会分别在 1994 年和 1996 年发布报告,要求将一些"软技能"培养纳入传统工科课程中,这些软技能包括团队协作能力、沟通技能、领导能力,以及认识到工程实践是全球性的,了解工程决策对社会、经济和环境的影响等。① 而这些"软技能"培养仅靠传统的课堂传授无法达成,必须改革以往的课程教学模式,让学生获取真实世界的经验。ASEE 还着重强调要使工程教育变得对学生更有吸引力,就需要工程教育与外界有更多联系,不能闭门造车地培养学生。② 1995 年,麻省理工学院校长查尔斯·韦斯特(Charles M. Vest)在美国工程院年会上强调,工程教育的主要方向是保留严谨和科学的基础,但需要与时俱进,包括恢复与行业的联系,不再强调狭窄的学科方法,增强工程的情境性和综合性,为学生提供团队合作和动手"设计、建造、运营"项目的经验,并继续将真实设计和过程理解整合到教育系统中。③ 因此,将真实工程世界体验嵌入工程教育的全过程成为回归工程实践的重要发展趋势。④

　　21 世纪被韦斯特誉为"人类的科学和工程史上最激动人心的时代"。信息、生物、纳米等新技术的迅猛发展和大数据、云计算、物联网、人工智能等新产业的出现使得现代工程活动的复杂性、动态性、创新性、集成性、跨界性日趋明显,这也对工程师的能力和素质提出了更高要求。特里格瓦松(Gretar Tryggvason)和阿普利安(Diran Apelian)认为 21 世纪的工程师是企业家型工程师,并将其所应具备的技术能力、与人沟通和合作能力、创新能力归纳成:①无所不知——能

---

① National Science Foundation. New Expectations for Undergraduate Education in Science, Mathematics, Engineering, and Technology [R/OL]. https://www.nsf.gov/pubs/stis1996/nsf96139/nsf96139.txt,2019 - 10 - 02.

② American Society for Engineering Education. The Green Report-The Engineering Education for a Changing World [R/OL]. https://www.asee.org/papers-and-publications/publications/The-Green-Report.pdf,2019 - 10 - 02.

③ Charles M. Vest. U.S. Engineering Education in Transition [EB/OL]. http://web.mit.edu/president/communications/NAE-9-95.html,2019 - 10 - 02.

④ 邹晓东,姚威,翁默斯. 基于设计的工程教育(DBL)模式创新[J]. 高等工程教育研究,2017 年第 1 期,第 23 - 29 页。

迅速找到相关任务的信息,知道如何评价和处理信息;②无所不能——了解工程基础知识,能快速评估需要做的事情,获取所需工具并熟练运用这些工具;③与任何地方的任何人一起工作——具有沟通技巧、团队合作能力,以及理解全局和现实问题;④富有想象力,并能将想象付诸实际——具有企业家精神、想象力和管理能力,可以识别需求,提出创新性的解决方案。① 2004 年,美国国家工程院(National Academy of Engineering,NAE)出台的《2020 的工程师:新世纪工程愿景》报告中提出未来的工程师需要具备强大的分析能力、实践经验、创造力、沟通能力、商务与管理能力、领导力、伦理道德、专业精神和终身学习能力,形象地来说"他或她应具备吉尔布雷斯(Lillian Gilbreth)的独创性、摩尔(Gordon Moore)的解决问题能力、爱因斯坦(Albert Einstein)的科学洞察力、毕加索(Pablo Picasso)的创造力、莱特兄弟(Wright Brothers)的决心、盖茨(Bill Gates)的领导才能、罗斯福(Eleanor Roosevelt)的道德心、马丁·路德·金(Martin Luther King)的远见和小朋友的好奇心"。② 可见 21 世纪的工程师乃至未来的工程师需要拥有实践经验、企业家精神、领导力、跨学科团队合作、沟通能力、全局观念、道德意识、终身学习能力等。而这一系列能力和素质的培养和获得都离不开对真实世界变化和发展的感知。因此,为了成为 21 世纪所需或者未来的卓越工程师,身处象牙塔里的学生应置身于真实的工程环境,了解工程领域的现实状况,切实感受工程活动的变化,在实践中整合理论知识,在真实环境中培养工程能力和创新思维。体验式教育因其紧密连接理论学习与专业实践而受到广泛关注和高度重视。体验式教育将课堂知识、学术研究、产业经验三者有机结合,在"干中学",帮助学生感知工程实践和获得直接经验,并让学生在体验过程中进行反思以实现自我成长。值得注意的是,体验的内涵不再是传统的在理论内容上简单地增加基础性、验证性的动手操作环节,也不是在方法上回到技术范式时代画图、翻查载满公式的手册,而是在肯定科学理论的基础上,强调回归工程的

---

① Gretar Tryggvason, Diran Apelian. Re-engineering engineering education for the challenges of the 21st century [J]. the journal of the Minerals, Metals & Materials Society, 2006, Vol. 58, No. 10, pp14 - 17.

② National Academy of Engineering. The Engineer of 2020: Visions of Engineering in the New Century [R]. Washington DC: The National Academies Press, 2004, pp53 - 60.

实践本质、综合特征和系统整体性。[①]

二、服务性学习

　　1967 年，美国学者西格蒙（Robert Sigmon）和拉姆塞扎伊（William Ramseyzai）首次提出"服务性学习"概念。[②] 而后经过数十年发展，服务性学习逐渐发展成为美国富有影响力的教育创新举措。《1990 年国家和社区服务法案》将服务性学习定义为学生通过积极参与精心组织的服务进行学习和获得发展的一种方式：与小学、中学、高等机构或社区协作，提供整合性和增强性学术课程，并为学生提供结构化的时间来反思服务经验，既能满足社区需要，又有助于培养学生的公民责任感。[③] 美国国家青年领袖委员会（National Youth Leadership Council）提出，服务性学习是一种教与学的方式，学生利用所学知识和技能来满足社区需求。[④] 美国学者雅各比（Barara Jacoby）将服务性学习视为一种体验式教育形式，在这种教育形式中，学生参与的活动能满足人类社会和社区的需求，同时它还提供结构化的反思机会，旨在实现预期的学习效果。[⑤] 实际上，服务性学习的理念贯穿在许多其他概念之中，比如公民参与（Civic engagement），普遍的认识是公民参与是大学的重要社会使命，同时也是学生在校期间借以提升素养和技能的必要途径。美国院校协会（Association of American Colleges & Universities）开发的"本科教育学习有效评估"（Valid Assessment of Learning in Undergraduate Education）体系就把面向地方和全球层面的公民参与作为重要的"价值量规"（value rubrics），置于"个人和社会责任性"（personal and social responsibility）下面的二级维度，见表 3 - 1。

[①] 李肖婧,张炜. 伦敦大学学院本科工程教育体验教学及其启示[J]. 高等工程教育研究,2019 第 3 期,第 87 页。

[②] Dwight E. Giles, Janet Eyler. The theoretical roots of service-learning in John Dewey: Toward a theory of service-learning [J]. Michigan Journal of Community Service Learning, 1994, Vol. 1, No. 1, pp77 - 85.

[③] American government. National and Community Service Act of 1990 [EB/OL]. https://www. nationalservice. gov/sites/default/files/page/Service_Act_09_11_13. pdf, 2019 - 06 - 10.

[④] National Youth Leadership Council. what is service learning? [EB/OL]. https://www. nylc. org/ page/WhatisService-Learning, 2019 - 06 - 10.

[⑤] Barbara Jacoby. Service-Learning in Higher Education: Concepts and Practices [M]. California: Jossey-Bass, 1996, pp3 - 25.

表 3 - 1　美国院校协会"本科教育学习有效评估"价值量规

序号	一级维度	二级维度
1	智力和实践技能 (Intellectual and Practical skills)	● 求问与分析(Inquiry and Analysis) ● 批判性思维(Critical Thinking) ● 创造性思维(Creative Thinking) ● 书面沟通(Written Communication) ● 口头沟通(Oral Communication) ● 阅读(Reading) ● 量化素养(Quantitative Literacy) ● 信息素养(Information Literacy) ● 团队合作(Teamwork) ● 解决问题(Problem Solving)
2	个人与社会责任(Personal and Social Responsibility)	● 本地和全球性公民参与(Civic Engagement-Local and Global) ● 跨文化知识与能力(Intercultural Knowledge and Competence) ● 伦理推理(Ethical Reasoning) ● 面向终身学习的基础和技能(Foundations and Skills for Lifelong Learning) ● 全球学习(Global Learning)
3	整合性与应用性学习(Integrative and Applied Learning)	● 整合性学习(Integrative Learning)

资料来源: Association of American Colleges & Universities. VALUE Rubrics [EB/OL]. https://www.aacu.org/value/rubrics, 2019 - 09 - 21.

尽管服务性学习尚未有一致的内涵界定,不同的学者和机构或从教育教学、学生学习发展、社会服务等视角[①],或从课程工具、教育哲学、学习计划等层面[②]来定义,但是,我们还是可以从中提炼出服务性学习的关键特征,包括学生积极主动的参与、整合性课程、完善的组织、关注社会需要、学校和社会的密切配合、有效的反思、应用知识和技能的机会、多种多样的体验活动等。[③] 它最大的特点是将教师和学生、社区的需求和利益、学校的教育方法以及公民责任方面的教育结合在一起。在相关实践发展中,服务性学习往往作为教学改革的重要途径和方法,大学试图通过服务性学习来提高学生学习的主动性,加强公民和道德教

① 陆根书,李丽洁,陈晨. 服务性学习与学生发展[J]. 中国高教研究,2019 年第 3 期,第 22 - 29 页。
② 周加仙. 美国服务性学习理论概述[J]. 外国教育研究,2004 年第 4 期,第 14 - 18 页。
③ 赵希斌,邹泓. 美国服务性学习实践及研究综述[J]. 比较教育研究,2001 年第 8 期,第 35 页。

育,克服严重的知识割裂现象并提高知识的应用性。[1] 学生、指导教师和社区伙伴是开展服务学习活动的重要参与主体。与参与主体对应,服务性学习通常与课程内容相关,并围绕明确的学习目标进行组织;提供有意义的服务活动,以解决由社区定义的实际需求;以及为学生提供对其服务体验进行批判性反思的机会,如图3-1所示。它不同于社区服务和志愿者行动的关键在于其包含准备和反思过程,其着眼点不仅在于通过为社会提供服务来促进学生知识的学习,还希望培养学生的公民意识、社会责任感、奉献及合作精神。[2] 从理论渊源上说,约翰·杜威的经验教育理论、大卫·科尔伯的经验学习理论、克伯屈的设计教学法、班杜拉的社会学习理论等都对服务性学习理论形成和发展产生了重要影响。

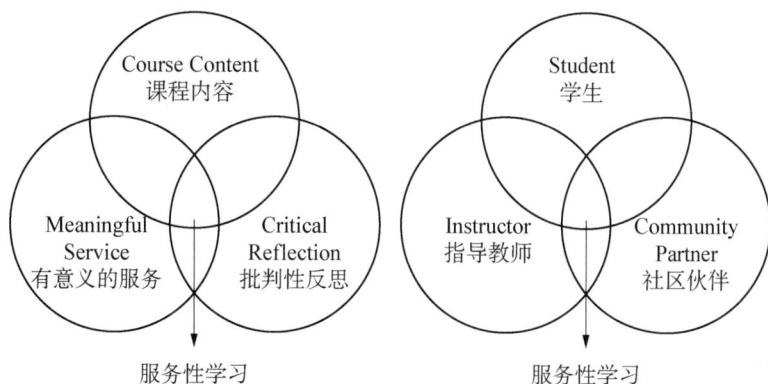

图 3-1 服务性学习的主要内涵及主体间关系

资料来源: National Science Digital Library (NSDL). What is Service-Learning? [EB/OL]. https://serc. carleton. edu/sp/library/service/what. html, 2019 - 09 - 11.

综上,服务性学习可以理解为通过社区服务将理论知识和实践紧密联系起来,在实现学生成长的同时帮助社区解决现实问题的教与学的方式。反思和互惠是服务性学习的两个关键要素,反思的重点在于提高学生对学习和帮助他人之间关系的认识,互惠则体现在学生和社区组织成员的互动对双方都大有裨益。与志愿服务不同,服务性学习旨在培养学生,它以体验式教育的形式促进学生学

---

① 戴勇,吴进. 美国高校服务性学习的三种行为模式[J]. 高教发展与评估,2012 年第 6 期,第 81 - 87 页。
② 赵希斌,邹泓. 美国服务性学习实践及研究综述[J]. 比较教育研究,2001 年第 8 期,第 35 页。

习,帮助学生提高对社会问题的认识以及促进学术和个人发展。[①] 志愿服务和社区服务更多是侧重单向地提供社会服务,他的受益对象是服务对象,而不是双方。实习和实践体验强调学生的学习,尽管学生可以提供有价值的服务,但是其目的是为学生提供实践经验,以实现其教育目标。而服务性学习对学习和服务目标的关注是平等的。图 3-2 清晰地显示出服务性学习与其他相关概念之间的联系和区别。此外,服务性学习还具有一定的学术性特征甚至在学术情境下开展,所以换个角度来看其重点并非是"服务"或"学习",而是互惠的过程。

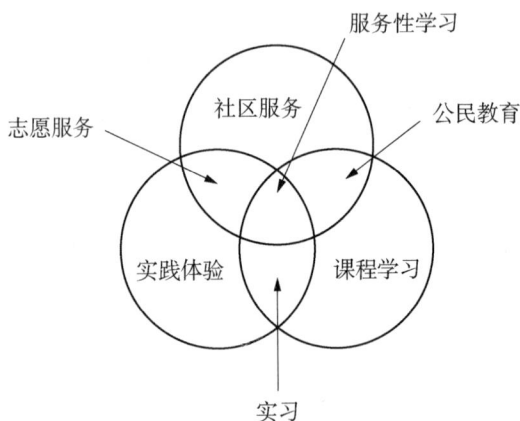

图 3-2　"服务性学习"及相关概念的联系
资料来源:根据相关资料整理制作。

可见,工程教育转型发展趋势和服务性学习理念的根本指向不谋而合,即体验式教育。因此,将服务性学习理念运用到工程人才培养当中,有助于实现"体验式"和"服务性"的有机统一,让学生通过服务得到真实情景下全面而又系统的工程训练和体验,真正实现知识意义的建构和实践能力的发展,进而为专业实践做充分准备。

---

① Sara Tracy, Jason Immekus, Susan Maller, William Oakes. Evaluating the Outcomes of a Service-Learning Based Course in an Engineering Education Program: Preliminary Results of the Assessment of the Engineering Projects in Community Service [A]. the 2005 American Society for Engineering Education Annual Conference & Exposition [C]. Portland: ASEE, 2005, pp1 - 2.

第二节　普渡大学的社区服务工程项目

本节通过深入展示普渡大学的社区服务工程项目(EPICS)的情况,来揭示美国工程教育正在发生的深刻变革,并进而阐释服务性学习的内涵和特点。

普渡大学是美国常春藤盟校之一,以工程学科和自然学科为优势领域,是由最早一批赠地学院发展而来的美国公立综合性大学。普渡大学社区服务工程项目是一项体验式工程教育革新项目,是普渡大学将服务性学习融入大学教育体系的典型体现,它通过学生团队与当地乃至全球社区组织的合作以满足人类、社区和环境的需求。[①] 起初,普渡大学社区服务工程项目仅有 40 位学生组成 5 个团队来参与。而后经过数十年的实践和发展,在 ASEE 和 NSF 的支持下,普渡大学社区服务工程项目得以推广到许多大学。目前,普渡大学社区服务工程项目已被 42 所大学纳入课程体系,包括普林斯顿大学、宾夕法尼亚州立大学、威斯康星大学麦迪逊分校等,他们组成了大学联盟以相互合作筹集资金、共享资源并开展深入交流。[②] 该项目逐渐成为美国大学特别是工科院校的一项颇有成效的人才培养改革成果。2005 年,社区服务工程项目获得了美国国家工程院(NAE)颁发的伯纳德·M·戈登工程与技术教育创新奖。[③]

普渡大学社区服务工程项目最初是由普渡大学电气与计算机工程学院(School of Electrical and Computer Engineering)的莉亚·杰米森(Leah H. Jamieson)教授和爱德华·科伊尔(Edward J. Coyle)教授于 1995 年秋天创立发起。当时,美国工业界和学术界都认为工程教育面临严重困境,即学生在工程职业方面的准备不足,普遍缺乏实践经验,如缺乏沟通技巧、团队合作、跨学科和全过程的设计经验等。工程专业的本科生被要求不仅能够掌握系统的理论知识和过硬的工程技术,还要进入到工程领域的真实世界当中,能够与具有不同社会和

---

① 普渡大学. 欢迎来到 EPICS [EB/OL]. https:∥engineering. purdue. edu/EPICS, 2019 - 06 - 12.

② 普渡大学. EPICS 大学联盟[EB/OL]. https:∥engineering. purdue. edu/EPICS/university, 2019 - 06 - 12.

③ 为纪念戈登在高等工程教育界的巨大影响和贡献,美国国家工程院于 2001 年设立以戈登为名、由戈登基金会资助的奖项,以进一步推动美国工程教育改革,进而培养高素质工程领导者。伯纳德·M·戈登工程与技术教育创新奖被誉为美国高等工程教育界的诺贝尔奖,其获奖项目是美国高等工程教育改革的典型代表。

教育背景的人一起互动和合作。因此,大学及工科学生急需能够帮助他们获得这些技能和经验的教育项目。[①] 美国学者奥克斯(William C. Oakes)认为在当地社区内部进行工程设计可以拓展大多数学生的工程视野,由此还有可能吸引更多的学生进入工程领域,同时,关注社区实际的项目满足了行业对毕业生拥有真实世界体验的需求。[②] 社区能为学生提供真实而复杂的学习环境,帮助学生探索和发展其学科、设计和专业技能。

普渡大学社区服务工程项目正是基于大学和社区的相互需求而产生,它将学生为社区提供的志愿性服务和专业课程的认知学习,与基于工程项目的设计与实践有机结合起来,以互利的方式促使大学和社区之间形成了长期、稳定、良好的合作关系。这样既通过长期、大规模、真实的设计项目为工程类学生提供体验,使其获得工程设计经验、沟通技巧、多学科团队合作经验、领导力、项目管理技能,并充分了解职业道德,也为社区合作伙伴提供其所需的低成本技术和专业知识。[③] 所以,普渡大学社区服务工程项目是一个多学科、垂直整合、由学生主导的服务性学习设计项目。它独特的课程结构使其能够为社区带来切实可行的解决方案,并在复合型工程人才培养上富有成效。

一、复合型人才培养愿景

普渡大学社区服务工程项目的教学目标是为学生提供长期、基于团队的设计和开发经验,通过直接经验来指导学生在定义、设计、构建和部署解决实际问题的系统时如何与其他人和客户一起进行交流互动,以及让工科学生明白他们的专业知识是如何使处境困难的社区成员受益。[④] 它致力于培养学生成为合格

---

① Edward J. Coyle, Henry G. Dietz, Leah H. Jamieson. Long-Term Community Service Projects in the Purdue Engineering Curriculum [A]. 1996 ASEE Annual Conference Proceedings [C], Washington: ASEE, 1996, pp1 - 2.

② William C. Oakes. Service-Learning in Engineering: A Resource Guidebook [EB/OL]. http://www. compact. org/wp-content/uploads/media/SL_and_Engineering-WEB. pdf, 2019 - 06 - 15.

③ Edward J. Coyle, Leah H. Jamieson, William C. Oakes. Integrating engineering education and community service: Themes for the future of engineering education [J]. Journal of Engineering Education, 2006, Vol. 95, No. 1, pp7 - 11.

④ Edward J. Coyle, Leah H. Jamieson, Larry S. Sommers. EPICS: A Model for Integrating Service-Learning into the Engineering Curriculum [J]. Michigan Journal of Community Service Learning, 1997, Vol. 4, pp81 - 89.

工程师所应具备的一系列能力和素质：①专业技能。每个被选择的项目都具有突出的技术挑战，因此学生有机会运用课堂上学到的知识和技能来解决问题，并了解工程项目实际实施中在道德、法律和环境等方面存在的问题。②沟通能力。每个项目都需要进行书面报告、口头提案和进展情况介绍，学生既要与项目合作伙伴和顾问进行口头沟通，也要与团队内其他人员进行交流。③组织能力。由于项目的范围和规模远超过传统课程，学生需要将所学的知识应用于不太明确的问题，这有利于学生提高组织能力。④团队合作经验。在大项目中，学生学习如何分配和安排子任务，并将这些部分整合到一个可行的解决方案当中，以及学会和具有不同背景的成员进行合作。⑤足智多谋。普渡大学社区服务工程项目鼓励学生相互学习，学习形式既包括高年级学生指导低年级学生，也包括学生向项目合作伙伴和有相关经验的学术顾问请教和学习。⑥资源管理。每个项目实施需考虑到可利用的设备、空间和项目合作伙伴的资源。⑦客户意识。客户满意度是判断项目成功与否的重要标准，因此这些项目的开展提高了学生对生产高质量产品的认知。⑧扩大对外界的了解。学生们通过与学术界以外的人交流，更加了解普渡大学外的现实世界。⑨职业道德。学生必须在满足项目需求的同时遵守职业道德。① 比较普渡大学社区服务工程项目的培养目标和EC2000 工程专业毕业生鉴定标准，可以发现两者存在高度的匹配。可见，普渡大学社区服务工程项目旨在通过将课程学习和社区服务联系起来，培养出满足时代发展需求的创新型、复合型工程人才。

二、侧重体验的培养模式

　　经过长期发展，普渡大学社区服务工程项目形成了较为成熟的人才培养模式，主要通过实施灵活的教学管理制度，开展真实、多元、全过程的体验式教学，注重批判性反思来进行复合型人才培养。与传统的工程设计项目相比，普渡大学社区服务工程项目具有学生长期参与、灵活的学分制度、多学科团队、全程的设计体验等特征，虽然其他项目也具有普渡大学社区服务工程项目的某一个或

① William C. Oakes, Edward J. Coyle, Leah H. Jamieson. Epics: A Model of Service-Learning in an Engineering Curriculum ［A］. American Society for Engineering Education Annual Conference Proceedings ［C］. St. Louis: ASEE, 2000, pp5.281.1 - 5.281.14.

多个特征,但是如果将这些特征组合起来,它就显现出了独一无二的人才培养优势。①

1. 教学、管理制度灵活

普渡大学社区服务工程项目得以持续二十多年,很大程度上与其灵活的教学、管理制度有关。一是实行灵活的学分制度,鼓励高年级学生参与。大一、大二学生通过参与普渡大学社区服务工程项目,每学期可获得1个学分,而大三、大四学生获得的学分可以增加一倍,这与高年级学生技能不断提升和其承担的组织责任愈发重大有关。灵活的学分制度有利于吸引高年级学生持续参与,进而保持团队的稳定性。二是跨越学术日历,项目期限与学期日历脱钩。一般而言,工程实践的相关课程往往仅持续一个学期就结束,但是普渡大学社区服务工程项目并不随着学期的结束而终止,学生能够长期参与同一项目,甚至可以参加7个学期。如学生在大一的第二学期加入一个项目团队,可以继续留在团队直到毕业,接下来由大一新生或大二学生取代毕业或以其他方式离开团队的学生,这保障了项目及团队成员的连续性,学生也可以体验到项目设计的全过程。三是打破专业限制。普渡大学社区服务工程项目吸纳不同学院专业的学生进入项目,使得项目成员学科背景多元化,这既有利于为项目的开展提供多学科背景的人才,也有利于让工科学生学会与其他学科背景的学生协作,培养学生的跨学科思维。四是提供专门的指导和监督。一方面,在学生进行实践的过程中,普渡大学社区服务工程项目会安排技能性讲座,帮助学生更好地进行实践;另一方面,普渡大学社区服务工程项目会配备专门的人员,包括教师、行政人员、社区成员、项目合作伙伴和研究生等对学生进行专门的指导,为学生提供建议,帮助学生进行更高层次的协调,并对学生的反思和其他工作进行评分等。普渡大学社区服务工程项目的实践证明,当团队成员的连续性、完善的新生培训以及高级成员和团队顾问的指导三者有机结合时,学生项目团队在完成大型项目时合作高效、成果显著。

2. 全过程贯穿体验式教学

体验式教学区别于传统的讲授式教学,是将教学的重点放在为学生创设知

① Edward J. Coyle, Leah H. Jamieson, William C. Oakes. EPICS: Engineering Projects in Community Service [J]. the International Journal of Engineering Education, 2004, Vol. 21, No. 1, pp139 - 150.

识运用的情景,让学生通过解决实际问题,感知、理解、验证教学内容,实现知识意义的建构和实践能力的发展。[①]

普渡大学社区服务工程项目为学生提供真实情景的工程实践。每个项目都是基于社区的切实需求而产生,项目团队的学生面对的是真实的客户,他们需要通过与社区组织的不断互动来设计方案并解决问题。如果实践成果效果良好,那么最终成果将会被真正地投入使用。[②] 在加勒比海地区国家海地中部地区的经济适用房项目中,项目团队面对的是如何在降低建造成本的同时使经济适用房更适宜居住的问题。为此,项目团队与人类家园住房项目(HFHI)组织成员保持密切的沟通和联系,并将他们的意见纳入设计考虑之中。学生们按照现有的建筑标准规范来开展抵御自然灾害的设计,并通过与当地社区合作伙伴的深入交流,有意识地捕捉社区声音并收集与社区需求相关的数据,包括当地文化、气候和自然灾害等数据,以便完善设计。此外,为让学生更全面地了解设计,普渡大学社区服务工程项目于 2013 年夏天为来自不同专业的 13 名学生提供了身临其境的设计体验课程。该团队的目标是通过设计无障碍树屋和帆船改装方便残疾儿童更容易进入营地。在这三周里,学生们学习设计技巧,与残疾儿童们一起参加各种活动并让他们参与树屋设计,同时还会见了各利益相关者。根据参与该项目学生的反馈,通过此次短暂的沉浸式体验,他们对以人为本的设计理念有了更深的理解。[③]

普渡大学社区服务工程项目为学生提供多元化的工程体验。主要体现在:一是合作项目具有跨学科性和挑战性。社区机构的工程需求往往是复杂而多样的,并且不局限于工程本身,既需要工程领域内的交叉,也需要工程与其他学科的综合。社区中的工程建设不是单纯的技术问题,还会涉及工程专业伦理及其他相关社会问题,如生态环境保护问题、无家可归者生存与保护问题、移民问题等。此外,普渡大学社区服务工程项目在选择合作项目时还把重要性和挑战性纳入标准之中。重要性是指不是所有项目都值得开展,应该选择能为社区带来

① 张金华,叶磊. 体验式教学研究综述[J]. 黑龙江高教研究,2010 年第 6 期,第 143-145 页。
② 雷庆,苑健. 关注工程教育中的工程实践——美国"社区服务工程项目"评述[J]. 清华大学教育研究,2015 年第 3 期,第 57-63 页。
③ Carla B. Zoltowski, Antonette T. Cummings, William C. Oakes. Immersive Community Engagement Experience [A]. 121st ASEE Annual Conference & Exposition [C]. Indianapolis: ASEE, 2014, pp1-9.

最大利益的项目,挑战性是指项目具有一定难度但也要在工科本科生的能力范围之内。二是多元化的团队合作。一般而言,普渡大学社区服务工程项目每个团队由10—24名学生组成。从年级来看,团队具有垂直整合特性,其成员构成既包含了新生,也包含了其他高年级的学生,其中大四学生提供技术和组织领导,大三和大二学生执行大四学生组织的工作,大一新生了解项目合作伙伴的需求,并尽可能参与团队任务,这既有利于项目的连续性,也有助于高年级学生获得项目管理经验。[①] 从学科专业来看,普渡大学社区服务工程项目的团队具有跨学科特性[②],团队成员既有来自工程学科,也有来自其他学科,成员构成可以根据项目需要进行调整。如生产帮助残疾儿童或成年人设备的团队需要从电气工程、机械工程、计算机科学、儿童发展和护理等学科知识中汲取灵感。从性别来看,普渡大学社区服务工程项目吸引了较多女学生,女学生的入选率远高于其他工程类项目,且担任团队领导角色的女性比例也较高,在项目中女学生比例占20%的情况下,女性团队领导者占30%[③]。三是体验不同的团队角色。虽然根据项目需要,不同的团队有着不同的内部结构,但是在长期发展过程中,项目团队逐渐形成了要素相对稳定、分工较为明确的结构。项目主要由学生来进行自主管理,团队中主要有项目经理(Project Manager)、设计负责人(Design Leader)、网站管理员(Webmaster)、财务总监(Financial Officer)、项目合作伙伴联络人(Project Partner Liaison)等角色。其中项目经理负责统筹管理项目资源(时间、人员、物料和财务)[④];财务总监负责制定和管理团队的预算;设计负责人通过设计过程的各个方面包括项目识别、需求评估、概念和详细的设计、测试和交付来推进项目;网站管理员负责更新和维护团队的网站;项目合作伙伴联络人

① Kapil R. Dandekar, Saurabh Sinha, Nana-Ampofo Ampofo-Anti. IEEE-Based Implementation of Engineering Projects in Community Service [A]. 2011 IEEE Global Humanitarian Technology Conference [C]. Seattle: IEEE, 2011, pp481 – 486.

② Leah H. Jamieson, Edward J. Coyle, Mary P. Harper, Edward J. Delp, Patricia N. Davies. Integrating Engineering Design, Signal Processing, and Community Service in the EPICS Program [A]. Proceedings of the 1998 IEEE International Conference on Acoustics, Speech and Signal Processing [C]. Seattle: IEEE, 1998, pp1897 – 1900.

③ Holly Matusovich, William C. Oakes, Carla B. Zoltowski. Why Women Choose Service-Learning: Seeking and Finding Engineering-Related Experiences [J]. International Journal of Engineering Education, 2013, Vol. 29, No. 2, pp388 – 402.

④ Purdue University. Project Manager [EB/OL]. https://engineering. purdue. edu/EPICS/purdue/role-specific/project-manager, 2019 – 09 – 24.

负责监督和管理团队与项目合作伙伴及其他利益相关方之间的所有沟通。每个团队还配有一名研究生助教，教师、员工和行业界人士则担任团队顾问。由于项目的长期性，学生可以在不同的年级体验不同的团队角色。

普渡大学社区服务工程项目为学生提供全过程的设计体验。传统的工程设计项目侧重于设计一个原型的解决方案，而项目的学生通过与社区组织的合作，能够完整地进行设计、开发、构建、测试、部署项目[①]。项目往往持续两年或者更长的时间，有助于学生了解和掌握工程项目设计的其他方面知识，如项目规划和管理、团队领导、技术创新以及经济考量等。具体而言，原先项目设计过程主要有五个阶段：建立项目合作伙伴、组建项目团队、开发项目建议书、系统设计与开发以及系统部署和支持。[②] 后来逐渐演变成为围绕以人为本理念的七个阶段，包括项目识别、规范开发、概念设计、详细设计、交付、服务/维护和重新设计/退出，如表3-2所示。佐尔托夫斯基（Zoltowski，2012）等人发现，深入了解社区合作伙伴的需求与将这些需求整合到设计中的效果之间存在着强烈的关联。[③] 因此，在项目设计的每个阶段，利益相关者都会积极参与反馈，学生团队也会考虑将这些反馈转化成为技术规范。通过这种持续反馈，学生团队可以更为全面地了解到社区合作伙伴的需求。

表3-2　普渡大学社区服务工程项目设计阶段

1. 项目识别阶段：目标是确定一个具体的、引人注目的需要解决的问题。	
常见任务	进行需求评估；识别利益相关者（顾客、用户以及项目维护人员等）；定义基本的利益相关者要求（项目和约束的目标）；确定项目的时间限制。
门槛1：如果确定了符合规定需求的 EPICS 项目，请继续。	
2. 规范开发阶段：了解背景、利益相关者、项目需求以及当前解决方案不满足需求的原因，并制定可评估设计概念的可度量标准，从而了解"需要做什么"。	

---

① Kapil R. Dandekar, Saurabh Sinha, Nana-Ampofo Ampofo-Anti. IEEE-Based Implementation of Engineering Projects in Community Service［A］. 2011 IEEE Global Humanitarian Technology Conference［C］. Seattle: IEEE, 2011, pp481 - 486.

② William C. Oakes, Edward J. Coyle, Leah H. Jamieson. Epics: A Model of Service-Learning in an Engineering Curriculum［A］. American Society for Engineering Education Annual Conference Proceedings［C］. St. Louis: ASEE, 2000, pp5. 281. 1 - 5. 281. 14.

③ Carla B. Zoltowski, William C. Oakes, Monica E. Cardella. Students' Ways of Experiencing Human-Centered Design［J］. Journal of Engineering. Education. 2012, Vol. 101, No. 1, pp28 - 59.

(续表)

常见任务	了解和描述背景(现状和环境);创建利益相关者的简介;创建模型和简单的原型:快速,低成本,多个周期并入反馈;开展任务分析并定义用户如何与项目进行交互(用户场景);与基准产品进行比较(现有技术);制定客户规范和评估标准;获得项目合作伙伴的批准。

门槛2:如果项目合作伙伴和顾问同意已经确定的"正确"的需求,并且现有的产品不符合设计规范,则继续。

3. 概念设计阶段:目标是扩展设计空间以包含尽可能多的解决方案。评估不同的方法,并选择"最佳"方法来推进。探索"如何做"。

常见任务	进行功能分解;通过头脑风暴以提出几种可能的解决方案;创建多个概念的原型,获取用户的反馈,改进计划书;评估潜在解决方案的可行性(概念验证原型);选择其中一个前进。

门槛3:如果项目合作伙伴和顾问同意已经适当扩展的解决方案空间并选择了最佳解决方案,请继续。

4. 详细设计阶段:目标是设计符合功能规格的工作原型。

常见任务	设计/分析/评估项目、模块和/或组件(冻结界面);完成 DFMEA 项目分析;项目、模块和/或组件的原型;现场测试原型/可用性测试。

门槛4:如果能证明解决方案的可行性(是否有工作原型?),则继续。这需要项目合作伙伴和顾问批准。

5. 交付阶段:目标是完善详细的设计,以便生产出即将交付的产品。此外,目标是开发用户手册和培训材料。

常见任务	完整的用户手册/培训材料;完成可用性和可靠性测试;完整的交付审查。

门槛5:如果项目合作伙伴、顾问和 EPICS 管理员同意该项目交付,则继续。

6. 服务/维护阶段

常见任务	评估现场项目的性能;确定支持和维护项目所需的资源。

7. 重新设计/退出

资料来源:Purdue University. EPICS Design Cycle [EB/OL]. https://engineering.purdue.edu/EPICS/k12/EPICS-K-12/epics-design-cycle,2019-08-11.

由此可见,普渡大学社区服务工程项目成功的重要因素在于为工科学生提供了真实场景的实践,它让学生面对真实的客户,真正地进入到工作场所里,并通过团队合作完成项目。相较于科学,工程更强调实践性与应用性,而美国工程技术认证委员会所要求的工科毕业生所具备的实验、设计/开发解决方案、现代工程工具的使用、跨学科团队协作等能力,学生仅仅靠课堂或者讲座讲授、现场参观等是无法获取或者提升。学生通过项目的实践,则可以应用所学知识解决实际问题,加深对工程的理解,体验项目设计的全过程,并提升跨学科团队合作能力、沟通技巧。2013年,普渡大学社区服务工程项目提供了沉浸式体验课程[1],与传统课程相比,沉浸式体验更能带给学生身临其境的感受,进一步培养了学生以人为本的客户意识。不仅如此,由于项目所提供的产品是面向真正的客户,至少存在一个可验证的需求或市场[2],因此普渡大学提倡将产品商业化,鼓励项目团队参与创业比赛,培养学生创业精神。

3. 注重批判性反思

与社区服务相比,普渡大学社区服务工程项目更强调批判性反思,并将反思的重点从传统的服务性学习关注道德和社会背景方面的反思扩展到包括设计过程在内的多种学习目标。项目鼓励学生在笔记本上记录下自己的思考,具体内容包括:我学到了什么、我是如何学习的、为什么这个学习很重要,以及根据这种学习,我或他人可以做什么等。在学期期末,学生需要完成对个人和专业发展、社会影响、学术提升、道德这四个领域中的两个领域的批判性反思。在个人和专业发展领域,学生需要了解自己的优势、劣势、技能、信念等;在社会影响领域,一是学生需要了解自己工作的广泛影响以及和他人如何影响当地/全球,二是学生需要了解对社区提供的服务质量;在学术提升领域,一是学生需要了解自己学到了哪些与自身学科相关的知识,以及如何通过服务性学习实现提升,二是在以人为本的设计中学到了什么;在道德规范方面,学生需要了解自己遇到的道德问题和明确关于道德方面的决策是如何做出的。这种反思活动不仅仅是针对学生个人,在项目开展过程中,学生们还需要在顾问的指导下对项目合作伙伴进行访问以对设计进行改进,以及对团队工作进行讨论和评估。[3]

① Carla B. Zoltowski, Antonette T. Cummings, William C. Oakes. Immersive Community Engagement Experience [A]. 121st ASEE Annual Conference & Exposition [C], Indianapolis: ASEE, 2014, pp1 - 9.

② Edward J. Coyle, Leah H. Jamieson, William C. Oakes, et al.. The Epics Entrepreneurship Initiative: Combining Engineering and Management to Improve Entrepreneurship Education and Practice [A]. Proceedings of the 2003 American Society for Engineering Education Annual Conference & Exposition [C], Nashville: ASEE, 2003, pp8. 1134. 1 - 8. 1134. 8.

③ Lynne A. Slivovsky, Frank R. DeRego Jr., Carla B. Zoltowski, Leah H. Jamieson, William C. Oakes. An Analysis of the Reflection Component in the EPICS Model of Service Learning [A]. Proceedings of the 2004 American Society for Engineering Education Annual Conference & Exposition [C]. Salt Lake City: ASEE, 2004, pp9. 160. 1 - 9. 160. 10.

　　反思能够帮助学生更好地了解客户的需求,也明确自己参与的诉求和期望达到的程度。反思的成果将作为普渡大学社区服务工程项目评估的证据,除了给予学生成绩,项目更关注的是学生及其他利益相关者对项目的反馈,进一步落实项目以人为本的核心理念,从而使项目与社区保持长期良好的伙伴关系。

三、开放性结果评价体系

　　普渡大学社区服务工程项目拥有一套多元、开放、全面的评估体系,它的评估是以其两大核心价值观为指导思想,一是提供一种教育体验,为学生就业做好准备,二是寻求满足引人注目的人类、环境和社区需求。①

　　从评估客体来看,普渡大学社区服务工程项目主要针对学生个人、项目、团队进行评估。关于个人评估,由于低年级学生和高年级学生存在差异且有不同知识背景的专业人士参与项目,因此,项目在使用企业的绩效评估系统基础上开展个性化评估。首先学生需要和指导老师进行沟通以明确本学期的目标和期望,然后指导老师按照个人评估量表(也称学生学习和成就的文件)和相关证据(如笔记本、博客、项目合作伙伴的沟通和反馈等)进行评估,之后每个团队的每个学生可以进行同伴评估。而项目评估由教师、来自行业和社区的设计评审员进行,社区合作伙伴对团队进行评估,并对团队的沟通质量、工作质量和项目质量提供反馈。在分配成绩时,团队的顾问会根据个人和项目团队完成的工作进行全面评估,主要是对使用分级标准提供的证据进行整体审查以确定成绩,并将团队成员的平均成绩与团队成绩进行比较,确保评估具有一致性。

　　从评估主体来看,普渡大学社区服务工程项目会对学生、校友、社区等多个主体进行调查。在学生评价方面,每年会进行课程评估,通过向学生询问规定的问题来调查学生的满意度。其中有一个问题是"作为普渡大学社区服务工程项目的参与者学到的最有价值的东西是什么",针对这一问题的回答,2005 年,大多数学生选择了团队合作、沟通技巧和项目规划能力;而 2013—2014 学年,大多数学生选择了团队合作、沟通和设计。这反映了项目对设计和以人为本的设计过程的日益重视。同时由于项目是一门选修课程,每学期的选课人数和再次选

① Antonette T. Cummings, James Huff, William C. Oakes, Carla B. Zoltowski. An Assessment Approach to Project-Based Service Learning [A]. Proceedings of the 2013 American Society for Engineering Education Annual Conference [C]. Atlanta: ASEE, 2013, pp23. 151. 2 – 23. 151. 27.

课人数也为衡量学生满意度提供了参考。根据 2009—2013 年选课人数，可以发现持续参加项目的学生比例较高，从一个学期到下一个学期的总体保留率超过 77%。

在校友调查方面，卡明斯（Antonette T. Cummings）等于 2011 年秋对 523 名校友进行了调查，结果显示超过 80% 的校友认为普渡大学社区服务工程项目在很大程度上帮助学生做好了职业准备；在后续访谈中，不少受访者表示自己现在所做的与在 EPICS 项目中所做的事情相似。此外，该调查还探讨了普渡大学社区服务工程项目和服务性学习环境如何影响他们的工程观，超过 80% 的受访者表示普渡大学社区服务工程项目至少在某种程度上让他们认识到工程对社会具有重大意义。[1]

在社区合作伙伴评价方面，首先体现为交付项目的数量，普渡大学社区服务工程项目已在当地社区交付了 300 多个项目。其次是社区合作伙伴满意度，在 2000—2001 年，100% 的社区合作伙伴对普渡大学社区服务工程项目表示满意，普渡大学社区服务工程项目也荣获了多项社区大奖，如 2003 年获得印第安纳州州长杰出志愿者奖，2000 年和 2001 年获得西拉斐特社区荣誉榜的表彰。最后是持续的伙伴关系，有 17 个合作伙伴参与普渡大学社区服务工程项目超过了 10 年。

第三节　培养范式重塑与转向

人才培养是大学最核心的功能，也是其区别于其他社会机构的鲜亮底色。全社会的融合发展，让大学的人才培养面临场景、资源、模式等多方面的挑战，甚至有被其他社会机构所替代的风险。从大学培养的人才本身来看，按部就班的囿于校园、课堂、书本的学习，将导致学生本领不足而置其于未来职场生存的危险境地。为此，各国大学都展开了拓展场景、争取资源、创新模式的改革创新，至少是让大学社会服务功能诞生之时所体现出来的产教融合、寓教于产的特征得

---

[1] Antonette T. Cummings, James Huff, William C. Oakes, Carla B. Zoltowski. An Assessment Approach to Project-Based Service Learning [A]. Proceedings of the 2013 American Society for Engineering Education Annual Conference [C]. Atlanta：ASEE, 2013, pp23. 151. 2 - 23. 151. 27.

到一定回归。

工程教育倡导的"回归工程""回归实践"与服务性学习讲求的体验式、项目(问题)导向教育具有内在的一致性。而事实上,这两个方面的讨论,也较多发生在20世纪后半期开始的基本相同的时间区间。普渡大学的EPICS项目大致就是在这种工程、科技、高等教育开始发生急剧变化的情况下产生的,其间所体现的很多思路和举措,正是当前我国大学人才培养模式改革所应借鉴的。

一、以学生为中心的培养理念

20世纪以来,随着美国教育家杜威新教育思想的流行,以学生为中心的教育理念彻底颠覆了赫尔巴特(Johann Friedrich Herbart)的传统教育观。[①] 作为国际上最具影响力的工程教育学位互认协议,《华盛顿协议》自设立之初就将培养学生能力放在首位,坚持贯彻"以学生为中心"的核心理念,有效保障高等工程教育质量。以普渡大学社区服务工程项目为代表的服务性学习项目无论是培养目标上还是教学设计上也都充分体现了"以学生为中心"的培养理念。

首先,在培养目标上,普渡大学社区服务工程项目从学生职业长远发展出发,结合产业界发展的需求,细化了EC2000标准,提出了复合型人才的培养愿景,旨在培养学生面向工程实际解决复杂问题的能力。从项目效果反馈看,学生在沟通、组织、团队合作等能力提升以及在客户意识增强方面都进步显著。

其次,在教学设计上,普渡大学社区服务工程项目充分考虑了学生的发展要求,采用了灵活的学分制度、跨学期日历、滚动式项目组队模式。这有利于学生在一个项目中获取足够多的实践学分,不需要频繁寻求实践项目,更为重要的是学生在持续参与一个项目的过程中,随着其年级、身份的转变,可以在一个团队中扮演不同的角色,为其锻炼组织、合作、领导能力提供了绝佳的条件和环境。

我国工程人才培养中所出现的培养与实践相脱离现象日趋严重,大学教育饱受诟病,工程师的培养与科学家的培养未能明显区分。普渡大学社区服务工程项目的服务性学习经验启示我们,大学应当坚持以学生为中心的办学理念,立足社会发展需求和学生职业发展要求来确定人才培养目标,不仅要培养工程科

---

① 陈涛,邵云飞.理想与现实:我国高等工程教育加入《华盛顿协议》后的发展趋向探析[J].高校教育管理,2018年第1期,第54-56页。

学家,更要培养适合我国产业发展的工程师和技术人才,把解决复杂问题能力的培养作为人才培养的基本定位。在教学中,我国大学应积极倡导学生参与工程项目的全过程,由此需要对以往的工程实践形式进行调整。一方面,提高实践教学的比重,协调好课程学习与工程实践的安排,使工程实践与工程项目的进度适应,让学生有较长的时间经历完整的工程项目实施过程;另一方面,探索建立灵活的管理制度,在参与时间长短、完成工作量多少、承担责任大小、从事技术工作难易等方面给学生较多的选择权,打破学年的限制,满足了学生的个性化学习需要,使有兴趣、有能力、愿投入的学生更有积极性,让其他学生也能达到最低要求。[1]

二、以项目为纽带的培养机制

"基于项目的学习"是当前人才培养的重要方式之一,普渡大学社区服务工程项目是典型的"基于项目的学习"的案例。普渡大学社区服务工程项目从横向和纵向两个维度融合了人才培养的各个主体和各项能力培养。

从横向来看,普渡大学社区服务工程项目围绕社区实际问题,将社区中的管理者、居住者、企业等相关利益方以及学校教师、学术顾问等吸引到项目中来,构建了一个"社区—高校"合作的工程教育共同体。与一般产业实践中企业积极性不高不同,项目旨在解决社区存在的现实问题,社区参与者都有较高的积极性参与项目,很大程度上保证了学生能够充分开展项目,在项目中培养解决问题的能力。

从纵向来看,普渡大学社区服务工程项目将工科人才所需的各项能力培养贯穿于项目实施过程中。在从发现问题、撰写计划、组建团队到实地调研、收集数据、研究解决方案、汇报项目结果的过程中,学生在知识建构、技能培养、思维训练方面可以得到综合的训练,帮助其深入了解实际工程问题、深刻掌握解决工程问题的专业技术和软技能。

工程技术能力的养成具有跨界性,学校单主体的教育模式在工程人才能力培养方面有先天的缺陷,政府、行业、企业、社区等多主体协同育人是培养工程技

---

① 雷庆,苑健.关注工程教育中的工程实践——美国"社区服务工程项目"评述[J].清华大学教育研究,
2015 年第 3 期,第 57–63 页。

术人才的必要条件。然而,企业、社区等其他主体参与的积极性不高、动力不足一直是我国工程教育的旧病沉疴。如部分企业和行业部门出于安全、责任以及自身经济利益等方面考虑,缺少参与我国实施的卓越系列人才培养计划项目的主动性与积极性。[①]《中国工程教育质量报告(2013 年度)》更是指出行业企业参与专业人才培养的联合办学体制机制还没建立起来,企业行业在参与实践教学能力培养的环节中带有随意性、片段性和被动性。[②]

单主体的教育模式一定程度上也局限了人才培养的空间和载体,不利于工科人才综合能力的养成。尤其在智能化生产和互联网时代,未来工程师必须学习和处理来自多领域多渠道的知识,以适应新材料和新技术层出不穷的工程环境,以及获得创造性地解决工程实践问题的能力。[③] 传统上单向的"灌输式"课堂教学方法已然无法满足社会发展对工程人才能力的需求。基于项目的学习因其真实性、实践性、跨学科性、合作性、创新性、开放性而日益受到重视。

因此,为了让企业、行业、社区等主体深度参与进人才培养过程中,我国大学应当立足社会主体的利益诉求和现实需求,在保证其合理回报和利益的基础上,以项目为纽带,将课程学习和项目学习有机结合起来,促进社会力量与高校课堂的相互浸入,构建起立体式、开放式、网络化、实践性的工程教育共同体。

三、以产出为导向的评价体系

完善、可靠的项目评价体系是保证项目实现预期目标的重要手段,以产出为导向建立的全方位评价体系在普渡大学社区服务工程项目实现项目目标上起到了重要的促进和监督作用。"以产出为导向"的理念关注投入带来的成效,在教育领域可以理解为从关注"教师教了什么"转变到关注"学生学到了什么"。作为一项服务性学习项目,普渡大学社区服务工程项目不仅关注"学生学到了什么",

---

① 中国工程院. 卓越系列人才培养技术实施情况评估简要报告[R/OL]. http://www. moe. gov. cn/jyb_xwfb/xw_fbh/moe_2069/xwfbh_2015n/xwfb_151204/151204_sfcl/201512/t20151204_222892. html, 2019 - 10 - 07.

② 中华人民共和国教育部. 中国工程教育质量"第一次"全面接受检验——访教育部高等教育教学评估中心主任吴岩[EB/OL]. http://www. moe. gov. cn/jyb_xwfb/s271/201411/t20141113_178174. html, 2019 - 10 - 07.

③ 马廷奇. 高等工程教育转型与工科专业建设的实践逻辑[J]. 国家教育行政学院学报,2018 年第 2 期,第 36 - 42 页。

同样关注"社区得到了什么"。

首先,项目评价体系关注对学生学习成效的评估。一方面,学生通过对个人和专业发展、社会影响、学术提升、道德四个领域的自我反思进行自评估,从学生的自评估中可以了解该项目对学生成长带来的影响;另一方面,指导老师会根据每个学生的不同目标和期望对其学习成效进行评价,每个学生也会对同伴进行评价。其次,项目评价体系关注项目对社区带来的影响。通过评价项目对解决社区具体问题的程度、社区伙伴的满意度、可持续合作伙伴的数量等进行衡量。

长期以来,投入导向、学科导向贯穿在我国高等教育考核评价、教学实施、课程设置等方方面面。[1] 投入导向和学科导向的评价体系更强调理论学习和考试成绩,缺乏实践能力考量,缺乏产业界的评价,[2]也容易导致教学过程更注重以教师为中心,学生处于被动学习地位。而项目以产出为导向的评价体系将目标明确地聚焦于学生最终有意义的学习结果上,突出能力本位教育,促使学生能动地去创造,通过主动的探究和实践过程培养其多方面能力。[3]

因此,我国大学应当吸收和借鉴普渡大学社区服务工程项目以产出为导向的评价理念和方式。一方面,要注重学生的综合能力培养,将教学重点聚焦"学生产出",围绕学生的最终成果来组织和开展教学,并鼓励学生进行自我反思以培养探究与创新等能力,同时实施个性化的评价,采用多元和梯次的评价标准,针对不同学生的目标和期望进行学习成效评价,激发学生的学习热情与积极性,让学生充分认识到学习不在于筛选而在于掌握真正能力;另一方面,要积极推动产业界、社区等多元主体参与和介入教育评价体系,加强高等工程教育改革中用户的导引。

---

① 万玉凤,柴葳. 中国高等教育将真正走向世界[N]. 中国教育报,2016 年 6 月 3 日,第 1 版。
② 高文豪. 工程教育要破除僵化机制[N]. 光明日报,2016 年 9 月 13 日,第 13 版。
③ 王金旭,朱正伟,李茂国. 成果导向:从认证理念到教学模式[J]. 中国大学教学,2017 年第 6 期,第 77 - 82 页。

第四章
直接助力经济社会发展

直接助力经济社会发展尤其是其所在区域的经济发展是大学社会服务最原始的内涵,又在当前背景下呈现出更大的必要性。进入 21 世纪,全球各国大学都面临着严峻的发展形势,尤其表现为资源供给不足与办学成本急剧上升的矛盾,以及在应对外部需求中与多元社会中其他主体间的潜在竞争。科技发展、产业升级、经济模式迭代的速度不断加快,经济发展与科技进步在全球化进程日渐深入的背景下已然成为决定国家前途命运与全球社会治理的关键力量。多重压力下,大学亟须通过提高科技人力资源、关注科技成果转化、创造就业岗位等方式获得更多办学资源,拓展新的发展路径,实现新的突破。

第一节　助力经济发展之必要

大学直接助力经济发展的行动,是在办学资源紧缺与外部迫切需求的双重效应下发生的,大学因此顺势拓展了办学空间,同时也重构了组织框架、改变着学术方向,甚至改变了大学文化。

一、办学资源紧缺

进入 21 世纪以来,大学面临着愈加复杂的发展局面,这是其强化经济助力功能的根本原因,而资源紧张可能是其面临的最直接、最严重的挑战。传统上,美国大学尤其是公立研究型大学的办学经费主要来源于州政府和联邦政府,并且长期以来,公立大学之所以为"公立大学"的重要原因就是其办学经费中的一半以上来自于州政府。但是从 20 世纪 70 年代开始,州政府给予公立研究型大学的财务资助占其总收入的比例逐渐下降,到 21 世纪的头十年总体上已经下降至三分之一以下。① 传统的政府投入占据主导的支持模式逐渐演变为以联邦政府、州政府和学生家长三方投入相结合的模式,更为主要的是传统上公立大学办学经费主要来自州政府的局面被彻底打破。甚至,公立大学学生学费收入已超过州政府拨款成为最大的经费来源,尤其是公立研究型大学,高校收入越来越依赖学费。② 加州大学伯克利分校,政府拨款在学校预算总收入中的比重从 2006 的 27% 减少至 2014 年的 14%,而政府拨款成为其财务结构中变动最大的组成部分。③ 为此,公立大学不断通过提高学费、扩大州外(海外)招生、强化投资运营、拓展捐赠来源、推动科技成果转化、加强预算管理等方式来弥补快速提升的运营开支。④ 也正是因为这种变化,美国公立大学与私立大学在资金来源结构上正在发生趋同化演变。

根据美国国家科学委员会(NSB)2012 年的调查,1992—2010 年,国家拨款在公立大学总收入中的占比不断下降,从 38% 下降至 23%,其中 2002 年到 2010 年下降幅度最为明显。⑤ 以加州大学洛杉矶分校为例,2012 年,联邦政府投入科研经费总量 6.74 亿美元,2013 年下降到 5.39 亿美元,下降幅度高达 20.1%;联邦政府投入科研经费比重由 66.6% 下降至 60.3%,2014 年更是下降到 58.8%,仅在 2015 年少量增长到 60.4%。而企业与营利性机构投入经费却呈现逐年增长趋势,2010 年仅为 5.6%,到 2015 年比例上升到 9.7%。⑥ 在 2010—2011 学年,加州大学伯克利分校面临 12 亿美元的政府资助资金缺口困境,包括教授在

① 杨九斌.融资危机与美国公立大学困境——一场由公共经费拨款萎缩引发的博弈[J].清华大学教育研究,2012 年第 6 期,第 61‐66/91 页。
② 罗杰·L.盖格."新美国大学"的前景:对于研究型大学的启示[J].北京大学教育评论,2017 年第 1 期,第 16‐33/186‐187 页。
③ 韩萌."后危机时代"世界一流公立大学财政结构转型及启示——以加州大学伯克利分校为例[J].教育研究,2016 年第 5 期,第 132‐140 页。
④ 卓泽林,柯森."紧缩时代"下美国公立研究型大学的应对策略研究——基于密歇根大学的经验、影响及启示[J].现代大学教育,2014 年第 6 期,第 26‐33/113 页。
⑤ National Science Board. Diminishing Funding and Rising Expectations: Trends and Challenges for Public Research Universities [R]. Arlington: National Science Foundation, 2012.
⑥ 转引自:孙益、张婷姝.美国公立研究型大学的科研经费管理——以加州大学洛杉矶分校(UCLA)为例[J].高教探索,2017 年第 9 期,第 67‐71 页。

内的所有员工临时休假,导致了外界对伯克利分校能否保持其公立研究型大学
领先地位的疑问。并且,迫于资金压力而将学费上涨约三分之一的提议引发了
学生的抗议,其中的一次抗议转化成了暴力行为。提高成本常常成为不少美国
公立大学的优先选项,即使是致力于宽泛入学与实践性高等教育的那些大学,也
面临保持低成本与学生易入学性和政府高度支持方面的挑战。亚利桑那州立大
学 2010 住校生学费保持相对低的程度,新生年学费低于 8 000 美元,这一价格
也比上一年增加了 20%。涨价是因为在 2008—2010 年期间,财政支持减少了
26%。在剔除通货膨胀因素后,这一数字只有 1999 年的三分之二。①

　　而在收入增长疲软之际,学费的迅速上涨会对学生、家庭甚至是国家经济产
生严重影响。具体而言,对于学生尤其是低收入家庭的学生来说,高昂的学费导
致部分学生上不起学,或者使得他们缩小择校范围,在大学选择方面"表现不
佳",进而导致他们未来收入减少;对于州和国家经济来说,学费的上涨造成大学
入学率和毕业率的减少,进而降低了当地居民的受教育程度,同时还增加了学生
的债务负担,降低了工程、数学等专业的毕业生继续进修的可能性,以及阻碍了
年轻人创业。② 此外,办学经费的减少和学费的增加从长远来看将导致公立大
学的教学和研究质量下降。私立大学因获得巨额的捐赠,既能通过限制入学人
数来控制成本,也能通过稳定地提高学费来抵消通货膨胀带来的影响以及进行
质量改进,而公立大学通过采取这些措施来进行财政控制的能力较弱,导致其在
教职工工资、师生比、服务设施等方面往往落后于私立大学。经费的削减还会导
致公立大学提高师生比和聘用兼职或非终身制教师,这严重影响教学质量和削
弱终身制教师的榜样效应,进而影响本科生的毕业率及其继续读研的倾向。③

　　我们以加州大学为例,整理了其历年的财务结构变化情况,如下图 4 - 1。

---

① [美]克莱顿・M. 克里斯坦森、亨利・J. 艾林. 创新型大学:改变高等教育的基因[M]. 陈劲,盛伟忠,
　译. 北京:清华大学出版社,2017 年版,第 167 - 177 页。

② Michael mitchell, Michael leachman, Kathleen masterson. A Lost Decade in Higher Education
　Funding: State Cuts Have Driven Up Tuition and Reduced Quality [N/OL]. https://www.cbpp.org/
　research/state-budget-and-tax/a-lost-decade-in-higher-education-funding, 2019 - 10 - 07.

③ National Academy of Sciences, National Academy of Engineering, Institute of Medicine et al.. Rising
　Above the Gathering Storm: Energizing and Employing America for a Brighter Economic Future [M].
　Washington, DC: The National Academies Press, pp371.

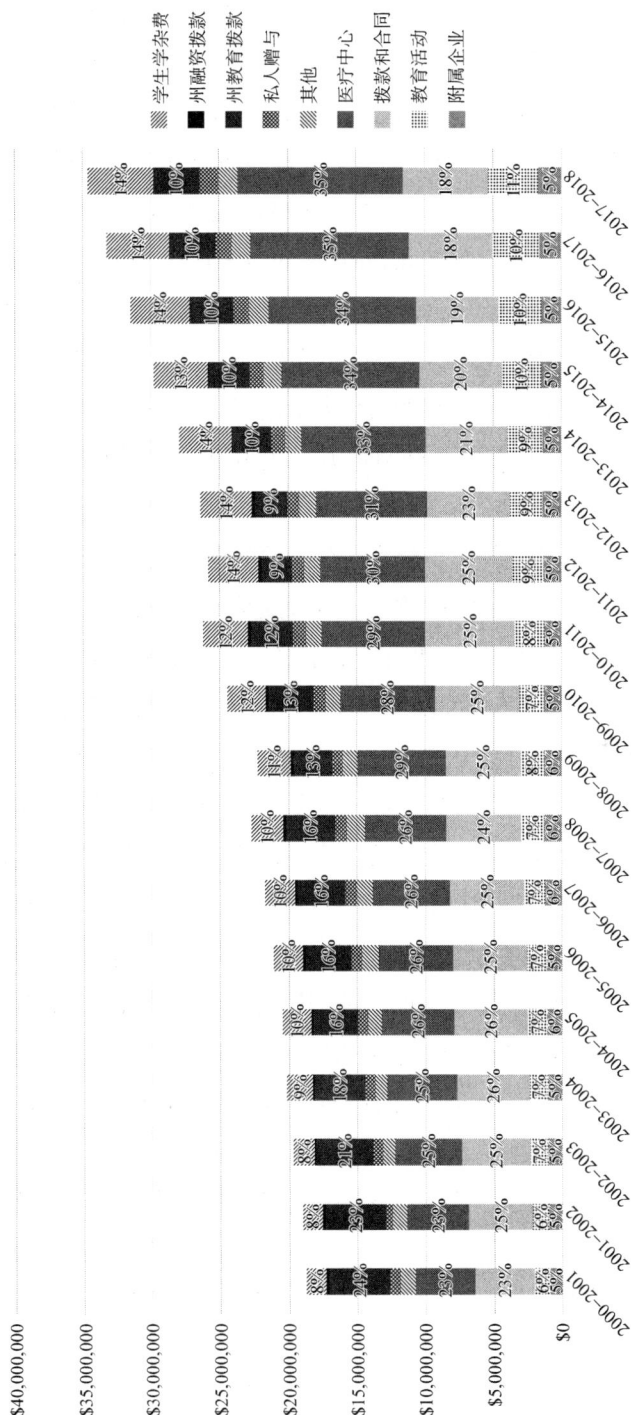

图 4 - 1　美国加州大学系统财务结构变化情况（单位：美元）

注：不包括能源部国家实验室有关数据。

资料来源：加州大学信息中心（Information Center of UC System）. 加州大学收入数据[EB/OL]. https://www. universityofcalifornia. edu/in-focenter/revenue-and-expense-data, 2019 - 08 - 25.

　　与此同时,办大学的成本却在急剧上升。早在19世纪末,曾担任哈佛大学校长近40年的查尔斯·W·艾略特在回答美国企业家洛克菲勒关于"怎样才能够建立起一所世界一流的大学?"的问题时就说,"需要5亿美元和200年"。20世纪初,芝加哥大学在20年内用洛克菲勒自己捐助的5亿美元变成一所世界一流大学。时至今日,世界一流大学的办学支出已远非当年可比。哈佛大学2015/2016学年实现总支出47亿美元,同年度约翰·霍普金斯大学科研总支出达到23.06亿美元,而其所属的国家实验室"应用物理实验室"(APL)就支出了13.28亿美元。2019年我国教育部直属75所高校公布的当年经费预算,共有8所高校突破百亿人民币,额度最高的清华大学达到297.21亿。① 就美国来看,与资源需求巨大相伴生的,反而是来自联邦政府和州政府的传统资金的相对萎缩。

　　资金短缺已经成为各国高等教育普遍存在的问题,这也是不少大学强调吸引外国留学生的重要动机之一,因为外国留学生通常需要支付高昂的学费,尤其在大多数公立研究型大学中,州外和国际学生的学杂费比州内学生高2~5倍,且这些费用不能被州或联邦财政援助所抵消。② 同时一些大学也在考虑采取节省行政成本,削减教职,建立共享服务中心,外包停车、宿舍管理等业务,减少图书馆开支,取消课程,合并或淘汰专业或学院等节流措施,以及提高学费水平、提供咨询服务、出售技术产品、强化校友联络等开源措施。设备的更新、人员的聘用、校园的维护甚至是数据驱动的咨询服务(Data-driven Decision Making)的价格都在不断提升,没有强大资源的支撑,大学的发展质量难以保障。如何保证高成本学术活动不断前行成为高水平大学保持其领先地位亟待解决的问题。就加州大学洛杉矶分校来看,其拓展资源渠道的努力十分明显,如不断丰富技术转移办公室(Technology Transfer Office)的功能进而极力推动成果转化,注重医学院板块的快速发展,加强公共关系(Community Partnership)与社区参与(Community Engagement)以汇聚多方资源等。2014年,加州大学洛杉矶分校

---

① 科塔学术. 教育部75所直属高校2019年总预算、财政拨款和事业收入排名[EB/OL]. https://www.sciping.com/28533.html, 2019 - 07 - 29.

② The American Academy of Arts & Sciences. Public Research Universities: Understanding the Financial Model [R/OL]. https://www.amacad.org/publication/public-research-universities-understanding-financial-model, 2019 - 10 - 07.

科研经费总量为 9.725 亿美元,较 2013 年增长了 8.8%,其中 59% 的经费来自联邦政府,47% 的经费是由医学院争取来的。由于面临政府公共资助不断削减的困境,从 20 世纪 90 年代开始,传统上以依赖政府经费为主的美国公立大学正在消失,代之以公私难辨的"混合型大学";而在中国,公立大学的公共责任承担动机有所减弱,资源获取方式更加多元化和带有竞争性,绩效管理主义逐渐盛行。[①]

在中国,大学似乎短期内并不存在来自政府财政支持的萎缩之虞。但是,随着诸如尖端仪器设备购置、高端人才引进、高等级物理空间打造等方面的办学成本的不断升高,任何一所高校事实上都存在隐性的财务紧张,当前的资源富足或许只是硬性财务管理制度下的虚假表象。有对美国 20 所世界一流大学的研究表明,经费收入水平和结构对于高校提高科研表现成绩十分重要,并且经费水平越高的高校提升其相对科研表现所需增加的经费越多。[②] 从另一个角度来看,大学只有在相当程度上摆脱对政府财务资源的过度依赖,才能实现与社会之间、在资源交互机制基础之上的一流发展机制,也才能比较好地落实办学自主权。

在发达国家,高等教育改革往往由非政府组织推动或高校自发实施,社会多元诉求和办学资源通过多种渠道反馈到办学过程中,高等教育机构与社会之间形成了稳定深入的互动机制和情感纽带,建构了以声誉为核心的"向利益相关者负责就等于为自己负责"的动力机制。[③] 所以,这种"一流机制"表面上看是资源互动机制,实质上是以声誉提升为核心的大学自我发展机制。从这一点来理解美国大学极力争取外部资源的努力,似乎更为深刻,也正是基于此,无论当前中国大学能从政府获得的发展资源是多么"富足",依然需要在争取外部资源上更加着力。

当然,资金紧缺远非当前大学所面临的唯一难题。大学面临的内外部环境愈发不稳定,如人员多样性带来治理难度的加大、学科体系稳定性与适应性之间的平衡困难、院校间围绕优质办学资源的激烈竞争、商业化氛围中传统学术使命

---

① 赵炬明.美国大学教师管理研究(下)[J].高等工程教育研究,2011 年第 6 期,第 68 - 83/115 页。

② 由由,吴红斌,闵维方.高校经费水平、结构与科研产出——基于美国 20 所世界一流大学数据的分析[J].高等教育研究,2016 年第 4 期,第 31 - 40 页。

③ 吴伟.构建高校与社会的深度互动关系[N].中国教育报,2018 - 12 - 03,第 05 版(高教周刊)。

的坚守等,这都在考验着全球范围内哪怕是最优秀、最顶尖的大学。就美欧国家而言,随着传统本国族裔人口的相对下降,非传统本国族裔生源群体比例将逐步提升,多元族群学者必将带来文化冲突、就业竞争,这在美国、法国等国表现得尤为突出。很多时候,在规模与质量的平衡上,发达国家顶尖大学也常常面临艰难抉择,办出特色并脱颖而出更是难上加难的必选题。加州大学伯克利分校前些年曾一度认为其学术计划的适应性在降低,故加强学术计划的适应性评估,保留那些独特而又多样化,有长远价值的学术计划,进而决定学术计划保持、重组甚至取消。

二、外部迫切需求

大学与市场的不断走近,既是办学资源紧缺所"逼迫",也是外部需求所"诱导",后者包括企业对创新成果的不断渴求、政府对具有经济价值的学术研究成果的推动等,同时还与"科技创新是经济增长的引擎"这一思想不断得到认可有关。[①] 美国公立与赠地大学协会(Association of Public and Land-grant Universities,APLU)[②] 2018 年发布的《促进大学参与的经济与社会繁荣》(*Advancing University Engaged Economic and Social Prosperity*)报告指出:大学和联邦政府应该利用新的机会大力推动国家经济发展和社会繁荣;大学和政府应加强协同创新,与社区建立有效的合作伙伴关系,解决当地问题,创造机遇并促进经济流动。公立与赠地大学协会呼吁公立大学和联邦政府在五个方面采取行动:一是建设一个繁荣的美国乡村;二是满足 21 世纪人才和技能的需求;三是确保美国在先进制造业中的领导地位;四是鼓励并加速推进以大学为基础的创新创业发展;五是为社会创造公平、包容的经济发展机会,促进经济流动。公立与赠地大学协会总裁麦克弗森(Peter McPherson)认为:"政策制定者和大学领导者可以通过战略性地实施能够促进大学参与经济和社区发展的政策与计

---

① 伊丽莎白·波普·贝尔曼著,温建平译. 创办市场型大学:学术研究如何成为经济引擎[M]. 上海:上海科学技术出版社,2017 年版,第 2 - 3 页。
② APLU 的前身最早成立于 1887 年,2009 年最终定为现名,总部位于华盛顿特区,协会成员分布于全美各地及加拿大、墨西哥等地区,包括 237 所公立研究型大学、土地资助机构、州立大学系统和附属组织,包括 209 所大学、23 个大学系统和 74 所赠地院校机构(U. S. Land-Grant Institutions)。其主要成绩在于助力了美国工农业发展和经济振兴,以及推动高校信息交流和科技成果转让、提升高校管理能力,尤其是在大规模战略联盟和合作机制方面形成了先进经验。

划来提高国家的经济竞争力和复原力。"①

正是因为大学对区域发展的重要性,进入 21 世纪以来,跨地区、跨境的高等教育资源流动已成常态。一方面,不少发达国家的所谓"世界一流大学"不断拓展其全球发展布局,在成果转化、合作培养、研究协同甚至共建办学实体等方面动作频频;甚至,受到商业利润和经济利益的驱动,发达国家争夺全球高等教育市场的动机愈发明显,开办分校、设立课程是最常见的方式。另一方面,具备相当经济实力的国家和地区加大了域外优质高等教育资源的引入,如中东地区、东南亚等,也才形成了像迪拜国际大学城(Dubai International Academic City)这样世界一流大学汇集的知识区域。2009 年,沙特斥巨资高起点建设沙特阿拉伯国王科技大学(King Abdullah University of Science and Technology),旨在应对区域创新发展对高水平人才和科技成果的需求,并为此打破传统院系制,成立具有大范围交叉特征的"学部—专业"结构。再如,2012 年,新加坡第四所大学——新加坡科技设计大学(Singapore University of Technology and Design)建立,以科技与创意设计为显著特色,是新加坡把握全球化机会的重要举措。

奈特(Knight)曾经列举了高等教育国际化的重要动因,其中当前最重要的经济动因包括经济增长与竞争、劳动力市场、财政动机,正在变得更加重要的动因包括国家层面的人力资源开发、战略联盟、创收/商业贸易、国家建设/院校建设、社会/文化发展与相互理解和院校层面的国际形象与声誉、质量提高/国际标准、学生和教职员工的发展、经济创收、战略联盟、研究与知识产品等。② 在我国,引进国外优质高等教育资源和高水平大学跨地区办学这两类活动近年来如火如荼,典型如青岛、深圳、合肥、杭州、广州等城市。尤其是深圳市,近年来通过扩建、升级、新增等方式,超大强度引进域外高水平科教资源,为地方经济社会发展提供助力,形成国内外大学齐集、多种模式百花齐放的盛况。表 4-1 呈现了近年来深圳市在推动合作办学实体建设上的突飞猛进。

---

① 张培菡. 美国 APLU 发布政策蓝图促进大学助力经济发展[J]. 世界教育信息,2018 年第 20 期,第 74 页。

② Jane Knight. Internationalization: Concepts, Complexities and Challenges [A]. J. Forest, P. Altbach (eds). International Handbook of Higher Education [M]. Dordrecht: Springer Academic Publishers, 2007, pp207 - 227.

表4-1　深圳市近年来部分合作办学实体情况

合作高校	实体名称	实 体 概 况
清华大学	清华大学深圳国际校区	2016年11月市校签署合作协议,在清华大学深圳研究生院、清华—伯克利深圳学院的办学基础上,拓展升级共建清华大学深圳国际校区。学科布局面向国家、珠三角和深圳经济社会发展重大需求,面向国际学术前沿,重点建设材料、能源、生命、信息等学科;以全日制研究生教育、留学生教育为主,非全日制教育为辅;计划到2025年全日制在校生达到5 000人;2030年全日制在校生达到8 000人,其中三分之一为海外学生,博士生约2 000人;国际校区选址西丽大学城,校园规模约1 000亩。
北京大学	北京大学深圳校区	2016年8月市校签署备忘录,在北大深圳研究生院基础上合作共建北京大学深圳校区。以医学和信息科学技术为重点,并结合深圳科学技术和产业发展布局,基于北大深圳研究院在国际法学、商学等应用学科形成的优势,进一步优化学科布局;校区成立小而精的本科生院(文理学院);学生总数约1 600人,加上深研院在校研究生约3 000人和医学院约1 800名学生,校区一期规模预计为6 500人左右。
中国科学院大学	中国科学院大学深圳校区	2016年11月市校签署合作办学备忘录,依托中国科学院深圳先进技术研究院共建中国科学院大学深圳校区。面向区域经济社会发展需求,在生命健康、智能工程、先进制造、新材料等领域进行学科布局;校区以研究生(含留学生)教育为主,最终实现全日制在校生规模8 000—10 000人,其中本科生约3 000人。
哈尔滨工业大学	哈尔滨工业大学深圳校区	2014年5月市校签署合作办学协议,在哈工大深圳研究生院基础上共建哈尔滨工业大学深圳校区。参考全球著名理工院校的专业结构,发展工学类、理学类和经管、社科、人文类专业,实施专业类招生、专业类培养、专业方向毕业的培养模式;以全日制本科生与研究生教育为主、非全日制教育为辅;到2023年,预计教师达到900人,在校生达到10 000人,其中本科生5 500人,硕士及博士研究生3 500人,来华留学生1 000人;新校区建设用地面积9.32万平方米,总建筑面积29.85万平方米,包括教学办公区、实验实训区、学生生活区、综合研发区四个区域共11栋单体。
天津大学	天津大学—佐治亚理工深圳学院	2016年12月市校三方签署合作办学协议,共建天津大学佐治亚理工深圳学院。学院设立通讯、自动控制、微电子、光电、软件等学科,建设本科、硕士、博士完整的人才培养体系;2017年,学院招收录取非全日制研究生90名,全日制研究生20名;学院未来办学总规模将达到3 000人;永久校区位于南山区长源白石岭片区,占地面积16.2万平方米,规划建设面积18万平方米。

（续表）

合作高校	实体名称	实 体 概 况
南方科技大学	南方科技大学	2012 年 4 月教育部同意建设南方科技大学,该校为全新建设的一流大学实体。以理、工学科为主,兼有部分特色文、管学科,重点发展与新能源、新材料、新一代信息技术、节能环保、生物技术与生物医药等相关的新兴学科专业和交叉学科;在本科、硕士、博士多层次上办学;在校生超过 4 300 人,包括本科生 3 567 人,与国内外著名大学联合招收的硕士、博士研究生 759 人;校区占地面积 194.38 万平方米,规划总建筑面积 90 多万平方米,分两期工程建设;一期工程建筑面积共 20.26 万平方米,已于 2013 年投入使用;二期工程拟于 2019 年年底陆续建成并投入使用。
上海交通大学	上海交通大学深圳校区	2017 年 2 月市校签署协议共建上海交通大学深圳校区;上海交通大学在深圳设置以新型工科为主的万人规模校区。
北京理工大学	深圳北理莫斯科大学	2016 年 10 月,深圳北理莫斯科大学获教育部批准设立,它是由深圳市人民政府、北京理工大学和莫斯科国立罗蒙诺索夫大学合作设立的具有独立法人资格中外合作大学。以满足中俄战略发展需求为目标设置学科专业,现开设国际经济与贸易、外国语言文学(俄语)、数学与应用数学、材料科学与工程、生物科学五个本科专业。硕士教学招收纳米生物技术与基础、系统生态学、俄罗斯语言文学三个专业;计划开展本科、硕士和博士层次的学历教育及非学历教育;2017 年招收首批 115 名本科生,目前在过渡校区生活;预计未来每年将招生 300—500 人,远期办学规模为 5 000 人,本科生与研究生比例为 1:1;永久校区位于龙岗区大运新城西南部,规划面积为 33.4 万平方米,2018 年底基本建成并逐步移交使用,2019 年暑假全部搬迁至永久校区。
吉林大学	深圳吉大昆士兰大学	2014 年 8 月市校三方签署合作办学备忘录,共建深圳吉大昆士兰大学,定位为特色化、专业化的高水平大学。在两校的优势学科领域结合深圳市的经济社会发展需要,设立生命科学、新能源、环境等学科,培养具有国际竞争力的高端人才。
香港中文大学	香港中文大学(深圳)	2011 年 7 月市校三方签署合作协议,香港中文大学、深圳大学和深圳市政府共同建设香港中文大学(深圳)。开设理科、工科、经济管理类和人文社科类专业;长远办学规模为 11 000 人,其中本科生 7 500 人,硕士及博士研究生 3 500 人;占地面积约 100 万平方米,其中建设用地约 50 万平方米,校区建设内容包括启动校区、一期、二期及远期工程,启动校区已于 2013 年投入使用,一期工程总建筑面积约 34 万平方米,概算总投资约 20.38 亿元,已于 2017 年 9 月启用,二期及远期工程将根据招生情况适时启动。

（续表）

合作高校	实体名称	实 体 概 况
华南理工大学	华南理工大学—罗格斯大学创新学院(深圳)	2015 年 10 月市校三方签署合作办学备忘录,共建创新学院。开展教学科研,设立城市规划、环境科学、供应链、数量金融、生物医药(制药)、食品和营养科学、电子和计算机科学等学科,培养具有国际竞争力的高端人才。
湖南大学	湖南大学罗切斯特设计学院(深圳)	2015 年 5 月市校三方签署合作办学协议,在深圳合作建设具有"国际水平、深圳特色"的湖南大学罗切斯特设计学院(深圳)。开设工业设计、视觉传达设计、数字媒体技术等专业,培养具有国际化视野、深厚文化底蕴、掌握先进技术的设计创新人才;进行本科生教育和研究生教育;面向海内外招生,办学总规模为 1 500 人;占地面积为 14 582.15 平方米,四栋建筑总面积为 32 750.69 平方米,建设超低功耗和节能环保的绿色校园。
中国人民大学	中国人民大学深圳校区	2016 年 4 月市校签署合作办学备忘录,共建中国人民大学深圳校区。立足中国人民大学社会科学领域的学科优势,面向深圳经济社会发展需要和国际前沿,重点发展人力资源、知识产权、商学、保险、大数据、科技金融、新媒体与国际传播等学科专业;可提供研究生和本科生全日制学历教育;力争经过五年左右的时间,实现 3 000 人以上办学规模,硕士和博士研究生为主体,经过十年左右的建设周期,实现全日制在校生 5 000 人的本硕博一体的办学规模,研究生教育和本科生培养并重的总体办学目标;该校区位于宝安区石岩街道,占地约 510 亩;过渡校区已于 2017 年 9 月开学,将有部分硕士研究生和少量博士研究生在宝安就读,新校区计划于 2019 年 9 月投入使用。
中山大学	中山大学深圳校区	2015 年 9 月市校签署合作办学备忘录,共建中山大学深圳校区。重点建设医科和新兴工科教程学科,构建文、理、医、工相对齐全的学科体系;建立从本科到博士完整的人才培养体系;计划容纳全日制在校生 2 万人,其中包括本科生 1.2 万人左右,硕士和博士研究生 0.8—1.0 万人,学生录取分数和学位授予标准与中山大学广州校区一致;学校选址光明新区,用地面积 321.15 公顷,总建筑面积约 220 万平方米,分三期建设;2016 年启动招收首批学生 200 名,前期在广州校区培养,待 2018 年新校区建成后,再迁至深圳。
武汉大学	武汉大学深圳校区	2016 年 9 月签署合作办学备忘录,共建武汉大学深圳校区。结合武汉大学的学科优势和深圳经济社会发展的重大需求,形成以信息科学、先进制造、金融商科、生命健康、社会管理等创新交叉学科为主的学科体系;将建成本科生、硕士生、博士生教育并重的国际化人才培养基地;规划办学规模为全日制在校生 15 000 人,其中本科生 12 000 人左右,硕士和博士研究生 8 000 人到 10 000 人;计划占地面积约 2 000 亩。

资料来源: 节选自浙江大学中国科教战略研究院内部资料《深圳与国内外高校合作办学动态调研报告》(《高教信息动态•专报》第 52 期),作者: 童金皓、吴伟、朱嘉赟、李畅,资料截至 2018 年 1 月。

后发国家和地区以及科教资源匮乏地区竞相争夺域外大学尤其是研究型大学落地生根，其背后最大的驱动力是来自于经济社会发展的需要。当前我们已经很难找到经济社会发展水平极高但却没有高水平大学和科研机构支撑的地方，因为知识创造及其有效转化，越来越成为经济社会发展的源动力。从 20 世纪后半叶开始，随着知识密集型经济的兴起，尤其是进入自动化、信息化、智能化的梯次进步，社会经济发展对大学学术研究、人才培养提出了更加直接、更高标准、更为普遍的要求。以加州硅谷和麻省 128 公路地区为代表的科技神话，已经成为全球范围内科教协同、产教融合的典型案例，其中的研究型大学在培养和汇集高端人才、产生重大科技成果、发挥创新集聚效应、推动高新技术孵化、引领创新创业文化上的作用极其明显。近年来，联合国教科文组织（UNESCO）提出的"科联体"（University-Industry-Science Partnership，UNISPAR）计划和欧盟的创新驿站（Innovation Relay Centre，IRC）、知识三角（Knowledge Triangle）、知识与创新共同体（Knowledge and Innovation Communities，KICs）等理念与实践，以及美国的大学研究园（University Research Park）（如北卡三角、普渡研究园区）的重大成就，都体现出大学在推动区域经济发展尤其是高新技术产业和战略性新兴产业上的功能日益受到重视。

第二节　助力经济社会发展之方式

从经济社会发展的"助推器"逐渐转变为"发动机"，这是大学社会服务职能在知识经济时代的最直接体现。越来越多的大学积极投身到国家和区域经济活动中，并根据自身优势和具体需求来调整发展战略。与此同时，大学在地方经济发展中扮演的角色也发生了巨大变化，由"知识仓库"到"知识工厂"再到"知识中心"，[①]且愈发多元，包括购买者、雇主、孵化器、房地产开发商、劳动力开发者、顾

---

① Jan Youtie，Philip Shapira. Building an innovation hub：A case study of the transformation of university roles in regional technological and economic development［J］. Research Policy，2008，Vol. 37，No. 8，pp1188 - 1204.

问/网络建设者、社区服务和经济利益宣传者等①。现如今,大学通过网络主页或宣传手册来发布其经济影响非常普遍,尤其是欧美大学非常注重宣扬为社会创造了多少就业岗位、为有关行业培养了多少高层次人才、推动了多大规模的经济活动甚至孕育了多少高新技术行业企业等,借以提高大学美誉度和争取所在地区对其办学支持。

以美国水平最高、规模最大的公立大学系统——加州大学②(University of California)为例,它通过自身运行、人才培养、购买服务、创新创业等活跃了地方经济、搭建了创新枢纽并辐射全加州,进而与加州州立大学系统(California State University)、社区学院系统(California Community College)和私立大学系统构成了具有全球最高影响力的区域高水平高等教育体系。尤其是受到州政府对公立研究型大学缩减经费的影响,加州大学更加注重对当地经济社会发展的贡献并塑造良好的公众形象以应对发展挑战。据统计,加州大学平均每年为加利福尼亚州创造超过 460 亿美元的经济产出,为纳税人投入的 1 美元带来约 14 美元的经济收益。③

一、提供高素质人才资源

人才培养是大学的核心使命,也是大学最本质的追求,而人才对于经济发展的作用在当代愈加重要。随着知识经济和高等教育大众化时代的到来,大学正逐渐走出"象牙塔",与社会实现全方位对接,这在人才培养这一根本任务上体现为大学面向区域经济社会发展需求培养创新型人才,直接为地方经济发展提供

---

① Andrew Hahn, Casey Coonerty, Lili Peaslee. Colleges and universities as economic anchors [R/OL]. https://depts. Washington. edu/ccph/pdf_files/hahn. pdf, 2019 - 06 - 05.
② 加州大学系统包括十个校区(分校),分别是:伯克利校区(University of California, Berkeley, UCB)、洛杉矶校区(University of California, Los Angeles, UCLA)、圣地亚哥校区(University of California, San Diego, UCSD)、戴维斯校区(University of California, Davis, UCD)、圣塔芭芭拉校区(University of California, Santa Barbara, UCSB)、欧文校区(University of California, Irvine, UCI)、圣塔克鲁兹校区(University of California, Santa Cruz, UCSC)、河滨校区(University of California, Riverside, UCR)、旧金山校区(University of California, San Francisco, UCSF)、默赛德校区(University of California, Merced, UCM)。其中,尤以 UCB、UCLA 影响力最高,常位列全球性大学排行榜前二十位以内。
③ University of California. Annual Accountability Report 2018 [R/OL]. https://accountability. universityofCalifornia. edu/2018/,2019 - 01 - 22.

智力保证。上节所提及的不少经济后发国家和地区正在通过大力引进域外高水平科教机构的政策动机之一,即为本地区经济发展提供高水平的人力资源支持。

在美国历史上,对提升人力资源水平最显著、影响力最大的阶段性事件莫过于 1944 年《军人复员法案》出台之后,100 多万二战老兵进入各类高等教育机构接受教育的事件,这甚至成为推动二战后美国高等教育实现大众化的首要推手。事实上,《军人复员法案》把联邦政府接受教育的福利性资助直接发放到退伍军人手中,由其自由选择高等教育机构就读。这既解决了大量的潜在"无业游民"对社会秩序的可能危害,也在为战后经济起飞提供了充足的高素质人才,法案出台可谓适逢其时。①

作为公立/赠地型大学的典型代表,加州大学为加州地区提供了大量高素质劳动力。据加州就业发展署(CA Employment Development Department)的数据显示,每年有超过 70% 的毕业生直接在加州就业,数量超过 50 万,就业领域涵盖教育、工程、健康保健、制造业等主要行业,其中医疗行业就业比例是 2%。甚至还有大约一半的非本州居民毕业生和四分之一的国际学生也会在加州就业。② 具体到各学历毕业生就业情况来看,加州大学本科毕业生刚开始在零售和批发贸易部门工作,之后逐渐转移到高技能行业,如教育、医疗保健、工程和制造业。尽管仅有 4% 的本科毕业生毕业后直接在加州的中小学教育系统工作,但是在获得加州大学学位后 10 年内有近 10% 的人继续从事教育工作。除了教育行业,大量加州大学毕业生进入医疗保健行业。毕业后十年,约有 12% 的人从事医疗保健工作。许多 STEM③ 学科本科毕业生则进入加州的工程和高科技劳动力队伍中。从研究生就业情况来看,自 2000 年以来,加州大学共有 25 000 多名博士和硕士毕业生(工程/计算机科学以外的领域)进入了加州的劳动力市场,其中一半左右在加州地区的高等教育系统内工作,以及有 14 000 多名工程/计算机科学专业的毕业生进入了劳动力市场,其中 30% 在制造业工作,24% 从事工程服务相关工作,18% 进入互联网行业,16% 在大学担任教职,这为加州的

① 程星. 美国大学小史[M]. 北京:商务印书馆,2018 年版,第 183-200 页。
② José Manuel Pastor, Lorenzo Serrano. The Research Output of Universities and Its Determinants: Quality, Intangible Investments, Specialisation and Inefficiencies [R/OL]. http://www. spintan. net/wp-content/uploads/public/WP_05_Pastor_Serrano. pdf, 2019-03-21.
③ STEM 是科学(science)、技术(technology)、工程(engineering)、数学(mathematics)的简称。

高技术产业输送了大量高素质高技能人才。此外，加州大学工商管理硕士（MBA）毕业生也为加州高科技产业发展作出较大贡献，自 2000 年以来进入加州劳动力队伍的 15 000 名 MBA 毕业生供职于多个行业，包括制造业（26％）、金融和保险业（20％）、零售和批发业（17％）和互联网（17％）。①

随着大学发展与地方经济发展之间的关系越来越紧密，我国一些顶尖大学在服务面向上也呈现出明显的"地方化"特征。表现在培养人才上，就体现为生源来自本地和毕业生留在本地的循环。浙江大学常年留在杭州就业的毕业生比例可达 70％左右，以 2017 届毕业生为例，留在浙江省内就业的毕业生超过六成，而其中在杭州就业的比例达到八成以上。在这种背景下，那些难以提供优质高等教育入学机会供给而又具有较好财政基础的地区，就不得不大力培育或引进高水平大学。

大量的毕业生进入当地劳动力市场，成为当地政府、企业和行业创新的核心力量。被誉为"以色列的麻省理工"——以色列理工学院，则凭借其一流的毕业生质量、独具特色的理工学科体系、雄厚的科研力量、卓有成效的研发成果转化机制，成为领先于世界的科研型大学。以色列全国工业出口总量的 51％来自学院校友所创办公司；85％的以色列高新技术行业的从业者在由学院校友领导的公司工作；在美国纳斯达克上市的以色列公司有超过 50％由学院校友创办。② 高水平大学因其拥有卓越的教学质量和学术水平而在为地方培养高素质人才上的贡献更为显著，有助于当地高质量发展。如滑铁卢大学（University of Waterloo）培养的学生分布在滑铁卢地区 72％的行业企业，比较而言，他们在人力资本水平和贡献方面明显高于安大略省其他大学的学生。③

越来越多的大学正致力于培养地方经济发展所需的多层次多学科多技能人才，提高地方科技人力资源的总体水平。为了实现人才培养和地方发展需求有机对接，大学积极与政府、产业界、社区等主体互动，以提高人才适应性。主要途

---

① John Aubrey Douglass, C. Judson King. The Role of Universities in Economic Competitiveness in California [R/OL]. https://cshe. berkeley. edu/publications/role-universities-economic-competitiveness-california-john-aubrey-douglass-and-c-judson，2019 - 06 - 05.
② 陈癸，郑久良，范琼，汤书昆. 以色列理工学院科技创新模式研究[J]. 世界科技研究与发展，2018 年第 40 卷第 3 期，第 328 - 332 页.
③ 林健，王煦樟. 特色办学成就一流大学——以滑铁卢大学为例[J]. 中国高教研究，2018 年第 4 期，第 25 页.

径有：一是推行合作教育。合作教育是指在商业、工业、政府和社会服务等特定领域将学生课堂学习与相关工作实践交替融合、与参与雇主相关工作实践正式整合的过程，其中合作教育学生应从事生产行业全职工作，雇主应根据学生工作表现支付相应的报酬。[①] 合作教育为学生提供真实的企业环境工作体验，有利于培养学生的知识应用能力、问题解决能力和实践创新能力。辛辛那提大学（University of Cincinnati）、滑铁卢大学等大学通过以实践性学习、企业家精神、与产业界紧密联系为核心的合作教育模式而取得了显著的办学成就，充分发挥其在区域创新体系中的人才优势。二是调整学科专业。如近年来，亚利桑那大学（The University of Arizona）为更好地满足区域的人才需求，设立了创业、政府与公共服务、妇女研究等专业，相关的毕业生数量大大提升，而人才过于饱和的专业，如教育行政与高等教育、比较文化与文学等则被取缔。[②]

二、知识转化及商业化

在 21 世纪，大学要将首要任务从知识的保存或者传播，转移到知识的创造过程上，以响应新兴创造者社会带来的机会。[③] 随着经济社会发展越来越依赖于科技创新水平，尖端科技的突破性进展甚至会成为引爆社会前进的发动机，故而科技成果转化的重要性越来越突出。大学是高水平智力资源的汇聚地，也是优质科技成果的重要诞生地，在成果转化方面大有可为。如加州大学在艺术和人文学科、经济学、计算机科学、工学和医学等领域科研成果影响尤为突出，远远高于全国平均水平[④]。全球范围内（当然以美国为代表）科研成果转化或知识商业化进程，以 20 世纪 80 年代开始的"科技园区"创办为起点，以各种优惠政策吸引科技含量较高的公司入驻和增进其与本地企业、高校的联合合作为目标。以

① 林健，王煦樟. 特色办学成就一流大学——以滑铁卢大学为例[J]. 中国高教研究，2018 年第 4 期，第 23 页。

② 倪好. 美国高校与区域协同发展的路径探析——亚利桑那州南部的经验[J]. 比较教育研究，2015 年第 37 卷第 1 期，第 72 - 77 页。

③ James J. Duderstadt. The Third Century: A Roadmap to the University of Michigan's Future [R/OL]. https://deepblue.lib.umich.edu/bitstream/handle/2027.42/117523/2016% 20Third% 20Century.pdf? sequence=1&isAllowed=y, 2019 - 04 - 06.

④ John Aubrey Douglass, C. Judson King. The Role of Universities in Economic Competitiveness in California [R/OL]. https://cshe.berkeley.edu/publications/role-universities-economic-competitiveness-california-john-aubrey-douglass-and-c-judson, 2019 - 01 - 05.

至20世纪90年代后半期开始加速,逐渐呈现为大学自身躬身实践,成立新公司、申请专利和进行专利授权,也更强调学生参与到知识商业化当中。①

2017年,美国公立与赠地大学协会主席麦克弗森(Peter McPherson)在协会成立130周年大会上发言指出,"在知识经济时代,公立大学比以往任何时候都更应重视将技术转移作为推动经济繁荣使命的一部分"②。近年来,高水平大学愈发重视创新服务和成果转化,以科学研究成果服务社会,凸显其创新引领作用。根据加州大学总校报告,2014年加州大学拥有发明数量超过1 700项,日均5项,目前共有12 500多件源自其发明且尚在活跃期(active)的国内专利,且基于这些发明在加州衍生的初创公司达70多家,并创造出超过1.18亿美元的专利税和收费收入。从更长的时间跨度来看,自1976年至今,加州大学已推动930多家创业公司建立,其中有85%位于加州境内。由此可见,加州大学的科研成果在服务区域创新驱动发展中成绩斐然。耶鲁大学则从1993年开始,通过重组合作研究办公室,加大力度促使技术转化和商业化等举措,已经给所在地纽黑文市带来了直接改变:2004年纽黑文市的生物科技集群已经拥有49家衍生公司,其中有24家公司(约49%)依赖于耶鲁大学的科技、思想或者创始人而产生。现在纽黑文市的大学衍生公司已经增长至77家,其中有59%的衍生公司与耶鲁大学保持密切和定期的合作。这也意味着,耶鲁大学可以通过在纽黑文的衍生公司直接推动当地乃至全国经济发展。

而实际上,从科技成果到商业应用、从实验室和企业研发中心到市场之间存在着巨大鸿沟,大学为跨越这条鸿沟,在将科技成果高效转化为现实生产力方面作出了诸多努力:

第一,成立成果转化服务机构,为成果转化提供专业化支持。科研成果的商业化是一项对专业性要求较高的工作,一般科研人员既不擅长此工作,也难以同时承担科学研究和成果转化两大重任,且随着大学与产业间互动的日益频繁和技术创新市场导向机制的强化,大学成果转化工作越来越复杂,因此,专业化的大学成果转化服务机构应运而生。斯坦福大学在内部首创专门负责技术转移和

---

① 文剑英. 科技成果转化的理性思考[J]. 科研管理,2019年第5期,第175-181页。
② Association of Public Land Grant Universities. APLU Report Calls on Universities to Evolve Tech Transfer Practices to Maximize Impact [EB/OL]. http://www. aplu. org/news-and-media/News/ aplu-report-calls-on-universities-to-evolve-tech-transfer-practices-to-maximize-impact,2019 - 04 - 06.

科技成果转化的部门——技术许可办公室,通过建设专业化的工作团队、设置程序化的技术转移流程、采用相对独立的财务系统、积累专业化的管理经验使教职人员和学生的发明创造为公众所用,从而促进斯坦福的技术推广。[1] 加州大学在各分校建立了技术转移办公室,与总校的中枢管理机构形成分权与集权有机结合的技术服务系统。[2] 加州大学中央技术转移办公室(Central UC Office of Technology Transfer)成立于 1978 年,位于旧金山湾地区,对技术转移当中财务管理、信息技术服务、政策分析与发展、法律监管等环节进行集权管理,但缺乏与研究人员的直接联系。各分校技术转移办公室则主要承担在技术转移过程中与大学科研人员、当地政府部门和产业界进行直接互动的职责,包括发明公布与评估、专利申请、技术许可等任务。[3] 结构完善、分工完善、人员精干的成果转化系统在帮助加州大学高效转移科研成果的同时,合理规避了潜在的政治、法律与财务风险。除了在大学行政组织框架内设置技术转移部门或机构便捷化技术转移,一些大学还通过设立具有独立法人资格的组织实体来避免技术转移活动受到行政力量干预。威斯康星校友研究基金会(WARF)于 1925 年成立,与威斯康星大学麦迪逊分校形成合作关系,威斯康星大学麦迪逊分校直接将教师和学生的各种创新成果授予基金会,通过签订协议的方式,基金会专门从事威斯康星大学麦迪逊分校的知识产权管理,并通过技术许可为大学的科研活动提供经费支持,实现大学的科研创新活动可持续发展。[4]

第二,建设创新研发基地,为成果转化提供平台载体。载体形式主要包括:一是成立研究所。2000 年,加州大学集合多个校区研究力量成立四个科学与创新研究所(GGDISI)——加州定量生物科学研究院(QB3)、社会利益信息技术中心(CITRIS)、加州电信和信息技术研究所(CaIIT2)、加州纳米系统研究院(CNSI),它们的共同使命是通过跨学科研究和市场应用来解决社会问题。以加

---

[1] 李铭霞,吕旭峰. 美国斯坦福大学技术许可办公室的使命与专业化管理[J]. 世界教育信息,2015 年第 21 卷,第 31-35 页。

[2] 宗晓华,陈静漪. 为公共利益而转移技术——加州大学技术转移的政策演进与组织运行分析[J]. 清华大学教育研究,2012 年第 2 期,第 74-80 页。

[3] Bennett, Alan B. Carriere Michael. Technology Transfer at the University of California, In Intellectual Property Management in the Health and Agricultural Innovation: A Handbook of Best Practices [Z/OL]. http://www.ipHandbook.org, 2019-10-10.

[4] 王志强,杨庆梅. "创新驱动"过程中研究型大学的功能实现路径——以威斯康星大学麦迪逊分校为例 [J]. 高等工程教育研究,2017 年第 4 期,第 156-160 页。

州纳米技术研究院为例,其实质是跨学科技术转化应用平台,它聚焦于生物科学和纳米技术,通过建立科研平台、成果转化与教育平台和投资产业化平台将学术界、产业界和投资公司联系在一起,促进了科学技术研究、成果转化和产业投资的协调发展。① 二是建设科技园区。加利福尼亚州的硅谷、马萨诸塞州波士顿市附近的 128 号公路园区和北卡罗来纳州研究三角园区等都是通过高校与区域协同创新进而推动科技成果产业化的成功范例。以威斯康星大学研究园为例,其占地 255 英亩,内有 126 家企业,多数企业是基于大学内部的技术创新而成立的。园区主要工作职责有:协助教职员工或大学生申请专利,销售许可证,并寻求商业网点以供研究之用;负责为新建企业提供技术支持;为入园企业提供新产品开发和技术创新等帮助。如今,研究园已为本州居民提供了近 9 300 个工作岗位,每年为大学带来近 8 亿美元的收入。② 三是创设孵化器。佐治亚理工学院成立了先进技术开发中心(The Advanced Technology Development Center, ATDC)和创业实验室(Venture-Lab),其中先进技术开发中心是美国第一批国家级技术孵化器之一,主要提供创业服务,包括场所、指导和对新技术企业初级阶段的支持,创业实验室则提供预孵化器服务,包括知识产权成果的开发、与私营部门和风险资本建立联系等,协助教师实施商业化进程,提高大学衍生公司的研究成果商业化的成功率。③ 此外,概念证明中心作为一种新型成果转化组织模式近年来在美国兴起,与传统孵化器不同,它允许受资助的教师和学生在大学实验室研发,旨在通过点火资金、商业咨询、创业指导、创业讲座论坛等对概念证明互动进行个性化支持,帮助填补大学研发成果与可市场化成果之间的空白,其中 2001 年在加州大学圣地亚哥分校建立的冯·李比希创业中心(Von Liebig Entrepreneurism Center)和 2002 年在麻省理工学院成立的德什潘德科技中心(Deshapanda Technological Center)是典型代表。④

---

① 王明,邹晓东.美国加州纳米技术研究院创新运营模式及其启示[J].科学学与科学技术管理,2005 年第 8 期,第 48 - 51 页。

② 王志强,杨庆梅."创新驱动"过程中研究型大学的功能实现路径——以威斯康星大学麦迪逊分校为例[J].高等工程教育研究,2017 年第 4 期,第 156 - 160 页。

③ 田华,王沛民."知识中枢":大学创业转型的新功能——以美国佐治亚理工学院为例[J].高等工程教育研究,2009 第 1 期,第 24 - 28 页。

④ 卓泽林,赵中建."概念证明中心":美国研究型大学促进科研成果转化的新组织模式[J].复旦教育论坛,2015 年第 4 期,第 100 - 106 页。

第三,创新激励机制,激发利益相关方成果转化积极性。一是建立合理的利益分配制度。自 20 世纪以来,经历多次专利制度的变革,美国加州大学逐渐建立起多方共赢的激励机制。如加州大学欧文分校明确规定专利技术使用权转让所得纯利润 35% 分配给发明者,15% 分配给发明者所在的院系,50% 归学校所有。麻省理工学院的科技成果转让收入分配制度则为:15% 用于技术转让办公室的工作开支,其余 1/3 归技术发明人,1/3 归发明人所在院系或实验室,1/3 归学校收入。合理的分配制度使得发明者获得更多资金来支撑研究并利用公司设施来进行市场化改进,学校能够收回专利申请费用并推动校企合作。二是将科技成果转化与教师考核评价、职称评定等相挂钩。如浙江大学增设"求是特聘推广岗",鼓励高水平教师领衔从事高科技成果转化与推广工作,并专门制定相关岗位考评办法,把教师服务企业的工作成果和创造的社会经济效益作为合同履行职责、岗位聘任及专业技术职务晋升的依据。三是加大资金投入以加速成果转化进程。加州大学校长办公室于 2011 年启动"概念证明商业化补助"(Proof of Concept Commercialization Gap Grants),旨在支持处于商业化边缘或已拿到许可但在研究与商业化间依然有明显障碍的一年期项目,使其更加接近于成立初创公司,加速加州大学所拥有的技术和知识产权的商业化进程。[①]

三、就业创造及其衍生效应

随着大学办学规模的膨胀,校园活动的复杂化以及学术运作链条的不断延伸、师生活动空间的不断拓展,将变得日趋明显。大学的有序运营有赖于大量的人力、物力、财力等资源投入,这些资源投入所带动的经济活动直接影响到相关人群的就业。实际上,作为学生、学者及相关人员生产生活的社区,大学的高效运行往往能够带来很大的经济效应,尤其直接表现为创造就业机会。欧美发达国家的大学非常重视这方面的成就宣传,这也与就业问题作为核心经济社会发展指标更受民众和政府关注有关,而这一点之前往往不被国内大学或政府所重视。如美国约翰·霍普金斯大学是其所在地巴尔的摩市规模最大的机构,也是其所在的马里兰州除政府之外第二大雇主。在马里兰州,每 14 美元 GDP 就有

① 吴伟,翁默斯,范惠明.洛杉矶加州大学创业转型之路探析[J].比较教育研究,2016 年第 5 期,第 20 - 25/89 页。

1 美元是由约翰·霍普金斯大学直接或间接创造,该大学对于当地的重要性甚至高过斯坦福大学对于硅谷,或者哈佛大学对于波士顿。①

　　大学在提供城市就业岗位方面的作用——不仅是学术岗位也包括辅助人员岗位——常常被低估;它们是城市中较大甚至最大的雇主。② 如加州大学就业创造贡献首先表现在基于学校运行本身所需提供的大量就业机会。据统计,加州大学已经成为加州地区第三大雇主,仅次于州和联邦政府,其直接雇佣加州当地居民的人数甚至超过了一些顶级公司,如凯撒健康计划和医疗集团、沃尔玛、太平洋天然气和电力等。③ 根据加州大学 2018 年绩效责任报告,截至 2017 年 10 月,加州大学已有从事各类工种的非学术员工 15.4 万人,包括医生、护士和其他卫生保健人员,研究辅助管理人员和实验室职员,学生服务专员,食物和辅助服务人员,机械维修保养人员和管理办事人员等。其中贡献较大的是加州大学的五个医学中心,它们在加州共创造了约 11.7 万个就业岗位,经济产出为 167 亿美元,对加州 GDP 贡献了 125 亿美元,其所带来的连锁反应也比其他加州大学经济活动更强。④

相关名词解释

　　加州大学在描述对区域经济影响时经常用到"直接作用""间接作用"和"衍生效应"三个名词。直接作用(direct effect)指由特定经济活动引起的经济产出或雇员变化,学校及与项目、学生和访客相关实体均算在内。间接作用(indirect effect)指对由直接作用产生的商品和服务供应商的需求做出反应的经济活动。衍生效应(induced effect)指与直接或间接活动相关的雇员收入带来的家庭购买商品和服务能力。

---

① 吴军. 大学之路:陪女儿在美国选大学(第二版　下册)[M].北京:人民邮电出版社,2018 年版,第 448 页。

② 亚历山德拉·登海耶,杰基·德弗里斯,汉斯·德扬,焦怡雪. 发展中的知识城市——整合城市、企业和大学的校园发展战略[J]. 国际城市规划,2011 年第 3 期,第 50－59 页。

③ John Aubrey Douglass, C. Judson King. The Role of Universities in Economic Competitiveness in California [R/OL]. https://cshe. berkeley. edu/publications/role-universities-economic-competitiveness-california-john-aubrey-douglass-and-c-judson,2019－01－05.

④ University of California. Accountability Report 2018 [R/OL]. https://accountability. university of california. edu/2018/about. html,2019－02－23.

　　具体到各分校,它们对学校所在区域发展的就业创造贡献更为显著。旧金山分校在其主页的"事实与数据"(Facts & Figures)栏目中宣称:加州大学旧金山分校提供 39 000 个就业机会,是旧金山第二大雇主、旧金山湾区第五大雇主。戴维斯分校的两个校区(戴维斯和萨克拉门托)一起成为萨克拉门托(州政府所在地)地区仅次于加州政府的第二大雇主,2013—2014 年加州大学戴维斯分校总共为萨克拉门托地区提供 65 000 个工作机会,占萨克拉门托地区工作机会的 3%,且工作机会创造影响也超过了整个地区的制造业。

　　不仅大学自身运行能提供就业岗位,由大学衍生出的公司也创造了大量就业机会,推动当地经济增长。作为全球创业型大学(Entrepreneurial University)的典范,美国麻省理工学院 2009 年发布的一份研究成果,声明其在世校友共有 125 000 人,截至 2006 年,由校友开设的活跃企业共有 25 800 家、雇员 330 万人、年销售收入 2 万亿美元,加在一起相当于全球第 11 大经济体。[①] 而 2015 年 12 月发布的一份报告更新了这一成就:截至 2014 年,麻省理工学院校友创办的活跃企业为 30 200 家,提供工作岗位约 460 万,年产值约 1.9 万亿美元;产值换算为 GDP,根据国际货币基金组织(IMF)2013 年的统计数据,居于世界第九大经济体俄罗斯(2.097 万亿美元)和第十大经济体印度(1.877 万亿美元)之间。[②] 以色列理工学院 1 600 家校友参与建立或管理的公司在过去的 20 年中为以色列创造了超过 300 亿美元的收入和约 10 万个工作岗位。[③]

　　另一全球顶尖创业型大学斯坦福大学亦是如此。斯坦福大学在其 2012 年完成的调研报告《影响力:斯坦福大学创新创业活动的经济贡献》(*Impact: Stanford University's Economic Impact via Innovation and Entrepreneurship*)谈到其创新创业成就:"据 2011 年的调研测算,共有 39 900 家现存的公司起源于斯坦福大学,共创造 540 万个就业岗位,年收入 2.7 万亿美元。如果把这些公司组成一个单独国家,其经济规模将排入全球前十位,而其中大约 18 000 家校友创

① Edward B. Roberts and Charles Eesley. Entrepreneurial Impact: The Role of MIT [J]. Foundations and Trends in Entrepreneurship, 2009, Vol. 51, No. 3, pp1 - 149.
② Edward B. Roberts, Fiona Murray, J. Daniel Kim. Entrepreneurship and Innovation at MIT: Continuing Global Growth and Impact—An Updated Report [J]. Foundations and Trends in Entrepreneurship, 2019, Vol. 15, No. 1, pp 1 - 55.
③ 陈奘,郑久良,范琼,汤书昆. 以色列理工学院科技创新模式研究[J]. 世界科技研究与发展,2018 年第 40 卷第 3 期,第 328 - 332 页。

办的企业都在加州,每年全球销售额约 1.27 万亿美元,雇员数超过 300 万。"①再如,加拿大顶尖公立大学滑铁卢大学于 2011 年为安大略省创造了超过 2 万个就业机会,其中仅号称世界最大的免费创业孵化器 Velocity 就创造了超过 1 700 个就业机会。② 2014 年,加州大学初创公司在加州雇用了 5 178 名员工,年收入总计 6.54 亿美元。③

瓦莱罗(Anna Valero)和范雷恩(John Van Reenen)曾对 78 个国家的近 15 000 所大学 1950—2010 年间的数据进行计量分析,结果表明:大学入学人数的增加与其随后更快的经济增长正相关,大学数量翻一番,一个地区的人均国内生产总值就要高出 4% 以上,并且这种积极效应还会"溢出"到邻近地区;而经济增长与大学之间的联动关系不仅仅得益于学校、教职工和学生的支出带来的刺激,而且还表现在通过增加人力资本供应和更为明显的创新。④

直接就业机会的创造还间接地提高了当地消费水平,学校教职工、学生及相关人员(访客、留学者、实习医生)也对商品和服务有巨大的拉动,形成乘数效应。《加州大学洛杉矶分校经济影响报告(2013)》(*2013 UCLA Economic Impact Report*)指出,近 51 亿美元校园活动开销都流向了校外的商品和服务供应商,将近 42 000 名员工薪金流通进入市场,此外每年还有包括本科生、研究生和医学实习生、住院医生在内的 39 000 人进入加州大学洛杉矶分校;体育活动、文化活动、各种会议和其他校园活动每年吸引约 160 万人员到访,拉动了直接购买,同时带来各种间接和衍生效应。⑤《加州大学戴维斯分校经济影响报告》提到,综合考虑学校运行以及学生、访客消费需求,2013 至 2014 年度加州大学戴维斯分

① Charles E. Eesley, William F. Miller. Impact: Stanford University's Economic Impact via Innovation and Entrepreneurship [R/OL]. https://engineering. stanford. edu/sites/default/files/stanford _ alumni _ innovation_survey report_3-2-13. pdf, 2019 - 06 - 08.

② 林健,王煦樟. 特色办学成就一流大学——以滑铁卢大学为例[J]. 中国高教研究,2018 年第 4 期,第 22 - 28 页。

③ John Aubrey Douglass, C. Judson King. The Role of Universities in Economic Competitiveness in California [R/OL]. https://cshe. berkeley. edu/publications/role-universities-economic-competiti-veness-california-john-aubrey-douglass-and-c-judson,2019 - 06 - 08.

④ Anna Valero, John Van Reenen. The Economic Impact of Universities: Evidence from Across the Globe [R/OL]. NBER Working Paper No. 22501, August 2016, http://www. nber. org/papers/w22501.

⑤ Center for Strategic Economic Research. Economic Impacts of the UCLA [R/OL]. http://www. strategiceconomicresearch. org, 2019 - 02 - 21.

校直接为戴维斯—萨克拉门托地区贡献了大约 37 亿美元经济产出和 25 亿劳动收入。[①] 与其他产业部门比较，这种就业创造贡献愈发凸显。2013 年加州大学洛杉矶分校在就业带动上的影响超过了 61 个细分产业部门，在产出水平（output）上的影响超过了 56 个产业部门，其中包括出版、公用事业、仓储等重要部门。

而《牛津大学经济影响报告》（*Economic Impact of the University of Oxford*）显示，每 1 欧元收入可为英国经济带来 3.30 欧元的回报，2014 至 2015 年，牛津大学贡献了 58 亿欧元的经济增加值（Gross Value Added，GVA）和 50 600 个工作机会，其中包括为牛津郡（Oxford shire）贡献的 23 亿欧元和 33 700 个，而其中仅在牛津市（Oxford City）就贡献了 20 亿欧元和 28 800 个。它所拥有的 19 835 名全时学生，通过其开销、兼职工作和志愿活动，总共为英国经济带来了 8 000 万欧元的经济增加值，支撑着 2 000 份工作机会；其中最大的比例贡献给了牛津市，分别为 5 800 万欧元和 1 600 份。[②] 来自欧洲顶尖的经济与政策咨询机构——伦敦经济（London Economics）的报告显示，罗素集团（Russell Group）旗下 24 所英国顶尖研究型大学在 2015—2016 年度共支持 26.1 万个全职同等工作机会（full-time equivalent job），这一数字超过了类似阿伯丁和普利茅斯这样大城市的全部人口，而其中 15.3 万份工作由大学的直接雇佣产生，另外 10.8 万份工作由大学职员、国际学生的支出所间接带动。[③]

四、构建大学—社区深度互动关系

在大学与社会深度融合的新时代，大学与社区的关系发生了变化，具体表现在：大学与社区是平等的伙伴关系，大学关注社区成员的参与度和满意度，认可社区参与者的贡献；注重研究成果及时转化，用于社区发展，关注社区行动力的

① Economic & Planning Systems, Inc. (EPS). UC Davis Economic Impact Analysis [R/OL]. https://www.ucdavis.edu/about/facts/economic-impact，2019 - 06 - 05.

② BiGGAR Economics. Economic Impact of the University of Oxford [R/OL]. https://www.ox.ac.uk/sites/files/oxford/Economic% 20Impact% 20of% 20the% 20University% 20of% 20Oxford. pdf，2019 - 08 - 15.

③ Maike Halterbeck, Gavan Conlon, Jenna Julius. The economic impact of Russell Group universities：Final Report for the Russell Group [R/OL]. https://www. russellgroup. ac. uk/media/5608/the-economic-impact-of-russell-group-universities. pdf，2019 - 06 - 05.

改变。合作项目充分考虑社区现状与需求,真正吸纳社区成员参与。① 大学正不断拓展社会服务活动的范围和领域,创新社会服务活动的内容和方式,致力于回应区域的重大需求并推动其可持续发展。

1996 年,时任卡内基教学促进基金会主席博耶指出,高等教育的使命在于服务更大的目标如建立一个更加公正的社会,并谴责了处在象牙塔中的大学和大学的专业化导向,因为这些使大学远离亟待解决的公民、社会、经济和道德问题。② 此后,高等教育学界高度关注大学的社会参与,突出强调大学成为机构性公民。耶鲁大学前校长雷文(Richard Levin)认为,大学通过成为社区里的机构性公民,能更好地服务于社会,可以改善周围居民的生活环境,如开展公共教育、医疗、提高环境意识等活动,也可以间接地投入这些活动中,通过培养学生的社会责任心而树立典范。③

在日益突出强调大学社会参与的背景下,经济合作与发展组织(OECD)也观察到在其成员国,大学、城市和地区之间相互促进,并提出大学在地区、国家和国际三个层面作为机构性公民参与的多种模式。在地区层面,大学的研究可以推动企业创新并通过教学来更新技能;在国家层面,大学参与到政府部门的公共政策议程当中,并促进工业发展、地区发展、技术创新、劳动力发展和技能提升;在国际层面,具有全球竞争力的公民大学能吸引外来投资公司到特定地点进行投资,为当地企业提供全球联系,以及吸引各地精英人才以增加当地文化多样性和丰富创业人才库。④ 学者格莱森(John Glasson)总结了大学给地方发展带来的诸多潜在影响,这其中不仅包括了直接和间接的经济影响以及对地方知识经济的影响,还包括了对区域、地方和社区可持续发展的影响,如提供社区教育、扩大当地学生入学率、提供非职业继续教育、向公众开放图书馆等。⑤

---

① 臧玲玲,吴伟. 美国州立大学社会服务的新框架:"大学—社区参与"[J]. 外国教育研究,2018 年第 7 期,第 16 - 26 页。
② Boyer. E. The scholarship of engagement [J]. Journal of Public Service and Outreach,1996,Vol. 1, No. 1,pp11 - 20.
③ 里查德·雷文. 大学如何服务于社会[J]. 国家教育行政学院学报,2006 年第 9 期,第 32 - 36 页。
④ Emeritus John Goddard. Reinventing the Civic University [R/OL]. https://www. ncl. ac. uk/media/wwwnclacuk/curds/files/Reinventing%20the%20civic%20university. pdf,2019 - 06 - 05.
⑤ John Glasson. The Widening Local and Regional Development Impacts of the Modern Universities—A Tale of Two Cities (and North-South Perspectives) [J]. Local Economy,2003,Vol. 18,No. 1,pp21 - 37.

威斯康星大学早在 2001 年就成立了校园—社区合作中心（Campus-Community Partnerships），为社区提供大量的协作研究与咨询活动以及支持社区企业员工进修、为社区居民提供专业咨询等，校园—社区合作中心互动使大学与社区之间建立了密切的合作伙伴关系，有助于改变学校与社会之间互相割裂的状况，促进社区的重建与发展，同时，也为大学发展带来新的资源与空间。[①]在我国，新型大学—社区关系呈现出独具特色的模式和样态，大学校区、科技园区与公共社区互动发展的"三区联动"模式是其中典型代表。21 世纪初以来，上海紫竹科学园区、上海交通大学及其所在的闵行区，复旦大学及其所在的杨浦区先后提出并实践了"三区联动"的理念，旨在打造创新生态系统和生活社区体系相互融合的协同发展范式，各主体之间形成相互嵌套的深度网络关系。[②]

本质上，经济发展与社会全面发展密切相连。自从社会服务功能在 19 世纪中后期诞生以来，大学与社会之间的多层互动不断深化，从贡献于尖端科技到致力于社区服务，无所不包。总体而言，大学与社区合作推动经济发展主要体现在以下七个方面。

一是应对区域性乃至全球性重大挑战，驱动经济健康发展。一些顶尖大学，目前正在筹谋瞄准区域性乃至全球性重大挑战（Grand Challenge）议题开展研发创新、成果转化和社会发动（social movement）。加州大学洛杉矶分校于 2013 年 11 月启动了"可持续洛杉矶重大挑战"（Sustainable LA Grand Challenge），致力于到 2050 年使洛杉矶在能源、水资源等方面实现 100% 可持续发展并且不损害生物多样性。该计划通过组建顶尖跨学科团队、重视学生的深度参与、合理布局组织架构等措施，以科研创新和技术转移的方式为洛杉矶提供服务，使大学与区域在发展中获得双赢。印第安纳大学、密歇根大学、得克萨斯农工大学等致力于投资相关研究项目以解决人类和地球所面临的最为紧迫的问题，如印第安纳大学正投资 3 亿美元以应对对其所在州至关重要且可能产生全球影响的挑战上，包括健康公平、气候变化、可持续水资源和精密医学等。其中，密歇根大学将在未来五年内花费 1 亿美元用于推动与数据科学和大数据造福社会相关的研究

① 高振强.社会服务导向下的现代大学组织变革——基于美国威斯康星大学的实践[J].教育发展研究，2014 年第 5 期，第 80 - 84 页。
② 张仁开.培育创新的热带雨林上海创新生态系统演化研究[M].上海：华东师范大学出版社，2016 年，第 224 - 226 页。

和教学;得克萨斯农工大学建立起跨学科的大挑战计划,每年为多达6个教师团队提供资金,以解决环境、食品、人类健康、教育和经济所面临的全球性问题,每个团队将获得15万美元。^① 这方面更为详细的情况请参见本书附录一。

二是聚焦当地优势产业发展,推进产业转型升级。农业是加州地区的优势产业,加州大学农业和自然资源部门(Division of Agriculture and Natural Resources,ANR)建立加州农业实验站和拓展合作系统,整合全州范围内的研究人员和教育工作者网络,通过与社区、产业界合作来扩大农业产量、管理病虫害、改善水质、保护水资源和安全以及提高居民在农业和营养方面的科学素养等,进而推动当地农业发展。2016年,农业和自然资源部门将加州大学的研究和教育力量充分作用于地方发展,共吸纳了115个合作扩展专家和约600个附属农业实验站的研究人员,这些专家人员分布在伯克利、戴维斯和默塞德等校区40个部门。合作拓展部门通过近1 000个基于社区的课程、讲习班、现场展示来传播农业和自然资源研究结果,帮助种植者采用最佳种植方式,在提高产量、降低成本、提高效率、增加经济报酬的同时也保护了自然资源。威斯康星大学农业与生命科学学院(College of Agricultural & Life sciences)通过成立跨学科研究机构以汇集全校范围内的教师、员工与学生来进行跨学科研究,为威斯康星州农业发展提供智力支持,如综合农业研究中心是一个由农业土壤学、农业畜牧学、农业与应用经济学、社区与环境社会学等多学科领域专家参与组成的社会服务中心,致力于向农场主、农民、消费者及私营企业主提供新兴的农业技术及生产作业模式,包括引进新的乳产品生产技术、有机牧草改良、牧场粪肥管理、小规模精细化的牧场经营策略等,着力探索当地畜牧业和乳业可持续发展新途径。^②

三是关注当地急需解决的问题,促进区域协调发展。除了解决区域产业发展问题,大学还在区域急需解决的各类问题上发挥着重要作用。在环境治理方面,随着农业径流和其他来源对湖泊的盐度增加和污染以及从农场到城市调水

---

① American Academy of Arts & Sciences. Public Research Universities: Serving the Public Good [R/OL]. https://www.amacad.org/sites/default/files/academy/multimedia/pdfs/publications/researchpapersmonographs/PublicResearchUniv_PublicGood.pdf, 2019 - 06 - 15.

② 高振强. 社会服务导向下的现代大学组织变革——基于美国威斯康星大学的实践[J]. 教育发展研究, 2014 年第 5 期, 第 80 - 84 页。

工程的影响,加州大学伯克利分校东部科切拉山谷地区的萨尔顿湖面积不断萎缩,干燥的湖床开始向空气中扩散有毒灰尘,因此,加州大学农业与自然资源部特设加州水资源研究所来开发基于研究的水资源问题解决方案。其中,伯克利分校自 1987 年起开始对 Culex、WEEV 和 SLEV 等病毒进行研究;戴维斯分校自 1996 年起开展了对不同鸟类物种在弓形虫病毒的引进、维护和扩增中的作用研究;河滨分校也依托其环境动态及地质生物学研究所介绍萨尔顿湖病毒危机的最新情况,开展了"拯救萨尔顿湖"的主题讨论。① 在居民健康方面,加州大学戴维斯、欧文、洛杉矶、圣地亚哥、旧金山等五个校区建立了学术医学中心,成为加州地区第四大保健实施系统。不仅如此,加州大学还通过远程医疗扩大了医疗服务范围,为生活在农村地区或没有医疗专家地区的病人提供医疗服务。此外,加州大学实施了 2 300 个营养和健康社区伙伴计划,为居民提供膳食指南,并分享饮食计划、食品购买、食品准备和食品安全的策略。2016 年,6 000 名贫困家庭的成年人参与了加州大学的扩大食品和营养计划,90%的参与者提高了营养实践活动,85%的参与者改进了食物预算方式。明尼苏达大学则通过联邦资助的补充营养援助计划(SNAP),为低收入的明尼苏达州居民提供富有创造性、有吸引力的营养教育。它在许多社区环境中包括 WIC 诊所、老年人中心、日托中心、庇护所、移民中心、夏令营、杂货店甚至家庭提供课程。这些有趣且创新的课程根据不同受众的需求进行定制。②

　　四是依托优质教育资源,提高区域人力资源水平。大学尤其是研究型大学是优质教育资源的聚集地,研究型大学能依托自身教育资源优势,为区域内的广大居民提供继续教育、免费课程、终身技能培训、兼职学位等各类教育和培训项目以提高当地劳动力水平,尤其是可以提供一些其他两年制或四年制高校所无法提供的专业性、学术性较强的课程,吸引大量社会人士来学校接受继续教育。伊利诺伊大学芝加哥分校与社区组织、社区学院、技术学院、芝加哥制造中心和

---

① Gretchen Kell, Couple builds bridge to Berkeley for Coachella Valley's brightest, neediest youth [N/OL]. https://news. berkeley. edu/2019/01/24/couple-builds-bridge-to-berkeley-for-coachella-valleys-brightest-neediest-youth/? fbclid = IwAR0gDeJArXwhOrUGb26fDIsgxIz0syzSCEsXmqRZkIgyfncml-6xePs5pq_g, 2019 - 06 - 05.

② Tripp Umbach. Economic Impact of University of Minnesota FY17 [R/OL]. https://government-relations. umn. edu/sites/government-relations. umn. edu/files/university_of_minnesota_impact_study_final_report_3-7. pdf,2019 - 06 - 10.

市长办公室合作,为当地居民提供全面的劳动力培训,目前已培训260多名毕业生,就业率高达80%,并将劳动力的时薪从8.12美元提高到10.13美元。培训内容丰富且形式多样,既涉及专业技能培训,如南加州大学创建了专业发展计划,为简历写作、面试和与工作相关的技能认证提供培训服务①;也包括个人能力提升,如密歇根州立大学的青年发展计划(简称4-H计划)为社区里青年人提供实践学习的机会,帮助他们参与科学、公民和健康生活等领域的活动并动手学习相关知识,"做中学"的模式培养了他们解决问题、决策、沟通等成功必备技能;还包括人文素养提高,在加州大学伯克利分校的推广教育计划中,除了计算机科学、工商管理和工程学等专业最受欢迎,也有不少学生注册历史、文学和宗教等课程,以提高人文素养。培训时间也较为灵活,加州大学伯克利分校的推广教育计划为了方便在职人员的学习,推广课程一般于晚上或者周末开设。② 总之,灵活多样的高等教育项目促进该地区居民的各方面发展,推动终身学习体系的构建和学习型社区的形成。

五是整合社会力量,反哺区域高质量发展。科切拉山谷地区长期处于贫困状态,当地居民受教育水平普遍低于九年级。伯克利分校及其加州家长组织(Cal Parents)将巨大精力和资源投入到帮助有学术天赋的硅谷青年通过伯克利的教育来打破贫穷的循环。加州家长组织帮助山谷地区有学术天赋的进入伯克利分校深造,数以百计的家庭因此获益。志愿者与科切拉山谷中学和沙漠幻影公立高中辅导员建立联系,深入校园和学生家里进行宣讲和动员。自伯克利分校毕业的科切拉山谷校友成立了校友协会及不同类型的分会,以各自的专业技能与社会身份反哺家乡。这些校友资源的存在也极大地促进了伯克利分校自身发展。③ 此外,加州大学还管理着1 630个社区服务项目来将学生和校友与社区

---

① American Academy of Arts & Sciences. Public Research Universities: Serving the Public Good [R/OL]. https://www.amacad.org/sites/default/files/academy/multimedia/pdfs/publications/resear-chpapersmonographs/PublicResearchUniv_PublicGood.pdf, 2019-06-15.

② American Academy of Arts & Sciences. Public Research Universities: Serving the Public Good [R/OL]. https://www.amacad.org/sites/default/files/academy/multimedia/pdfs/publications/resear-chpapersmonographs/PublicResearchUniv_PublicGood.pdf, 2019-06-15.

③ Gretchen Kell, Couple builds bridge to Berkeley for Coachella Valley's brightest, neediest youth [N/OL]. https://news.berkeley.edu/2019/01/24/couple-builds-bridge-to-berkeley-for-coachella-valleys-brightest-neediest-youth/? fbclid = IwAR0gDeJArXwhOrUGb26fDIsgxIz0syzSCEsXmqRZkIgyfncml-6xePs5pq_g, 2019-06-05.

联系在一起以解决家庭暴力、公平住房分配和就业培训等问题,以及管理着650个艺术教育和拓展项目,在社区里教授艺术、舞蹈、戏剧、音乐和数字艺术,丰富居民的文化生活。

六是开放各类设施,实现区域内资源共享。大学将其教学设施、科研设施、体育场所等向公众开放,与公众共享资源亦是大学主动服务社会的重要措施。明尼苏达大学图书馆作为该州唯一的研究图书馆,服务边界远远超出校园边界,它为550万名明苏达州居民提供高质量的服务。它的档案和特殊馆藏服务服务于多个校外社区。它的首要目标是公平和开放的访问,与全球受众共享其丰富的资源。2017年,明尼苏达大学图书馆获得了博物馆和图书馆服务研究所(MILS)颁发的国家博物馆和图书馆学奖章,该奖项旨在表彰以创新的方式回应社会需求的机构。除了开放图书馆,一些大学还将博物馆和其他文体设施不同程度地向公众开放,加州大学伯克利分校的劳伦斯科学馆、人类学博物馆、美术馆和太平洋电影资料馆、植物园等都向海湾地区居民开放,而一些研究博物馆仅对研究人员开放或者在年度开放日开放。耶鲁大学则在暑期把体育馆设施对参加国家青少年体育项目的孩子们加以开放。

七是开展咨询和志愿服务,提供区域智力支撑。大学发挥在人才、知识和文化上的优势向社区提供多种服务,主要形式有:①大学教师和学生为社区提供义务的法律咨询、商业咨询和技术咨询等服务。加州大学戴维斯分校成立了社区咨询团队、民权诊所、监狱法诊所、家庭保护和法律援助诊所为居民提供咨询服务,其中社区咨询团队成立于1999年,汇集不同学科背景的教师和学生的专业经验,根据非营利组织和社区的特定需求提供实用的商业解决方案;在民权诊所中,法学院学生为在联邦法院提起民权诉讼的贫困客户提供法律服务;在监狱法诊所中,法学院学生为被关押在州政府的客户提供法律服务;在家庭保护和法律援助诊所中,法学院学生为低收入人群和遭受家庭暴力的人提供服务。②大学为地方政府提供咨询服务和决策支持,成为地方政府制定各项决策和企业发展的智囊团和思想库。威斯康星大学教授、专家帮助制定和完善州的各项法律法规,并在州的各个委员会中担任职务,行使管理职能,从事专家资政活动。③面向社区开展多种志愿服务。明尼苏达大学在开展志愿服务方面成效显著。根据估算,明尼苏达大学的员工和学生每年对明尼苏达州的慈善捐赠和志愿服务产生超过1.314亿美元的经济影响。明尼苏达大学推动开展志愿服务的举措包括设立校友会服务日以鼓励校友、教师和学生为社区服务,开设免费诊所让患者有机会获得医疗保健并成为常规患者;成立社区基金会,大学员工可以通过社区基金会将一部分工资捐赠给他们所关心的事业。①

① Tripp Umbach. Economic Impact of University of Minnesota FY17 [R/OL]. https://government-relations. umn. edu/sites/government-relations. umn. edu/files/university _ of _ minnesota _ impact _ study_final_report_3-7. pdf,2019 - 06 - 10.

第五章
建构国际交往中心

　　如前所述,人才培养是为了回应经济发展对人才的需求,科学研究是为了提供重大成果以供市场需求,创业活动更是为了直接引领经济社会发展。随着研究型大学在高层次人才培养、前沿知识创造、引领区域经济社会发展中的地位不断凸显,特别是创业活动的出现,人才培养、科学研究和社会服务传统三大功能不断升级改造。大学对其所在城市及区域的影响力越来越大,且这种影响的实现路径也愈发多元化。全球一体化的深入发展,带来了创新资源跨境流动的日渐频繁,作为社会运行体系重要环节的大学,正在愈加明显地成为校内外、域内外、国内外和学术圈内外的关键网络结点。大学既是汇聚中心,也是辐射中心,逐渐成为相应地理区域内开展国际交往的核心依托。我们认为,国际交往中心功能是大学国际化和科教资源全球一体化联动发展的必然结果,它为三大传统功能演进提供了更加广阔的舞台,并不断塑造着大学的整体形象。

　　以大学为中心的社会网络,承担了资源汇聚、文化辐射、创新引领的功能,尤其是顶尖大学作为一定区域范围内人才、智力、设施、平台等创新要素的辐射源,成为引进来和走出去相结合的"国际交往中心"。正是在这一点上,有部分学者也把"国际交流与合作"作为除培养人才、科学研究、服务社会之外的大学第四大功能。社会服务总体内涵中,对区域的辐射尤其是经济发展服务已经在"直接助力经济社会发展"一章中进行了论述,本章主要在合作交流维度上论述大学社会服务功能的拓展。本章借鉴了城市发展中建构"国际交往中心"和"全球城市"的概念,旨趣在于将大学作为交流、汇聚、辐射的枢纽,为地方、区域、国家的发展提供强大助力。我国近年来统筹实施的"双一流"战略,明确把"推进国际交流合作"作为大学的五大"改革任务"之一,也反映了在高等教育发展的新阶段,大学作为国际交往中心地位的确立。

当前,高等教育在世界范围内正发生两大具有普遍性的变化:一是大学国际化水平迅速提升,大学的"国际通行标准"大行其道,如世界银行高等教育主管萨尔米(Jamil Salmi)所提出的世界一流大学模型就得到了全球广泛认可(见图 5-1);二是大学利用特有的优势促进不同文化间的交流与融合,以消除不同文化之间的冲突,进而促进世界文化和谐。[①] 没有一个地方不想拥有所谓的"世界一流大学",尤其在中国,引进和培育顶尖大学的竞争如火如荼,也正是看到了相比直接经济带动作用更为深层次的、大学所能发挥的国际交往中心建构的影响。大学成为国际交往中心,不单源于高等教育国际化的内在驱动力,更是高端创新要素流动的客观结果,它为国际交往提供交流空间、交流平台、交流资源,例如,课程国际化、学生和教职工的国际交流、国际技术交流与合作等。[②] 很多时候,大学还发挥着国家形象展示窗口的功能。从外交意义上看,大学所进行的人才、学术、思想、文化等方面的国际交流与合作,具有学术性、中立性、创新性等特征,这对于推动全球各国的相互理解与包容、构建人类命运共同体具有极大价值,也

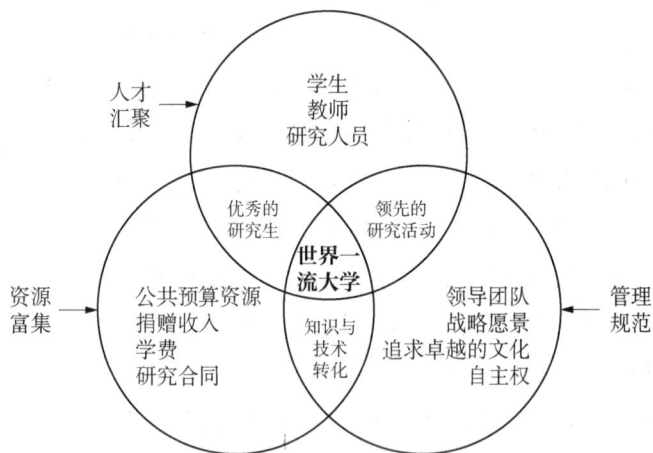

图 5-1 世界一流大学的特征和关键要素[③]

---

① 徐显明. 大学理念论纲[J]. 中国社会科学,2010 年第 6 期,第 36-43 页,第 220-221 页。
② 张丽. 北京国际交往中心建设对高等教育功能提升的启示[J]. 科技经济导刊,2018 年第 24 期,第 129-130 页。
③ Philip G. Altbach, Jamil Salmi. The Road to Academic Excellence: The Making of World-Class Research Universities [R]. World Bank Publications,2011,pp25-32.

将毫无争议地成为维护世界和平与发展的重要方式。也是基于此,政治上的国际交流也常常选择大学作为重要场所,尤其是在颁授荣誉学位、做公开演讲、举办体育赛事等活动的时候。

第一节 高等教育国际化凸显

在现代社会,大学作为政治文化载体以及与社会结构、政治结构发展密切相关的场域,不断与所在地区、国家乃至全球的政治与经济环境相适应。[①] 大学不再是传统的修道院式的封闭机构,而是演变为一种超级复合的社会组织,沟通生活各界、身兼多种功能。[②] 大学已从纽曼眼中的"乡村",发展为弗莱克斯纳眼中的"市镇",乃至当前金耀基眼中的"城市",是"知识工业"(knowledge industry)之重地。[③] 尤其是 20 世纪末以来,随着全球化兴起,高等教育国际化日益突出,世界大多数院校纷纷实施国际化项目、计划与策略,大学的国际化表现日趋丰富,不再仅限于教师和学生的双向流动、教学科研合作和课程国际化,而是教育教学、科学研究与社会服务相交织的全方位国际化。此外,互联网技术的发展进一步加快了资源的全球性流动,为大学的国际化发展带来了新的机遇和挑战。[④]

"国际化"一词最初主要应用于政府关系和政治科学领域中,20 世纪 80 年代初开始出现在教育领域。1980 年,美国卡内基高等教育政策研究理事会主席、美国前加州大学总校校长克拉克·科尔,在《扩展高等教育的国际维度》序言中呼吁:我们需要一种超越赠地学院观念的新的高等教育观念,即高等教育要国际化。[⑤] 1994 年,高等教育国际化知名学者简·奈特(Jane Knight)从学校层面将高等教育国际化定义为将国际/跨文化维度整合到高等教育机构的教学、科研和社会服务之中的过程。[⑥] 1997 年,温得(Van der Wende)指出,以学校为基

---

① 李昀,王文泽. 面向国际合作的大学结构功能的优化路径研究——基于北京大学的案例[J]. 高等工程教育研究,2016 年第 1 期,第 64 - 69 页。

② 赵一凡. 美国文化批评集[M]. 北京:生活·读书·新知三联书店,1994 年版,第 34 页。

③ 朱乐平. 关于世界高等教育中心转移的几点思考[J]. 世界教育信息,2017 年第 18 期,第 10 - 15 页。

④ 杨启光. 高等教育国际化发展的全球化视阈与战略选择[J]. 北京工业大学学报(社会科学版),2019 年第 3 期,第 79 - 86 页。

⑤ 陈学飞. 高等教育国际化——从历史到理论到策略[J]. 教育发展研究,1997 年第 11 期,第 57 页。

⑥ Jane Knight. Internationalization:Elements and Checkpoints [EB/OL]. https://files. eric. ed. gov/fulltext/ED549823. pdf,2019 - 10 - 01.

础的定义具有局限性，提出更广泛的定义，即国际化是"使高等教育回应与社会、经济和劳动力市场全球化的需求与挑战的系统努力"。① 欧洲国际教育联盟（European Association for International Education）将高等教育国际化定义为减少高等教育中的国家导向，提高国际导向的过程。② 联合国教科文组织国际大学协会（International Association of Universities）认为高等教育国际化是指将国际的、跨文化的、全球的维度融入高等教育的目的、功能或知识传递过程之中，以提高所有学生和教职员工的教育和研究质量，为社会做出有意义的贡献。③ 我国学者认为高等教育国际化是跨国界、跨民族、跨文化的高等教育交流与合作，形式包括师生交流、合作研究课题、国际化活动等，高等教育国际化是经济全球化、世界经济一体化对高等教育的必然要求，是高等教育改革和现代化的必然趋势。④ 通过梳理国内外学者或机构对高等教育国际化的定义，我们认为高等教育国际化具有如下特征：①高等教育国际化是高等教育发展的一个必然趋势；②高等教育国际化是一个长期的过程；③高等教育国际化需要满足社会需求。

一、产生演变的历史进程

高等教育国际化的萌芽最早可追溯到古希腊和古埃及时期，当时跨国"游教"和"游学"盛行，智者学派漫游希腊世界，巡回讲授雄辩术，使得古希腊的高等教育超越了城邦的狭小范围。⑤ 罗马帝国时期，随着罗马帝国的进一步扩张，罗马学校也在帝国领地里普及开来。尽管幅员辽阔的帝国出现、宣扬具有普遍性教义的宗教势力强大等都为高等教育国际化增添动力，但高等教育国际化的根本动力在于知识的普遍性。科尔（Clark Kerr）认为："大学的本质在于其推动普

---

① Marijk Van Der Wende. Missing links: The relation between national policies for internationalization and those for higher education in general [A]. Torsten Kalvermark, Marijk Van der Wende (Eds). National policies for the internationalization of higher education in Europe [C]. Swedish National Agency for Higher Education, Stockholm, 1997, pp18.

② European Association for International Education (EAIE). International Education in Europe: A Professional View on the Memorandum on Higher Education in the European Community [R]. Amsterdam: EAIE, 1992, Occasional paper.

③ International Association of Universities. 高等教育国际化定义[EB/OL]. https://www.iau-aiu.net/Internationalization, 2019-08-21.

④ 宋文红，朱月娥. 21世纪中国高等教育国际化的思考[J]. 高等理科教育，2002年第4期，第1-6页。

⑤ 陈学飞. 高等教育国际化——从历史到理论到策略[J]. 教育发展研究，1997年第11期，第57-61页。

遍性知识的责任,而这从大学产生之日起,就在其血液中灌输了国际化的真正基因……由此,大学从来就是一个国际化的机构。"①

中世纪时期,大学作为探索真理而建设的一块自由地,主要是学生或者教师的一种行会性自由团体,以传播知识为核心使命。欧洲中世纪大学秉持统一的学术标准,采用同一种语言(拉丁语)教学,开设基本相同的课程,并相互承认学位,常常出现"一个学生在一所最近的大学开始学习,然后在另一个国家或另几个国家的大学完成学业,或者在一所大学的学生可能来自几个甚至十几个国家"②的现象。随着产业革命的发生与工业化进程的深入,尤其是 19 世纪中叶以后,大学逐步摆脱神学桎梏,加大了近代自然科学的研究比重。高等教育所具有的探索真理和发现知识的属性进一步推动国际交流与合作。③

随着大学现代化的实现,大学模式也逐步成形,开启了对传统大学的根本性变革。在康德、费希尔、施莱尔马赫、洪堡等思想家的大学理念影响下,以 1810年柏林大学的建立为开端,德国大学开启了近代化的进程,并逐渐形成在世界高等教育史上具有重大影响的德国模式。这种模式"包括了研究对教学的重要性,进而鼓励以研究为基础的学习,为学生进入专业做准备"。研究与教学相结合、通过研讨与实验将学生引入科学研究等即被人们认为是德国模式的基本特征。"从 19 世纪末开始,德国模式成了现代大学的代表,它不仅出现在欧洲,而且也出现在美国和日本。"④美国在全面学习德国模式后开始创建符合本国国情的高等教育体系,逐步走完了学习—移植—融合—创新的国际化道路。⑤ 19 世纪下半叶,美国高等教育现代化进程推进,1862 年实施的《莫雷尔法案》标志着社会服务功能正式纳入大学体系。⑥ 德国大学模式和《莫雷尔法案》从不同的方向形

① Clark Kerr. Higher Education Cannot Escape History: Issues For the Twenty-First Century [M]. Albany: State University of New York Press, 1994: 132.

② 苏敏,虞荣安. 中国高等教育国际化的历史渊源与现状分析[J]. 西北工业大学学报(社会科学版),2014年第 2 期,第 84 - 88 页。

③ 王英杰,高益民. 高等教育的国际化——21 世纪中国高等教育发展的重要课题[J]. 清华大学教育研究,2000 年第 2 期,第 13 - 16/21 页。

④ 瓦尔特·吕埃格. 欧洲大学史(第三卷)19 世纪和 20 世纪早期的大学[M]. 张斌贤、杨克瑞、林薇等译,张斌贤、张弛、陈露茜审校,保定:河北大学出版社,2013 年版,第 1800 - 1945 页。

⑤ 邵光华,施春阳,周国平. 区域高等教育国际研究[M]. 杭州:浙江大学出版社,2016 年,第 20 页。

⑥ 劳伦斯·维赛. 美国现代大学的崛起[M]. 栾鸾译,孙传钊审校. 北京:北京大学出版社,2011 年版,第 134 - 135 页。

塑了美国现代大学的特点，即"实用型公共服务的目标、纯粹德国模式的抽象研究的目的"。[①]

　　二战后，尤其是冷战结束后，高等教育国际化进入了新的发展阶段。和平与发展成为世界发展的主要潮流；经济全球化、一体化进程不断加快；国际竞争已从军事对峙转向经济、技术、人才的竞争；环境问题、贫困问题、和平问题等国际共性问题越来越多；信息技术的快速发展和广泛应用……传统的办学模式和人才培养方式不能适应全球化趋势，大学摈弃象牙塔式的传统信念，融入全球化所带来的文化、经济甚至是政治的交流、对话、变革，大学的命运和整个国家、地区乃至世界的命运更加紧密。[②]

　　当前，全球各国尤其是发达国家纷纷进行高等教育国际改革，以稳固并进一步提升自身高等教育全球领导者地位。美国政府出台一系列政策，引导大学重视国际化，强调国际化在国家发展中的重要作用与意义。如 1994 年，美国政府在《2000 年目标：美国教育法》中强调，美国大学需要采取适当的措施，培养适应时代需求、具有国际意识与视野的学生。澳大利亚以国家发展政策为基础，出台《国际教育国家战略 2025》《澳大利亚全球校友参与战略》与《澳大利亚国际教育2025 市场开发路线图》等多份政策文件，将高等教育国际化作为国家未来经济生产力和竞争力发展的关键驱动力，置于国家战略规划中。[③] 作为近现代大学发源地的欧洲正逐渐退却其耀眼的光芒，面临着不进则退的困境和剧烈的国际竞争。[④] 1999 年开始的"博洛尼亚进程"是欧洲高等教育国际化深度发展的标志性事件，虽然有利于学位互认和师生流动，但也为欧洲高等教育带来了一定程度的同质化问题。

　　大学之间通过师生流动、学位项目组织化、学制改革和学历互认等方式提高高等教育质量。在高等教育中，知识存储、创造与传递越来越普遍，跨国交流成为学术团体的特征之一。国际化已经不再仅仅存在于少数高等教育机构之中，中等水平的大学及地方性大学的国际化趋势日益突出。高等教育的国际性活动

---

① 胡建华. 高等教育国际化与中国模式[J]. 高等教育研究，2018 年第 3 期，第 5 - 10 页。

② 吕林海. 解读高等教育国际化的本体内涵——基于概念、历史、原因及模型的辨析与思考[J]. 全球教育展望，2009 年第 10 期，第 55 - 60 页。

③ 赵丽. 澳大利亚高等教育国际化分析[J]. 中国高等教育，2019 年第 11 期，第 62 - 64 期。

④ 徐理勤. 博洛尼亚进程中的德国高等教育改革及其启示[J]. 德国研究，2008 年第 3 期，第 72 - 76 页。

甚至成为高等教育机构日常工作的一部分,国际化教育也不再局限于人才培养,而是覆盖包括人文、社会科学、自然科学等所有领域。在高等教育国际化进程中,知识转移成为主要形式,包括媒体、师生流动(会议、访学、短期交流)、联合开发课程和跨国研究项目等方式,此外,还包括跨国教育、跨国交流与对话等。①

　　从历史发展看,高等教育经历了"国际性→民族化→国际化"的历程。最初欧洲没有真正意义上的国界,当时的高等教育国际性是在不自觉的状态下形成的,同时语言、宗教、政治等方面的统一也为高等教育国际性创造了重要条件。②随着民族国家的产生和发展,语言和民族意识凸显,民族文化多样化,高等教育逐渐为国家控制,高等教育逐步民族化,进行形成了国家间各具特色的高等教育模式,其间国际交流仍然存在。这个历史过程不断伴随着主权国家政府出于公益或功利动机的、对高等教育事业的重视和控制,在不同历史阶段对大学发展形成了积极或消极的作用。20世纪中叶后,世界经济联系日益紧密,国际政治关系日趋复杂,信息网络技术不断发展,高等教育的国际化趋势逐步增强。主要表现为国际教育研究机构的成立,国际师生交流数量增加,国际交流论坛及活动呈现多层次、多样化、多领域特征。③ 20世纪末,世界贸易组织(WTO)将教育纳入服务贸易,把高等教育变成了有市场价值的商品,高等教育全球化开始具有明显的市场化趋势。高等教育系统受到市场的洗礼,布局、结构、管理、行业、学科、专业、课程等都发生了不同程度的变化。大学中管理主义盛行,效率、效益、质量、排名等成为大学教育的普遍追求,市场机制深深嵌入高等教育体系。从理念上来说,高等教育市场化追求的是在教育中引进竞争,尊重受教育者的选择权,实现教育的自由公正并提升教育效率。目前,在全球实践中,美、欧、日等国家均已经建立起市场主导型的高等教育体系,其中美国的高等教育市场化程度最高④,甚至出现了大量的"营利性大学"⑤,进一步加快了美国成为世界高等教育大国的进程。

① 乌尔里希·泰希勒. 迈向教育高等发达的社会:国际比较视野下的高等教育体系[M]. 北京:科学出版社,2014年,第6页。
② [英]A·阿什比. 科技发达时代的大学教育[M]. 滕大春,译. 北京:人民教育出版社,1983年版,第124页。
③ 王英杰,高益民. 高等教育的国际化——21世纪中国高等教育发展的重要课题[J]. 清华大学教育研究,2000年第2期,第13-16/21页。
④ 刘辉,李园芳. 全球化视野下的高等教育现代化变革[J]. 中国高等教育,2018年第17期,第50-52页。
⑤ [美]鲁克. 高等教育公司:营利性大学的崛起[M]. 于培文,译. 北京:北京大学出版社,2006年版,第9-19页。

二、当代大学发展的核心命题

国际化是衡量大学办学水平的重要指标，也是世界一流大学的基本特征。在高等教育国际化深化发展的背景下，世界众多大学把国际化办学作为其保持核心竞争力、提高办学质量的重要手段。部分顶尖大学正是因为把自身社会服务作为使命摆到国际化的高度上来定位，才获得了全球一流的生源、师资队伍和教学资源，才能产出人类社会共同的知识、杰出人才和科技成果。①

1. 发展战略之侧重

高等教育国际化领域知名学者奈特（Jane Knight）提出高等教育国际化是在国家和院校层面把国际的、跨文化的、全球的维度整合进高等教育的目的、功能或传递的过程。② 在实践办学中，大到世界各国的国家战略，小到各个具体大学发展规划，均把国际化作为重要的战略选择。从国家战略看，实施高等教育国际化是发达国家发展对外关系和实施对外政策目标的一种工具。美国作为最早开展教育国际化的国家，从"高等教育服务国家核心利益"的理念出发，将发展国际教育与经济贸易、外交政策、国际安全以及维持美国全球领导地位的国家战略紧密联系起来，将打造强大的高等教育体系作为参与全球竞争的基本战略。③尽管"9·11"事件后美国国内保守主义渐居主流，对外向型的国际化产生了巨大冲击，高等教育国际化一度进入严冬，但随着国家安全形势逐步缓解，美国政府重新评估并调整了政府关于高等教育国际化的策略。④ 2012 年，美国联邦教育部颁布《美国教育部 2012—2016 国际战略》，标志着美国国际教育步入一个新的历史阶段。该战略反映了美国国际教育政策的基本走向：一是教育先行，凸显教育服务于国家利益的基本理念；二是标准引领，强调以优质标准培养公民的全球素养；三是兼取众长，倡导以积极的教育外交加强国际合作；四是系统谋划，主

---

① 任友群. "双一流"战略下高等教育国际化的未来发展[J]. 中国高等教育，2016 年第 5 期，第 15 - 17 页。

② Jane Knight. Internationalization Remodeled: Definition, Approaches, and Rationales [J]. Journal of Studies in International Education, 2004, Vol. 8, No. 1, pp5 - 31.

③ 曹沸. 教育国际化提升国家软实力——美国经验及其对中国的启示[N]. 中国社会科学报，2016 年 9 月12 日。

④ 2017 年，唐纳德·特朗普（Donald Trump）就任美国第 45 届总统，其后，美国在高等教育、科技创新等领域实行"美国优先"战略，推行了不少阻碍高等教育国际交流尤其是中美学术交流的政策，这是此问题的另一个侧面。

张以整体协调的方式推进国际教育。① 美国政府还通过教育与文化教育交流项目、富布莱特项目等各类教育项目推动高等教育国际化。

2009 年,日本实施"全球 30 计划(2009—2013)",目标是通过在大学设置更多的全英文授课学位项目,增加国际学生数量。2011 年日本实施了"再造日本计划",旨在推动大学教育国际化发展,拓展国际教育网络,支持日本大学与亚洲、北美、欧洲等国大学间的国际教育合作。② 2014 年,日本政府推出了"全球顶尖大学项目"(Top Global University Project),其核心是提高高等教育国际竞争力,重点支持与世界一流大学开展合作、实施大学改革、深入推进国际化的教育与研究,使之达到世界顶尖水平并引领国际化发展。

我国也高度重视高等教育国际化的发展。1995 年的《中华人民共和国教育法》和 1998 年出台的《中华人民共和国高等教育法》把"教育对外交流与合作"规定提升到法律层面。1999 年颁布的《面向 21 世纪教育振兴行业行动计划》强调进一步加强国际交流工作,提高高等学校教学质量和科研水平。2001 年随着中国加入世界贸易组织,改革开放进入全面发展阶段,我国高等教育国际化也进入深入发展阶段。《国家中长期教育改革与发展规划纲要(2010—2020 年)》提出"坚持以开放促改革、促发展。开展多层次、宽领域的教育交流与合作,提高我国教育国际化水平"。这也是政府首次在政策层面提出推动高等教育国际化。③ 2004 年国务院批转的《2003—2007 年教育振兴行动计划》,把"扩大教育对外开放、加强国际合作与交流"上升到国家教育战略的关键环节,并提出"引进来"与"走出去"相结合的战略。随着《关于建立海外高层次留学人才回国工作绿色通道的意见》《中华人民共和国中外合作办学条例实施办法》等配套支撑政策的出台,我国正逐步建立一个覆盖国内学生和教师向国际输出、国外学生和教师向国内引进的全方位的政策网络。2015 年 10 月,《统筹推进世界一流大学和一流学科建设总体方案》将高等教育国际化战略与"双一流"建设紧密地结合在一起,明确将"推进国际交流合作,加强与世界一流大学和学术机构的实质性合作,加强国际协同创新,切实提高我国高等教育的国际竞争力和话语权"作为五项改革任

① 马毅飞,谭可.美国国际教育政策的战略走向——基于《美国教育部 2012—2016 国际战略》的分析[J].现代教育管理,2015 年第 6 期,第 62 - 66 页。
② 曾小军.日本高等教育国际化:动因、政策与挑战[J].高教探索,2017 年第 6 期,第 86 - 90 页。
③ 申超.高等教育国际化概念辨析[J].全球教育展望,2014 年第 6 期,第 45 - 53 页。

务之一,从引进国外优质教育资源、开展人才联合培养与科学联合攻关、加强国际协同创新、营造国际化教学科研环境、参与国际教育规则制定等多个方面明确提出了国际化发展方向。①

在院校层面,国内外不少大学都在着力制定国际化战略,全面推动开放办学,提高自身实力和国际竞争力。美国教育委员会 2017 年发布的《美国大学国际化调查报告》显示,近 50% 的被调查大学表示,学校使命和宗旨中明确阐述了国际化及其相关活动,并将大学国际化作为大学战略规划的重要发展目标。调查还显示,65% 的博士学位大学和 60% 的硕士学位大学还设特别小组,专门负责推进大学的国际化战略。②

2018 年,麻省理工学院提出《MIT 全球战略》(A Global Strategy for MIT),为其在教育、研究、创新和服务领域如何参与国际活动勾勒出了战略框架,尤其是为麻省理工学院国际合作制定了八项核心原则:坚持全球性战略、以国家利益为重、践行核心价值观、推动学术与实践相结合、打造真正的学习伙伴关系、坚持互惠互利原则、加强风险管理、以服务人类为使命,同时还围绕让 MIT 走向世界、让世界走近麻省理工学院、加强治理和运营三个层次提出了具体建议。③ 2015 年,斯坦福大学发布《斯坦福大学 2025 计划》,该计划提倡有使命的学习以使毕业生才有能力、有意识、有担当去领导有效的实践,进而成为有大格局和大视野的国际领导型人才,为此建立一系列"影响实验室"让师生们通过浸润性学习和讨论来应对全球性的问题和挑战。④ 哈佛大学近年来实施"哈佛运动"(The Harvard Campaign)战略,将国际化办学水平推向全新高度,并在此基础上进一步提出"促进全球性哈佛建设"(Advancing Global Harvard)的具体战略,包括推进全球性学习、创新与海外"沉浸式"教学、推动人类健康事业发展、祖国—哈佛—祖国、推动全球医疗设备发展、促进欠发达国家农业发展等七大内容。⑤ 杜

① 伍宸,宋永华.改革开放 40 年来我国高等教育国际化发展的变迁与展望[J].中国高教研究,2018 年第 12 期,第 53 - 58 页。

② 金雷.美国大学的国际化[N].光明日报,第 5 版,2017 年 12 月 20 日。

③ 汪洋.麻省理工学院的全球战略报告[EB/OL]. http://blog. sciencenet. cn/blog-2903646-1193384. htm,2019 - 09 - 07。

④ 王佳,翁默斯,吕旭峰.《斯坦福大学 2025 计划》:创业教育新图景[J].世界教育信息,2016 年第 10 期,第 23 - 26/32 页。

⑤ 伍宸,宋永华.高等教育国际化内涵式发展的依据、维度及实现路径[J].中国高教研究,2018 年第 8 期,第 17 - 22 页。

克大学则长期秉持国际化办学和全球化教育理念,早在 1964 年的《第五个十年》战略规划中就提出"要向知识的前沿和国际知识共同体进发",1994 年制定其国际化战略规划《杜克大学在一个相互依赖的世界》,2006 年提出"质量提高计划"(Quality Enhancement Plan)并将"全球化的杜克——提高学生成为世界公民的能力"作为主题,以及实施冬季论坛、全球海外学期、全球咨询项目三大内容以确保教育全球化目标实现。① 这些大学的国际化战略既体现了战略管理的要旨,也显示出全面国际化的特点,如这些战略普遍包含目标计划和行动指南,不仅注重国际化的战略规划,也强调战略实施、评估和监控,同时以"人员—组织—保障"为主要内容,将完整顺畅的组织管理和坚实有力的组织保障视为推动战略实施的关键。②

　　21 世纪以来,我国不少顶尖大学也不断强化战略发展的国际化导向,国际交流与合作逐步向深层次拓展,以我国为主导的国际合作模式渐成趋势,并从科研合作向人才培养合作转型。2016 年清华大学首次制订实施全球战略,明确"全球胜任力、全球学程、全球学生、全球师资、全球研究、全球合作、卓越管理、国际化校园、全球声誉"九大战略方向,实施"着力培养具备全球胜任力的拔尖创新人才、切实开展服务国家和世界的研究、全面提升国际化办学能力与全球影响力"三大任务。2019 年,北京大学启动实施《国际发展战略》,立足创新、引领、开放、独特、多元、塑造六大发展理念,确定"以增强创新创造为方针、以提升引领未来能力为主线、以开放融通互利共赢为途径、以中国特色北大风格为底蕴、以多元聚才品质校园为载体、以塑造国际发展动能为统领"六大推进路径,实施国际科研协同创新计划、全球卓越人才培养计划、全球卓越新型互联计划、国际发展特色行动计划六大计划以落实成效。浙江大学近年来稳步实施全球开放发展战略,促进全球交往、伙伴互动、网络共享,与全球合作伙伴建设发展共同体,深入推进全球顶尖大学合作计划、一流学科伙伴计划,积极拓展国际学术网络。为提升总体国际化水平甚至实现国际化带动的一流发展,浙江大学专门在学院层面设置专司对外交流的国际化工作岗位,由学校外事部门选聘和考核管理,同时成立国际化水平评价专家组,专门针对院系层面的国际化水平进行考核。作为全

① 崔军,顾露雯,汪霞.美国杜克大学教育全球化的改革及其启示[J].全球教育展望,2010 年第 4 期,第 54－59 页。
② 顾建民,薛媛.美国研究型大学的国际化战略——基于战略规划的内容分析[J].高等教育研究,2017 年第 7 期,第 95－101 页。

球开放发展战略的有机组成部分,浙江大学于 2013 年筹建国际联合学院(海宁国际校区),2016 年 9 月正式招生开学,类似的战略性举措还包括华南理工大学广州国际校区、清华大学深圳国际校区等。

2. 外部评价之强调

高等教育国际化不仅表现在科学知识、大学教师与学生在各国间的大量流动上,随着国际大学排行榜的流行,大学办学的国际标准更是成为各国大学努力的目标,它又进一步促进着国际化的深入发展。[①] 以大学排名为代表的各类评价尤其是全球性评价近年来愈加重视国际化维度上的表现,这无疑会演变为大学强化国际化发展的功利性动机,也推动了各国大学及政府制定国际化发展战略。目前,以《美国新闻与世界报道》(US News)、QS 公司、《泰晤士报高等教育副刊》(THE)、上海软科教育信息资讯有限公司等发布的全球大学排行榜影响力最大,对不少大学办学实践产生了深刻影响。这些排名的不少评价指标直接涉及国际化,或者为大学发展的全球可比性表现,如国际合作论文数量,国际师生比例、海外专利申请等。

QS 排名指标体系对大学国际化尤为重视。具体来看,国际学生比例(International Student Ratio)及国际教师比例(International Faculty Ratio)指标权重各占 5%;"学术同行评价"(Academic Peer Review)是对来自全球各地众多学者进行学术声誉调查,让其选出在近三年内他们认为在其领域表现最优秀的学校,占比40%,这与国际化水平密切相关;"全球雇主评价"(Global Employer Review)对全球来自各行各业的雇主进行调查,让其选出他们认为培养出了最优秀毕业生的大学,占比 10%,这与国际化间接相关。此外,"论文引用率"(Citations per faculty)占比 20%,是大学的全球可比性指标表现,与国际化相关。与国际化完全没有联系的仅有一个指标,即"师生比"(Faculty Student Ratio),占比 20%。

THE 排名单独设置了"国际形象"这个一级指标,具体通过考察国际国内教师比、国际国内师生比、国际合作论文数占比等二级指标,直接反映国际化水平,占比 7.5%。此外,THE 还在教学、研究等两个一级指标下面分别设置了"声誉调查"(Reputation survey)指标,通过对全球超过 1 万名学术同行进行声誉调查,相对全面地衡量该大学在教学与研究领域的国际声誉水平与实力,其中教学

声誉调查权重占比15%、研究声誉调查权重占比18%。此外,"被引次数"表征研究影响力权重占比30%,与国际化密切相关;"师均科研论文量"权重占比6%,也与国际化间接相关。与国际化水平相对无关的指标包括:师生比(Staff-to-student ratio)、博士-学士比(Doctorate-to-bachelor's ratio)、院校收入(Institutional income)、学术人员中博士学位授予数(Doctorates-awarded-to-academic-staff ratio)等,见表5-1。

表5-1 THE世界大学排名指标体系

指标构成	定 义	权重	评 价 方 法	权重
教学 (Teaching)	学习环境 (learning environment)	30%	声誉调查	15%
			师生比	4.5%
			博士-学士比	2.25%
			学术人员中博士学位授予数	6%
			院校收入	2.25
研究 (Research)	论文数量、收入与声誉 (volume, income and reputation)	30%	声誉调查	18%
			师均研究收入	6%
			师均论文量	6%
引文 (Citations)	研究影响力 (research influence)	30%	归一化的影响因子(FWCI)	30%
国际形象 (International outlook)	员工、学生和研究 (staff, students, research)	7.5%	国际学生比	2.5%
			国际师资比	2.5%
			国际合作	2.5%
工业收入 (Industry income)	知识转移 (knowledge transfer)	2.5%	来自工业界的师均研究收入	2.5%

事实上,除了大学排行榜,当前许多国际组织、学术团体也推出了各自的国际化评价指标体系。经合组织(OECD)高等教育机构管理委员会从20世纪末期开始实施"国际化质量评价过程项目"[1],主要围绕两个主题进行研究:一是大

---

[1] 王位. 全球六种大学国际化评价指标体系的比较及启示[J]. 上海教育评估研究,2012年第4期,第25-32页,第62页。

学国际化的质量评价与保障；二是大学的国际化战略和活动对整体高等教育质量产生的影响和贡献。项目分为两个阶段：第一阶段（1995—1997），初步研制出一套评价大纲，并在芬兰赫尔辛基大学、美国波士顿本特利学院、澳大利亚莫纳什大学等进行试点评审；第二阶段（1997—1998），对评价工具进行完善修正，并在更广泛的地域和文化背景下选取墨西哥国立大学、波兰华沙经济学院、爱沙尼亚塔图大学、肯尼亚莫伊大学、马来西亚理科大学、澳大利亚墨尔本皇家技术学院等进行试点评审。在两轮试点基础上，制定由 7 项一级指标、18 项二级指标和 87 个引导性问题组成的指针性标准，见表 5-2。

表5-2   "国际化质量评价过程项目"国际化评价指标体系

一 级 指 标	二 级 指 标
1. 背景概况	所在国/地区高等教育体系概述
	院校基本情况概述
	院校开展国际化的国家/国际背景
2. 国际化政策与战略	国际化政策与战略
3. 组织与支持结构	组织与结构
	计划与评估
	财政支持与资源分配
	支持服务与设施
4. 学术项目/课程/专业与学生	课程的国际化
	本国学生
	外国学生
	海外学习及学生交换项目
5. 研究与学术合作	研究与学术合作
6. 人力资源管理	人力资源管理
7. 协议合同与服务	合作伙伴与网络联盟
	海外教育项目
	发展援助
	对外服务与项目

2013 年起,西南交通大学开始发布"中国大学国际化水平排名"(URI),这是国内首个大学国际化水平排行,2015 年正式成立"大学国际化评价研究中心"负责排名事宜。该排名至今已经连续六年发布。2018 年 URI 报告样本由"双一流"建设相关高校、教育部直属高校以及 3 所自愿参加高校等共计 139 所高校构成,采用定量与定性评价相结合方式,从学生国际化(15%)、教师国际化(15%)、教学国际化(10%)、科研国际化(15%)、文化交流(5%)、国际显示度(10%)等指标,综合同行专家评议(30%)、特色项目进行评价,全面、客观、公正检验中国大学国际化发展现状与水平,见表 5-3。

表 5-3　中国大学国际化水平排名指标体系(2018 年)①

一 级 指 标	二 级 指 标
1. 学生国际化(15%)	来华留学生(一学期及以上)
	派出学生(一学期以上)
	应届毕业生海外升学人数
2. 教师国际化(15%)	交流(含国外讲学、进修、国外合作研究等)
	构成(外籍教师人数、高端外国专家项目数等)
3. 教学国际化(10%)	全外文授课课程、全外文专业数等
	信息资料及平台建设(外文书刊及信息数据库)
	平台建设(来华留学生示范基地建设单位)
	合作办学(机构、项目数)
4. 科研国际化(15%)	平台(教育部国际合作联合实验室、科技部国家国际科技合作基地、外专局"111 计划"基地数量)
	成果(中外联合发表论文数、国外获得专利数等)
5. 文化交流(5%)	孔子学院
	区域国别研究机构数、汉语国际推广基地等
6. 国际显示度(10%)	综合(QS 世界大学排名、US-NEWS 排名)
	专项(进入 ESI 前 1%学科数、Google 中英文搜索数据)

① 西南交通大学高等教育研究院. 大学国际化水平排名(2018)[EB/OL]. https://heri.swjtu.edu.cn/info/1022/1077.htm, 2019-09-25.

（续表）

一 级 指 标	二 级 指 标
7. 同行专家评议（30%）	学生国际化
	教师国际化
	科研国际化
	国际影响力
8. 特色项目	高校国际化示范学院、海外分校、推进共建"一带一路"教育行动、参与制定国际标准与规范等

第二节　国际交往中心角色塑造

开放化、网络化、全球化是当代人类生产生活的基本情境，更是科技创新活动的根本趋势，在频繁、深度、多维的国际交流中，大学愈发像领军型企业、研发机构一样，成为重要的网络节点。我们发现，那些具有领先水平的大学，在区域经济社会发展中逐渐扮演起知识交流中心、人才集聚中心、创新辐射中心的角色。围绕大学所形成的、本地与国际参与者组成的创新创业集群，在推进社会发展中扮演着发动机、策源地、孵化器的重要角色。大学的"国际交往中心"功能与特征日渐凸显，这是大学国际化程度不断提升和社会需求日渐强烈的双向结果，也是知识生产、跨国合作教育、产业创新中的界面被不断打破的必然结果。

一、什么是国际交往中心

国际交往中心往往被认为是一线城市的重要功能之一，意在强调其具有的辐射世界、服务全局的强大国际交往能力。作为国际交往中心的城市具有包括经济发展水平高、国际机构数量众多、国际交流活动频繁、国际交流规模庞大、国际交流设施发达和国际化的服务管理、国际城市形象魅力、生态环境宜居、参与环境治理等指标特征。[①] 如《北京城市总体规划（2016—2035 年）》提出，国际交

[①] 刘波. 全面推进北京国际交往中心建设[EB/OL]. http://www.sohu.com/a/242138113_114882,
　2019 - 09 - 06.

往中心是北京城市战略定位之一,也是习近平总书记考察北京时提出的首都核心功能①,让北京成为国家外交和国际交往活动的核心承载地、国际文化交流枢纽、具有影响力的国际科技交流合作中心、国际资源聚集高地、国际化服务环境示范城市,从而汇集国际资源、带动区域经济发展。

事实上,在高等教育国际化领域,大学发展也伴随着其国际交往中心角色的逐渐塑造。在20世纪80年代,与国际交往中心类似的"教育中枢"(education hub)概念伴随着跨境教育的产生而出现。21世纪初期,经济全球化和区域一体化不断加速,高等教育资源跨境流动成为大学国际化的常态,包括教育设施、学术人员、政策话语、教学项目、服务模式等跨边界自由流动频繁。为了提振影响力和经济发展水平,一些具备较好经济条件的国家和地区,提出"教育中枢战略",旨在整合境内外教育资源以形成"集中连片"教育资源,来解决亟待破解的地区发展实际问题。教育中枢强调与所在地的社会经济发展深度耦合,它的出现提高了该地在区域内外的声誉、竞争力和政治地位。

奈特(2011)提炼了教育中枢的共同特征,认为教育中枢是一项有计划地建立集教育资源和各类国际参与者于一体的庞大集群体系,这一集群体系战略性地参与跨境教育、培训、知识生产和创新。② 在教育中枢的定义里,有几个核心概念值得注意:①有计划的工作。这表明教育中枢并非是由教育部门的官员偶然互动或共处形成的,而是官方有计划、有意识地建立的政策产物,通常涉及战略、政策框架、公共基础投资和私人投资。②庞大集群创新体系。教育中枢不止涉及一个参与者和一系列项目。这意味着一个特许经营项目,科技园区或国际机构不构成教育中枢。③本地和国际参与者。这表明教育中枢的建设主体多样,包括国内和国外参与者。参与者可以包括本地、区域和国际学生、学者、机构、公司、研究中心和知识产业等教育、培训和知识服务的提供者、生产者和使用者。参与者的多样性取决于中枢的功能。④战略性地参与。这是定义的核心内容。它强调了参与者之间"深思熟虑"的联系、互动或关系。尽管参与者如何参与因中枢的性质而不同,但当参与者相互联系,彼此协作或共享资源设施时,会产生附加价值。本地和国际参与者的多样性决定互动的质量和数量是

① 周鑫宇.国际交往中心建设的新内涵[J].前线,2018年第9期,第74-75页。
② Jane Knight. Education Hubs: A Fad, a Brand, an Innovation? [J]. Journal of Studies in International Education, Vol. 15, No. 3, 2011, pp221-240.

无限的。制定和实施总体规划或总体战略以及相同的政策和法规有助于实现教育中枢可持续发展。⑤跨境教育、培训、知识生产和创新活动。这描绘了中枢的各类活动和产出。另外,对教育中枢的定义不涉及物理或空间方面,如指定区域,因为中枢是指参与跨境教育活动的本地和国际参与者之间的联系或互动网络。①

根据建设教育中枢的政策出发点和不同动机,教育中枢可以被划分为三种类型:一是学生中枢。建设学生中枢的目标是扩大高等教育学生的入学机会,使国内高等教育机构实现现代化和国际化,同时提升国家形象,并从招收国外学生的过程中获得收入。它以建立分校、开展特许经营项目、提供双学位课程等形式来吸引境外教育资源。二是人才中枢。建设人才中枢的目标是培养技术熟练的劳动力,提高劳动力的质量和与经济发展需求的相关性,促进国家发展和经济多元化,而开发人力资源是建设人才中枢的核心。人才中枢往往通过调整学生入学计划、提供处于职业生涯中期的人才职业培训课程、补贴境外学生、制定优惠和相对自由的境外人士就业和移民法规等方式来建设当地人力资源。三是知识/创新中枢。建设知识/创新中枢的目标是加强战略领域的核心竞争力,吸引参与知识经济的专家和企业。知识/创新中枢通过实施增加基础研究资金、建设科技园区、与国外研究中心建立合作伙伴关系等多种策略来推动知识创新和应用。这三类教育中枢主要在关注点、目标、策略、政策部门和参与者这五个维度上存在差异。②

在具体实践中,卡塔尔、阿拉伯联合酋长国、马来西亚、新加坡、博茨瓦纳形成了教育中枢。其中,卡塔尔是第一个宣布成为教育中枢并进行投资的国家,15年内成为拥有超过 10 家境外学术机构、顶级研究团体、超过 4 000 学生和研究者的聚集地,通过国际分校开展学术项目、成立科技园、授权新的研究机构等措施提高地区科技水平和知名度。在宏观层面,"卡塔尔愿景 2030"(Qatar National Vision 2030)是"人才中枢"最重要的国家层面指导纲领。③ 它将发展

---

① Jane Knight. International Education Hubs: Student, Talent, Knowledge-innovation Models [M]. Springer, 2014, pp20 - 22.

② Jane Knight. International Education Hubs: Student, Talent, Knowledge-innovation Models [M]. Springer, 2014, pp30 - 34.

③ GSDP. The Qatar National Vision 2030. the General Secretariat for Development Planning. Doha, Qatar. 2008. [EB/OL]. http://www2.gsdp.gov.qa/www_docs/QNV2030/english_v2.pdf, 2016 - 04 - 21.

人力资本当作卡塔尔未来所有领域发展的重中之重。[①] 卡塔尔建立教育中枢的主要举措包括建立"教育城"（Education City）和"卡塔尔科技园"（Qatar Science & Technology Park）。[②]

马来西亚的教育中枢战略旨在实现教育部门的现代化,建设国内能力,减少海外实习的依赖性和成本,使学生和劳动力的前景国际化,吸引国际学生和投资。[③] 作为学生中枢的建设代表,在宏观层面,2007 年马来西亚高等教育部为实现国家高等教育变革,发布了"国家高等教育战略规划 2020"（NHESP）。[④] 该规划不仅规定了马来西亚高等教育部门必须执行的业绩标准,也规定了提供高等教育项目的教育机构应该达到的标准,明确区域教育中枢的建立目标。以马来西亚伊斯干达教育城为例,目前,教育城已预备成立英国雷丁大学马来西亚分校、英国南安普顿大学马来西亚分校、荷兰海事技术学院、英国纽卡斯尔大学马来西亚分校、马尔伯勒学院马来西亚分校以及莱佛士大学、新加坡南洋理工大学和新加坡国立大学等多所外国分校,这些外国大学分校是马来西亚教育中枢发展的重要物理载体。

新加坡则一直致力于从人才中枢向知识中枢过渡,其战略目标在于吸引与国家优先发展产业相关的高水平留学生、学术团队和研究者队伍。[⑤] 新加坡目前已经拥有 1 200 家私立教育机构、超过 40 家高等教育机构以及超过 16 所国际知名大学分校。

教育中枢旨在汇聚海外优质高等教育机构,提升本地高等教育水平、集聚全球高端智力、打造创新生态高地,进而改善一个区域的国际形象。教育中枢是大

① QF, Qatar Science and Technology park. 2012 ［EB/OL］. http://qf. org. q/news-center/qf-publication/annual-report/annual-report? t＝316,2016 - 12 - 15.

② Arwa Ibnouf, Lois Dou, Jane Knight. The Evolution of Qatar as an Education Hub: Moving to a Knowledge-based Economy. In: Jane Knight（ed.）International Education Hubs: Student. Talent, Knowledge-innovation Models ［M］. Springer，2014，pp51 - 56.

③ Jane Knight. International Education Hubs: Student, Talent, Knowledge-innovation Models ［M］. Springer，2014，pp7 - 10.

④ Mohd Ismail Abd Aziz, Doria Abdullah. Malaysia: Becoming an Education Hub to Serve National Development. ［A］. Jane Knight（ed.）International Education Hubs: Student, Talent, Knowledge-innovation Models ［M］. Springer，2014，pp106 - 108.

⑤ K. C. Ho, Ge Yun. Education and Human Capital Management in a World City: the Case of Singapore ［J］. Asia Pacific Journal of Education，2011，Vol. 31，No. 3，pp263 - 276.

学作为国际交往中心地位的一个显著表现,正是高等教育机构能够对各种创新资源产生巨大吸附力,其才受到各国政府的高度重视。大学的国际交往中心功能聚焦大学所形成的、本地与国际参与者组成的创新集群,发挥辐射世界、服务全局的枢纽型角色。为此,本书认为大学的国际交往中心功能是指大学在国际化过程中,或有组织有计划或自然地推动其自身乃至所在区域的国际交流与融合,为人员国际流动、知识国际传播、资源国际共享提供广阔舞台。

国际科教发展环境是大学国际交往中心功能发挥的基本环境,虽然有近期的中美科教交流受到制约的"偶然事件",但长远来看,深度而广泛的国际交往仍然是不可阻挡的历史潮流。一个国家的国内高等教育政策对国际交往中心的形成能够起到极大的推动作用,如在"教育中枢"政策下形成的跨境教育资源流动,再如"双一流"政策鼓励下的中外合作办学的高潮迭起。在国际交往中,大学是面向本地、全国甚至全球的辐射中心,它作为沟通国内外各类科教资源的枢纽,使得各类资源在大学平台上形成"化合反应",进而推动学术活动的迭代升级。从国内-国外二元视角来看,在国际交往中,大学把国际上多种资源与国内的诸多需求紧密地联系了起来,见图5-2。

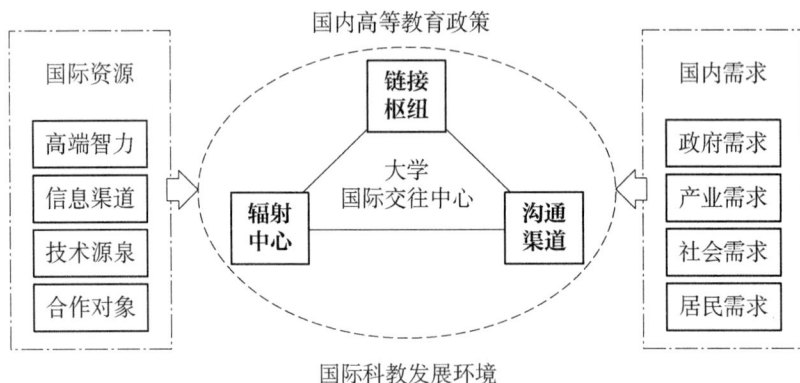

图5-2　作为国际交往中心的大学角色

二、如何打造国际交往中心

全球化时代,世界政治、经济、文明版图被重塑,错综复杂的跨国行为体被激活,城市成为重要的次国家行为体。① 而大学将成为另一个次国家行为体,它能够在地区和全球舞台上发挥领导者作用,成为各类有形无形资源的融通和配置中心,以及推动各国交流和人们共享和平的赋能中心。当前,对于任何一所有理想的高水平大学来说,形塑自身的国际交往中心角色,对于提升国际形象、国际地位和国际影响力都极具意义。

顶层设计国际化战略是国际交往中心形成的前提和基础,同时还要注重与所在城市或区域的战略规划对接。虽然目前不少高水平大学都制定了国际化相关的战略规划,但总体上还达不到有意识地塑造国际交往中心的水平。1997年,新加坡政府聘请了 12 位国际著名大学学者、校长和企业家,成立了"国际学术咨询团"(International Academic Advisory Panel),以探讨如何协助新加坡国立大学(National University of Singapore)和南洋理工大学(Nanyang Technological University)重新定位,从而在教学和研究上取得卓越成就,提升国际地位。② 该咨询团的成立,体现了新加坡政府对新加坡高等教育发展的愿望与诉求,奠定了新加坡的大学追求"世界级"和"全球性大学"的基调。同时,国际专家提出建立第三所公立大学来吸引国际学生和满足本国人力资源发展的需求,新加坡管理大学(Singapore Management University)由此诞生,也标志着新加坡高等教育开启了国际化发展的新纪元。2002 年,新加坡经济发展局制定"环球校园计划"(Global School),旨在将新加坡打造成为亚洲地区的教育中心。2005 年,新加坡政府重申要建立世界一流大学和行业特色型大学战略,颁布了题为《大学自主:迈向卓越巅峰》的大学自主改革报告,赋予已有前述三所大学高度自主权,并针对各个大学的特色制定不同的国际化战略愿景。③ 只有在战略层面重视大学国际化发展,才能为国际交往中心功能塑造提供坚实的保障,进而形成比较稳固的工作机制。

国际交往中心的构建与城市及区域的发展相辅相成。一方面城市及区域的国际化,加速了大学国际交往中心地位的确立,另一方面大学国际化的发展进一步推动了区域的发展与繁荣。以纽约大学为例,作为一所位于国际大都市纽约

---

① 王义桅,刘雪君."一带一路"与北京国际交往中心建设[J].前线,2019 年第 2 期,第 39 - 42 页。

② 凌健.新加坡大学国际化政策分析[J].东南亚纵横,2009 年第 3 期,第 52 - 55 页。

③ 翟俊卿,巫文强.新加坡高等教育国际化政策探析——以新加坡国立大学为例[J].世界教育信息,2018年第 3 期,第 40 - 45 页。

的世界顶尖私立研究型大学,纽约大学基本上以华盛顿广场为中心,向外呈辐射状,和纽约市深深交织在一起。其"融入城市"(in and of the city)的设计使纽约市大部分资源均能被学校所用,博物馆、画廊、音乐厅为学生提供了实地印证所学、实习以及工作的机会。凭借纽约市独特的地理位置和学术文化优势,及国际金融中心、商业中心的地位,纽约大学吸引全球各地有才华、有抱负的学者到纽约大学担任教师、开展研究。

随着全球化趋势的加强,纽约大学"融入世界"(in and of the world)的理念应运而生。纽约大学敢于挑战传统的一所大学只能在单个校园提供教育项目的想法,在全球五大洲建立了 10 个海外校区,与纽约大学华盛顿校区一起,被称为"全球学术中心"(Global Academic Centers)。[①] 纽约大学与阿拉伯联合酋长国合作建立的纽约大学阿布扎比分校,以及与中国合作建立的上海纽约大学,已经运行多年,二者与纽约本部同样均有学位授予权,其所招学生与纽约本部的学生享有同等学术权利。通过这种方式,纽约大学成为所在城市与海外各国、本部校区与海外大学之间的命运共同体,全面提升了学校的品牌价值与全球影响力。

国际合作交流不仅仅是单个大学的工作独唱,而是一定范围内多个科教主体的联动合奏。大学要跳出"只身作战"的思路,放眼国内外寻求有力支援,借助政府、企业等全球合作伙伴的力量来推进国际交往中心的构建。联合培养及建立海外分校是大学协同多方合作办学的重要形式。1998 年,新加坡出台了"世界一流大学项目"(WCU Program),意在 10 年内至少吸引 10 所世界一流大学落地新加坡,以形成本国高等教育的金字塔结构,从上至下分别为精英化培养的国外一流大学分校、中坚力量的公立大学、侧重教学和应用研究的多样化补充性大学。新加坡的定位是"东方波士顿",一个集全球知识生产、创新创意和产学研一体化的枢纽。[②] 如今,麻省理工学院、约翰·霍普金斯大学、宾夕法尼亚大学沃顿学院、欧洲工商管理学院、芝加哥大学商学院、乔治亚理工学院、荷兰埃因霍温科技大学、上海交通大学、慕尼黑科技大学、斯坦福大学等全球顶级学府相继在新加坡设立了分校,主要承担高层次人才培养、科技创新成果转化、创新网络

---

① New York University. Global Academic Centers [EB/OL]. http://www.nyu.edu/global/global-academic-centers.html,2016-05-07.

② Kris Olds. Global Assemblage: Singapore, Foreign Universities, and the Construction of a "Global Education Hub" [J]. World Development, Vol. 35, No. 6,2007, pp959-975.

资源形成等方面的功能。此外,新加坡还注重大学与海外企业和大学建立合作关系,重在培养人才和提升科研水平。比如,新加坡与德国、法国和日本联合成立了3所专科技术学院,为新加坡经济的发展储备了技术人才。新加坡管理大学与宾夕法尼亚大学霍顿商法学院签订了五年的一揽子合作计划。新加坡国立大学与美国商业机器公司(IBM)合作创立了系统科学学院,2002年与中国的清华大学、北京大学、复旦大学、西安交通大学、上海交通大学等10所"985工程"大学签署了联合培养信息通信业人才的协议。南洋理工大学和美国康奈尔大学在通讯教学和研究领域也开展了合作活动。

构建国际交往中心应处理好本土化与国际化的关系,在保留民族特色的基础上积极开展国际合作,以开放包容的心态应对国际化浪潮,学习吸收别国优秀文化,应对全人类共同挑战,主动参与全球竞争。大学应提升办学质量,塑造世界声誉,努力"走出去",参与高等教育国际化的竞争合作机制及标准建构,提升我国在高等教育国际化进程中的话语权,增强对国外留学生吸引力。同时积极接轨国际标准,引进国际高端人才、获取国际各类资源,助力本国高等教育发展,履行大学社会服务职责。

清华大学在"引进来"上有一项重大行动,即2015年成立苏世民学院。学院面向全球选拔学业优秀、诚实正直、视野开阔、富有责任感和使命感、具备领导潜质的青年人才,到清华大学进行研究生课程学习,以此培养他们宽广的国际视野、优秀的综合素质和卓越的领导能力,并帮助他们了解中国社会、理解中国文化。作为为未来的世界领导者持续提升全球领导力而精心设计的硕士学位项目,清华在高标准引进国外优质教育资源的基础上,将国外优质资源与国内优质资源进行整合,实现国内优质资源与国外优质资源对话。苏世民学院核心课程由来自清华大学与来自哈佛、耶鲁、普林斯顿、斯坦福、杜克、牛津等世界名校的学术大师精心设计。苏世民书院的探索,既是对中国经验的弘扬,更是对国际教育形式的创新,在融入了中国高等教育领域综合改革的热点,如学科交叉培养人才、学分制改革等基础上开展"以我为主的国际化"。[①]

在走出去方面,自2016年7月制订并实施《清华大学全球战略》以来,清华

---

① 韩亚菲.中国高校国际化发展新动向——基于北京大学燕京学堂、清华大学苏世民书院案例的分析[J].教育学术月刊,2017年第5期,第14-19页。

积极统筹海内外布局,拓展优质国际化办学资源,构建科研教育全球伙伴体系和基地,在全球范围内进行战略布局。2015 年 6 月,清华大学、华盛顿大学和微软公司宣布建立全球创新学院(GIX)。2017 年 2 月,清华大学与米兰理工大学签署协议,在意大利米兰合作建设中意设计创新基地,这是清华大学在欧洲设立的首个教育科研基地。2018 年 10 月,清华大学东南亚中心成立,该中心聚焦东南亚地区乃至全世界范围内的人才培养和学术交流,助力"一带一路"建设和联合国可持续发展目标的实现,这也是清华大学在海外成立的第三个实体平台。

第六章
"拓展与参与"评价

　　随着时代发展,大学与社会间联系不断加深,社会服务不断被赋予新内涵,目前已远非最初产生时候的样态。早在 20 世纪末,美国州立大学的功能便已经开始出现转型,新的社会服务体系在美国已经悄然建立,大学基于自身的特点优势与其他社会主体建立平等、互惠的合作关系,并在深度"参与"中对教学(teaching)、研究(research)、服务(service)等传统活动进行重新整合,实现知识等软资源和设施等硬资源的双向流通与互动。[①] 这种社会服务是双向互利的,而非传统意义上大学单方向的付出或给予,在服务性学术理念指导下,社会服务内涵超越和贯通了传统的教学、研究、服务活动。随着传统意义上的社会服务演变为以"拓展与参与"(Outreach and Engagement,O&E)[②]为核心的社会服务理念,很多大学尤其是州立/赠地大学(State and Land-Grant University)纷纷更新社会服务的理念与内涵,普遍将"拓展与参与"为核心的社会服务评价作为教师"任命、晋升和终身教职"(Reappointment,Promotion and Tennure,RP&T)的重要参考指标,并尝试构建评估社会服务的质量指标与考核工具,评价指标体系的评测对象也逐渐从单纯的社会服务演变为以"拓展与参与"为核心的融合性

---

① 吴伟,邹晓东,王凯,黄扬杰. 拓展与参与:美国公立大学功能的新变化[J]. 高等教育研究,2013 年第 6 期,第 84 - 93 页。

② 本书作者把美国大学尤其是州立和赠地大学(State and Land-Grant University)中所强调的服务性学术理念下的多元化社会服务活动命名为"拓展与参与",泛指英文表达中的 outreach、engagement、extension 以及 the third function/the third mission、scholarship of engagement、community outreach、the third stream/the third stream activity、community engagement、Engaged University 等词汇所指代的社会服务活动。与传统的教学、研究、服务相类似,它既是一种功能概念,也是一种活动指向。

服务活动。其中较为突出的包括密歇根州立大学(Michigan State University，
MSU)和得克萨斯理工大学(Texas Tech University，TTU)。本章主要介绍这
两所大学的"拓展与参与"活动评价情况，也兼顾了部分近年来在社会服务评价
中表现相对较好的其他公立大学的情况。

第一节　评价理念与内容

一、坚持学术导向

　　1993年，密歇根州立大学教务委员会发布《密歇根州立大学的拓展活动：扩
展知识为社会服务》(University Outreach at Michigan State University：
Extending Knowledge to Serve Society)，将参与性学术定义为"拓展与参与"，
即横跨教学、研究和服务界限的一种学术类型，涉及知识的生产、转化、应用和保
存，与大学及其各组织的使命相一致，使校外受众直接受益。① 这一界定指出社
会服务内在地包含知识功能的全部谱系，其关键在于以学术性为核心。密歇
根州立大学发布的多项评价文件和测量工具中，都将学术性作为评价"拓展与
参与"的首要指标。这里的学术性主要表现在：①要求较高水平的学科专业
知识(discipline expertise)；②以学术的方式进行管理，如明确的目标、充足的准
备、适当的方法；③被合适而有效地记录并传递给学术同行和社区受众，并接
受关于意义、过程和经验教训的反思性批判；④具有超越具体环境的普遍意
义，具有突破性和创新性，能够被阐述和验证；⑤被同行判定为值得关注而又
具有重大价值。② 其中，较高水平的学科专业知识、能够进行同行评议都是传
统意义上对聚焦科学发现的"探究的学术"(discovery)，即纯粹研究活动的基
本要求。

　　坚持社会服务的学术导向，将其纳入学术范畴，一方面使其获得与"探究的

---

① Michigan State University. University Outreach at Michigan State University：Extending Knowledge
　to Serve Society [EB/OL]. https://engage. msu. edu/upload/documents reports/ProvostCommittee-
　Report_2009ed. pdf，2017－05－22.
② Robert M. Diamond. Defining Scholarship for Twenty-first Century [J]. New Directions for Teaching
　and Learning，Vol. 2002，No. 90，pp73－80.

学术"同等的价值和地位,可以激励教师参与其中;另一方面改变教师将社会服务理解为琐碎边缘的志愿活动的偏见,彰显其在教师职业生涯中的重要性。当然更为重要的意义在于,学术导向强调"拓展与参与"活动与传统赠地学院公益性理念的融合。通过多年努力,社会服务的学术性已经成为密歇根州立大学教师的普遍共识,因此吸引很多教师参与其中。

二、突出公益导向

大学社会服务自产生之日起就内在包含推动社会发展和进步的公益性价值取向,这可谓是赠地学院诞生之始的底色。因此,对"拓展与参与"活动的评价应该避免过于功利化,而是要突出公益性。密歇根州立大学对"拓展与参与"活动评价的公益性主要体现在三个方面:一是在评价指标中强调教师从事的"拓展与参与"活动要与密歇根州立大学提升社会公共福祉的使命相一致,即教师通过专业知识、技术支持和社区能力建设等途径增进校外受众,尤其是弱势群体的福祉。二是在教师晋升评价中将纯商业的社会服务活动与公益性"拓展与参与"活动进行区分,仅将公益性"拓展与参与"活动纳入其中。三是各类奖项都用于奖励教师从事的公益性项目,如奖励教师基于社区的合作性研究的"拓展与参与"活动学术奖(Community Engagement Scholarship Award),奖励在提供服务性学习课程和公民参与方面有创新性或付出持续努力的个人和院系的服务性学习和公民参与奖(Service-Learning and Civic Engagement Awards),以及与凯洛格基金会(The W. K. Kellogg Foundation)①共同设立的"拓展与参与"活动性学术奖(W. K. Kellogg Foundation Engagement Scholarship Awards and C. Peter Magrath Community Engagement Scholarship Award)。以"拓展与参与"活动学术奖为例,该奖项始于2006年,主要用于奖励教师与社区共同开展的公益性项目。2016年,奖项授予密歇根州立大学医学院和兰辛市英厄姆县卫生部门的医疗合作项目。该项目为当地少数族裔和低收入人群提供心血管疾病的护理,将疾病治疗和日常生活方式的改变进行整合,不仅达到对特定人群的预防治

---

① 凯洛格基金会(The W. K. Kellogg Foundation)是位于美国密歇根州的私人慈善机构,致力于儿童、家庭、教育、健康等社会福利事业,同时推动社区融合发展。

疗效果,同时注重他们健康认知力、医患沟通技能的提升。①

三、活动类型全覆盖

"拓展与参与"活动整合传统的教学、研究、服务,并把教师的学术旨趣或专业知识与学校外的社区需求相结合,实现互动和互惠。在主管部门的推动下,密歇根州立大学的拓展与参与活动已成规模和体系(见图6-1)。密歇根州立大学将"拓展与参与"活动分为以下四类:①研究和创造性活动,包括撰写学术文章、研究报告、学术专著或其他书籍、新闻期刊稿件,从事社区合作研究、艺术展览、音乐创作与艺术表演、创造性写作,以及与社区合作开展的其他创造性活动等;②教与学,包括课程修订、制定新的教学大纲、新的学习或反思活动、社区合作学习、服务性学习实践,组织夏令营、研讨会、工作访、学术报告会,指导学生开展自我规划与学习指导等;③服务性活动,包括技术分析报告、政策分析报告、专家证明、法律咨询和建议、诊断或临床服务、人或动物的病期护理以及在各种咨询委员会中提供的咨询服务等;④商业性活动,包括版权、专利、许可证、新的

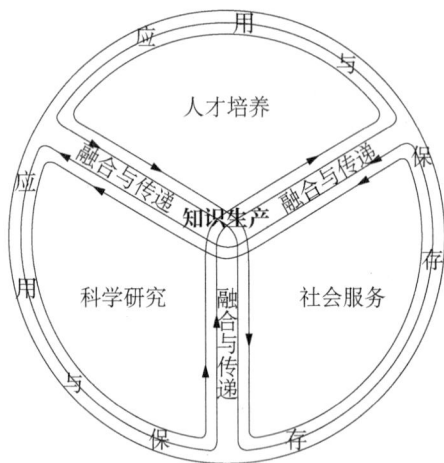

图6-1 "拓展与参与"与传统大学功能的概念关系图

① Michigan State University. 2016 Award Convocation program [EB/OL]. https://engage. msu. edu/upload/awards/cesa_2015_citation. pdf,2017 – 06 – 10.

商业计划、新的商业企业以及针对经济和企业发展而推动的合作伙伴关系等。①

得克萨斯理工大学将"拓展与参与"活动的具体形式分为以下几类：①参与性研究和创造性活动（Engaged research and creative activity），创造性活动是指大学里优秀的文学作品、表演作品、艺术创作等创造性学科领域的成果，该成果可直接服务于社区文化创意的需求，或通过与社区乃至区域合作的形式来共同创造文化成果，如话剧、舞蹈音乐以及艺术表演等。②技术或专业援助（Technical or expert assistance），指教师或工作人员应大学以外的个人或组织要求，分享其专门知识和专业技能，以帮助外部群体实现其目标，如提供专业知识及咨询以提高企业及其他组织的管理效率、提供法律咨询、协助企业分析生产过程等。③参与性课程（Engaged instruction），包括三类，一类是为非学历生提供的学分课程和教学计划（credit courses and program），旨在为学生职业发展提供知识与技能服务，通常安排在周末或晚上时段，如周末开设的 MBA 课程、在农村地区开设的校外硕士课程、人力资源管理在线课程等；另一类是非学分课程和计划（non-credit classes and program），只提供课程证书而不提供学分，包括短期课程、讲习班等专门面向大学以外的个人提供的课程，也有为工程师开设的关于使用新复合材料的短期课程、为高中生举办的暑期数学营、为老年人开设的西班牙语课程等；最后一类是公益性的课程（Public events and understanding），包括为社区提供学习环境，分享博物馆、图书馆、艺术馆、画廊等学习资源，还包括提供学习资料，比如为校外人士提供图书、音频以及网络资源等。④服务性学习，指学生在社区环境中与社区伙伴合作学习，使得学术研究与公民需求联系起来，并在老师指导下将该服务活动转化为课程，根据学生表现获得相应学分。课程形式多样，比如学生主导的儿童课外健康和锻炼计划、基于当地图书馆的学龄前儿童阅读计划、风力发电厂实习计划等。⑤委员会服务（Service on boards, committees, commissions），教师或工作人员为国际、国家各类理事会或委员会服务，比如为儿童保护委员会提供服务、帮助特设协会处理重大重点的棘手问题等。⑥临床服务（Clinical service），医学院教师以及研究生为患者提供医学检查，并作为医学生学习实践的一部分。比如为遭受家庭暴力的孩子提供症状筛查、为社

① Hiram E. Fitzgerald, Diane M. Doberneck, Miles McNall. Community Engagement Scholarship: Making the Connections with Bolder by Design. A review [R]. University Outreach and Engagement, March 11, 2014.

区提供家庭健康咨询服务等。⑦参与经济项目（Economic Engagement），与企业、政府、非营利组织以及其他利益相关者建立伙伴关系，在提高本校竞争力的同时，致力于促进该地区的经济繁荣，如帮助灌溉技术初创企业的创业、促进新通信技术的商业化、联合初创企业家与金融资本等。①

无论是密歇根州立大学还是得克萨斯理工大学，它们对"拓展与参与"活动的分类充分体现了教师从事参与性学术活动的多样性，为鼓励教师参与社会服务提供了证据性依据，也有助于大学开展清晰的社会服务管理。

四、聚焦教师群体

目前"拓展与参与"活动已成为美国大学运行的重要部分，其中，"拓展与参与"活动评价均面向所有教师（faculty）、学术专家（academic specialist）、研究人员、校园推广专家（campus-based extension specialist）和访问学者（visiting faculty）进行数据收集，并鼓励他们积极主动参与评价。但是目前尚未包括研究生助理、行政人员和其他员工②，同时，由于流动性较高，兼职教师也未覆盖。而目前被列入数据收集对象的五类人员大都可归为教师一类，学生、行政工作者并不包含于其中。这主要是因为开展"拓展与参与"活动的主要人员是教师，并且在线系统设计的初衷就是对教师的社会服务活动进行检测和评估。以教师为核心进行数据收集，不仅可以增加教职人员对自身社会服务活动价值的认同感，还对其"拓展与参与"活动的参与起到监督、督促的作用，进而提高了社会服务的成效。

第二节　评价方式及改进

在多年发展中，密歇根州立大学和得克萨斯理工大学形成了较为多样化的

---

① Texas Tech University. Office of Planning & Assessment. Texas Tech University Raiders Engaged Institutional Summary of University Outreach and Engagement [EB/OL]. http://www.depts.ttu.edu/opa/reports/raiders-engaged/2017/2017RaidersEngagedFinalReport_1.pdf. [2018 - 07 - 18].

② *Michigan State University*. Outreach and engagement Measurement Instrument [EB/OL]. https://oemi.msu.edu/FAQMSU.aspx. [2019 - 07 - 21].

评价方式,在"拓展与参与"活动型大学中处于领先地位。

一、院系评价与教师评价相结合

密歇根州立大学的"拓展与参与"活动评价主要涉及两个方面:对院系的评价、对教师的评价。

1. 对院系的评价

密歇根州立大学在关于参与性学术的多个文件中强调,虽然参与性学术的规划和实施涉及校内多个机构和部门,但院系在建立持续长效的运作机制中最为重要。因此,对院系参与性学术的评价是评估学校参与性学术发展的关键。密歇根州立大学对院系参与性学术的评价主要包括以下几个方面:

(1)参与性学术是否是院系的优先发展领域。将参与性学术纳入其优先发展领域首先要在全院或全系发起对参与性学术的充分讨论,如对参与性学术的定义,尤其是清醒认识其作为一种学术形式的价值和意义,形成参与性学术的共识。其次是将参与性学术与院系使命相联系,确定其优先发展地位。每个院系的发展历史和背景各不相同,因此在发展参与性学术时,要充分考虑其与院系使命的结合点,如院系曾在哪些领域开展过相关的参与性学术活动、院系可以在参与性学术方面有哪些新作为等。

(2)是否有常规化工作机制。院系要建立起一套完整的参与性学术工作机制,让其像教学、研究一样成为院系的常规性工作。一方面是将参与性学术写入院系工作规程,在各种正式场合或重大庆典中公开强调参与性学术的重要性,营造一种人人有责的氛围;另一方面是建立关于参与性学术的运行机制,如定期召开相关会议探讨相关事宜、形成年审或季审制度检视参与性学术活动的开展情况、形成参与性学术的反馈机制为教师参加相关活动提供帮助。

(3)是否有资源整合分配机制。开展参与性学术活动需要大量的资源支持,包括信息、资金、专业指导等,可获得资源的数量以及可持续性直接影响参与性学术活动的开展。院系首先要了解现有资源中哪些可以支持参与性学术开展,如哪些教师具有相关专业技能可以为社区提供专业服务?教师参与相关活动的意愿如何?存在哪些阻碍因素?同时还要积极争取校外资源弥补自身资源不足,如获得外部的资金支持等。其次是建立起合理的资源分配机制,如在分配资源和资金方面对参与性学术的倾斜和重视,如何使教师在教学、研究和服务之间取得平衡。

（4）是否有激励和评价体系。院系是否建立有效的激励和评价体系是评估院系参与性学术发展最为重要的指标。与上述几个指标相比，激励和评价体系能够最为直接地促进教师参与性学术活动的开展。具体措施包括在教师晋升政策中强调参与性学术的重要性、设立专门的奖项奖励教师开展的高质量参与性学术活动、在全院或全系范围内对教师从事的高质量参与性学术活动进行公开宣传和展示。规范标准和评价流程对激励教师参与极为重要，它可以帮助教师更好规划、设计和实施相关活动，也有助于同行业评议中接受更公正、更有效的评价（见表6-1）。

表6-1　针对院系的参与性学术评价指标

项目/活动	1. 项目的整体情况。根据项目矩阵列出一份项目整体情况的自评报告，院系开展的参与性学术活动如何？ 2. 不同类型项目的数量。提供一份不同类型项目数量的表格，执行的项目是否与院系使命和教师人员规模相匹配？ 3. 院系各类参与性学术活动的目标和院系使命内在一致性程度如何？院系是否形成有利于参与性学术活动的氛围？这种氛围在多大程度上促使参与性学术活动的发展，使其成为集体努力的结果而不是各部分的简单叠加？ 4. 院系对于参与性学术活动的规划是否与大学的发展方向和优先领域一致？ 5. 院系对于参与性学术活动的规划是否回应了专业发展方向？是否和研究规划一致？
人事/人员	1. 列出参与各类参与性学术活动的人员名单，计算院系教师开展参与性学术活动的比例，这一数据是否与院系使命和人员能力相匹配？ 2. 院系是否有专门人员负责参与性学术审核？与参与性学术相关的比例为多少？ 3. 院系管理者在何种程度上帮助教师将参与性学术整合进他们的职业生涯？在教师的个人简历中是否呈现参与性学术活动的专业性发展或者连续一致性？
基础设施	1. 院系在教师晋级职称定或奖励体系中是否有对参与性学术的认定、评价和奖励的具体措施和具体程序？ 2. 列出那些获得奖励或认可的参与性学术活动的案例 3. 院系在实现其参与性学术目标方面是否有技术支持或提供可获得技术支持的路径？ 4. 是否有合适的机制或架构来促进参与性学术活动的连续性和可持续性？

（续表）

认可	1. 提供关于外部利益相关者对院系开展参与性学术活动认可的证明材料 2. 院系是否对教师有开展参与性学术活动的要求? 3. 院系与外部合作者为多少学生提供实习或见习机会?
附加的测量指标	1. 招收的校外选修学分学生数量 2. 通过远距离教育技术提供的校外课程数量 3. 通过远程教育提供的证书或项目的数量 4. 被资助的不同类型项目的数量 5. 教师在各类参与性学术活动中总的参与小时数

资料来源：Michigan State University. Points of Distinction [EB/OL]. https://engage. msu. edu/upload/documents-reports/pod_2009ed. pdf. [2017 - 05 - 20].

2. 对教师的评价

教师是开展参与性学术的主体。密歇根州立大学开发了教师参与性学术的自评工具和项目矩阵,教师可以对自身从事的相关活动进行评估,具体见表 6 - 2、表 6 - 3。

表 6-2 教师参与性学术自评工具

项目/活动	1. 使用矩阵对项目进行总体的评价 2. 个人在项目中地位和角色的描述 3. 个人贡献
职位和专业发展期望	1. 个人对参与性学术的预期\期望 2. 参与性学术的成果是否实现对目前职位的专业期望?
职业发展	1. 个人对参与参与性学术是否有清晰的规划/职业路径? 2. 参与性学术的成果如何促进个人在院系、大学和社会上的发展和声誉? 3. 参与性学术的成绩是否能够满足目前晋升(升入副教授、教授或终身教职)的需求?
备忘录理解	1. 是否了解大学管理者对于从事参与性学术所需要的备忘录? 2. 同行评议者是否了解这些备忘录?
院系责任/使命	1. 参与性学术的成绩如何反映出院系的优先领域? 2. 参与性学术的设计是否满足院系或大学对于教师在各方面的要求? 3. 个人是否促进同事参加与院系\大学使命相一致的参与性学术活动? 4. 个人参与性学术的成果是否带来与外部的可持续合作?

资料来源：Michigan State University. Points of Distinction [EB/OL]. https://engage. msu. edu/upload/documents-reports/pod_2009ed. pdf. [2017 - 05 - 22].

表6-3　参与性学术项目评估矩阵

重要性	要解决问题或可获得机会的重要性	1. 对于学术团体、具体的利益相关者或公众而言,要解决的问题的重要性如何? 2. 目标群体是否面临特殊危险或者新的机会? 3. 不解决这个问题会导致哪些社会、经济和人类的问题? 4. 在解决这个问题的过程中会忽视哪些更具竞争力的机会?
	实现结果的目标/目的	1. 是否所有利益相关者都认可目标的价值和意义? 2. 目标一旦达成,是否会出现显著的结果或影响?
背景	与大学/院系使命和利益相关者旨趣的一致性	1. 项目在多大程度上与大学/院系的使命相一致? 2. 项目在多大程度上是外部利益相关者的首选? 3. 计划是否考虑了相关的伦理问题和专业标准? 4. 项目是否考虑到不同受众和利益相关者的差异? 5. 目标受众与项目目标之间是否匹配?
	与专业知识的匹配程度	1. 项目在哪种程度上与个人或院系的专长和研究领域相匹配? 2. 项目在多大程度上较好地利用了专业知识?
	主体间合作深度	1. 所有利益相关者在多大程度上参与到项目的计划、实施和评定中? 2. 交流和互动在多大程度上是开放且多向度的? 3. 合作是否导致及时有效的决策制定? 4. 合作对于能力建设和可持续性有哪些贡献?
	方法论及路径的合适程度	1. 是否有合适的路径支持相关设计? 2. 项目是否使用了适宜的方法论? 3. 项目是否认可和适应不同的学习风格、决策制定方法和利益相关者的受教育水平? 4. 项目本身是否有一个综合的评估计划? 5. 是否有一个关于项目持续发展的计划意向?
	资源的充分程度及创造性使用	1. 对于问题解决而言,可利用的资源是否是充分的? 2. 可利用资源的数量和类型是否充足? 3. 从背景和可获得资源来看,项目目标是否是可实现的?
学术	知识资源	1. 项目使用了哪些最新的、跨学科的、对问题解决来说适宜的知识? 2. 知识是否被社区或利益相关者利用? 3. 在项目开展中,是否对不同的方法论、可复制的模式或专业知识等有一定的认识?
	知识应用	1. 计划和目标设定得如何? 2. 针对背景而言,计划的设计是否适合? 是否考虑到范围、复杂性和多样性的问题? 3. 在知识和方法论的应用上有多大程度的创新? 4. 计划是否能够预见潜在的新的知识应用? 5. 计划中是否包含以下规定:对活动的持续记录、评价、中期修订等?

（续表）

学术	知识生产	1. 项目计划中是否提出关于解决问题的新的假设或模型？ 2. 是否有新知识产出？如项目假设的修订、对结果的创新性解读、新的问题产生等。 3. 是否有新发现可以用于对结果的阐释？
	知识利用	1. 各利益相关者是否能够理解和阐述生成的新知识？ 2. 产生的知识是否有利于宣传、使用和可复制？ 3. 知识通过哪些途径被记录、认可和有效用？
影响	对问题、院系和教师个人的影响	1. 项目目标在什么程度上得以实现？ 2. 产品或可交付的成果是否实现了计划预期？ 3. 可预见的、不可预见的和潜在的影响是否都已经被记录和阐释？ 4. 文件的编制是否严格、周密、可理解和有依据？ 5. 利益相关者是否满意？他们是否重视结果或应用知识？ 6. 项目是否影响公共政策？是否对实践或社区知识有所促进？ 7. 影响是否有商业、社会和专业的价值？ 8. 产品或结果如何有效地影响了目标人群？
	持续性和能力建设	1. 项目是哪种程度上促进了个人、院系或社会结构的能力建设？如经济、计划、领导力、合作性等 2. 项目在哪种程度上发展了可持续机制？ 3. 项目在哪种程度上为合作者使用了额外的资源？ 4. 项目在哪种程度上消除不必要的依附？
	大学—社区关系	1. 利益相关者在多大程度上理解和珍视彼此的价值、意图、关注点和资源？ 2. 在多大程度上项目是互惠互利的？ 3. 在校内如何扩大项目影响力？ 4. 在社区如何扩大项目影响力？
	大学的受益	1. 项目为学生学习和教师发展提供哪些新机会？ 2. 项目在多大程度上促进课程革新？ 3. 项目如何实现大学使命的其他维度？ 4. 项目是否增加了校内的跨学科合作？ 5. 项目如何增加与其他机构的合作？ 6. 项目如何帮助院校或教师发展社会服务的潜力或运用这些潜力提升院系的声誉？

资料来源：Michigan State University. Points of Distinction [EB/OL]. https://engage. msu. edu/upload/documents-reports/pod_2009ed. pdf. [2017 - 05 - 22].

二、定性数据与定量数据相结合

密歇根州立大学从两个渠道收集教师从事"拓展与参与"活动的相关数据：一是基于网络系统的定量数据收集方式，另一种是以深度访谈为途径的定性数据收集的辅助方式。

由于社会服务活动的复杂性，衡量和评估"拓展与参与"活动远难于教学和研究，即使量化考察有章可循，但其社会活动的价值与意义却很难评估。而一旦进行量化，有关活动内容和活动性质的信息就可能被遗漏，通过聚合导致信息丢失的问题便不可避免。基于此，密歇根州立大学的做法是尽量保存更多不同层次的"拓展与参与"活动信息，以便于后续过程中更好地向公众解释其价值与意义。因此，密歇根州立大学在进行数据收集时始终坚持双向指标兼顾，即定性与定量相结合。2005 年，在定量数据收集的同时，密歇根州立大学"拓展与参与"办公室就开始通过深入访谈方式来收集定性信息，最开始针对自然科学、社会科学等多个领域的 26 名教师和专家进行，每人访谈时长在50—105 分钟之间。只有那些在"拓展与参与"活动中付出足够时间、从事服务领域较广而且具有较高影响力的人员才有可能被列为访谈对象。定量数据与访谈资料的结合，在"拓展与参与"活动数据的收集与教师活动评价中是相辅相成的关系。

密歇根州立大学定性与定量相结合的评价方式也陆续被其他大学采用，比如得克萨斯理工大学健康科学中心（TTUHSC）、安杰洛州立大学（Angelo State University）等都在仿照密歇根州立大学研发评估系统，其中设置的题项中约有一半需要填写比较详细的定性描述，以便得到更加全面深入的信息。①

三、内部学术性评价和外部社区评价相结合

密歇根州立大学将内部学术性评价与外部社区评价相结合。一是由同行评议学术委员会对"拓展与参与"活动和成果进行评价，委员会是评价学术研究质量的组织。学术性是"拓展与参与"活动评价的首要特征，因此，只有同行评价委员会才有资质和能力对相关活动的学术性加以评估。但是由于"拓展与参与"活动和传统的出版/发表等学术类型有很大差异，所以同行评议委员会在评估时要考察多个方面，如在输入方面会关注该活动影响的团体或个人是谁，在输出方面要关注比传统的论文、出版物更为丰富的文件类型，在品质方面多侧重对活动开

---

① The Ohio State University. Faculty and staff [EB/OL]. [2019 - 04 - 07]. https://engage. osu. edu/faculty-staff-overview.

展过程性评价。同时,教师需要提供多个方面和多种形式的材料,如对社区的影响、对群体认知和行为的改变、口头陈述汇报等。

二是由外部利益相关者对"拓展与参与"活动进行评价。传统学术活动是教师独立完成或由校内学术同行合作完成,但是"拓展与参与"活动是教师与校外人员共同完成,校外人员是活动的重要参与者和受益者,所以外部利益相关者对活动的评价是衡量其质量和效果的重要参照。外部利益相关者对"拓展与参与"活动的评价包括项目的意义、项目设计对于问题和人群的适切性、项目负责人对活动的贡献、项目对社区或个人产生的影响的效果。外部利益相关者的评价不仅可以用以评估"拓展与参与"活动的质量,还可以为相关项目的改进和完善提供依据。

四、尚需改进的方面

当前,美国公立大学普遍接受将社会服务视为一类学术活动,并运用多元学术指标对教师社会服务活动进行评价,鼓励教师参与多样化的学术活动。一项针对美国大学多元学术发展现状的调查表明,在被调查的 729 所大学中,有 498 所大学接受多元学术观,将社会服务视为学术活动并写进教师评价文件中,占比 68%,与没有进行相关改革的 231 所大学相比,进行改革的 498 所大学在过去的 10 年间在本科生学习质量、大学与社区关系、大学发展等方面有明显提升。[1] 虽然在教师社会服务活动评价中坚持学术导向已经成为共识,但是在实践中仍然遭遇困境与挑战。在大学与社区互动日益密切的今天,如何不断完善社会服务评价以促进高质量社会服务活动的开展是非常值得关注的问题。

1. 如何使社会服务在教师学术评价中占据重要地位

尽管在卡内基基金会和凯洛格基金会的大力倡导下,很多大学将社会服务纳入教师晋升体系,但是,与教学、研究相比,社会服务并没有取得应有重视,如在很多大学的教师晋升体系中,教师是否参与社会服务只是一项附加指标,并不是基本条件。与教学、研究相比,社会服务仍然处于弱化地位。以伊利诺伊大学

---

[1] Kerry Ann O'Meara. Encouraging multiple Forms of Scholarship in Faculty Reward System: Does It Make a Difference? [J]. Research in Higher Education, 2005, Vol. 46, No. 5, pp479 - 510.

香槟分校(University of Illinois at Urbana-Champaign，UIUC)为例，教师晋升的首要条件是提供高质量的教学和研究，虽然学校也倡导更加关注教师的社会服务，但效果并不明显。

以其最负盛名的机械工程系为例，该系的教学、跨学科学术、发现性学术和转化型研究在教师评价中都占有重要地位，而公共和专业服务部分则被认为是不重要的部分。深刻共识的两种获得晋升的要件组合模式为：出色的学术＋出色的教学，或者出色的学术＋强劲的教学，如果只在一个方面表现出色，则无法得到晋升，而从两种要件组合来看，对于学术的要求则更为严苛。因此，在机械工程系，对于教师工作的优先价值排序应该是研究＞教学＞公共和专业服务。①

另外，大学在对不同级别教师晋升的政策中关于社会服务的规定并不相同。在很多大学，从助教晋升为讲师或从讲师晋升为副教授的过程中，不要求教师参与社会服务的相关证明，而在副教授晋升教授或教授获得终身教职时对其是否参与社会服务有一定要求，这导致很多年轻教师并不重视社会服务。

2. 如何将社会服务评价拓展到更多的大学和学科

是否在社会服务活动中坚持学术导向与大学类型、学科类型有很大关系。②不同大学的历史传统和发展定位直接影响其是否接受社会服务活动的学术性界定，与州立大学相比，研究型大学更重视以发表为主的学术活动。如美国较早接受社会服务学术性定义并将其落实在教师评价体系中的大学多是由赠地学院发展起来的州立大学，包括密歇根州立大学、华盛顿州立大学、宾夕法尼亚州立大学等，而研究型大学的反应相对较慢，接受度较低。在州立大学内部，不同学科类型同样影响其是否接受社会服务活动的学术性并加以贯穿。较之数学、历史等学科，教育学、园艺学、护理、农学等学科更容易接受社会服务活动的学术性定义并积极将其落实在教师评价体系中。美国大学内的各个学院在人事和考核中有很大自主权，这导致很多学校层面的政策没有落实到院系层面。很多大学都在学校层面出台了将社会服务纳入教师晋升评价的政策，但是很多院系并没有

---

① 王建慧，沈红. 美国大学教师评价的导向流变和价值层次[J]. 外国教育研究，2016 年第 7 期，第 32－44 页。

② Ernest L. Boyer. Drew Moser. Todd C. Ream editor. John M. Braxton. Scholarship Reconsidered：Priorities of the Professoriate (expanded edition) [M]. San Francisco：Jossey-Bass，2016，pp20.

按照学校的政策执行,而是有自己独立的教师晋升评价体系。

从卡内基"社区参与性大学"申请中可以看出,很多大学的人文社会科学学院,如教育学院、艺术学院、护理学院等明确表示将社会服务纳入教师晋升评价中,但是其他如工程学院、物理学院、化学系等并未这么做。在大学内部存在明显的学科差异,有所谓的软硬之别,如历史、文学、教育等被认为是软学科,物理、工程等被认为是所谓的硬学科。不同学科的地位和话语权不尽相同,通常而言,硬学科资源获取相对容易、社会话语权更大,表征着一所大学的"硬实力",在综合性大学内部常常居于更加重要的地位。因此,如何吸引更多的大学和学科将社会服务评价纳入教师晋升评价体系,提升教师对社会服务活动的重视和社会服务活动质量是未来要解决的问题。

3. 如何使评价更符合参与性学术的特征

与大学传统的研究、教学相比,参与性学术可以算是一个新兴领域,在博耶提出的四分类学术观之后,社区服务才被认为是"参与性学术"。因此,关于参与性学术的评价相较于其他类型的学术评价还远不成熟。一方面,由于参与性学术与传统学术有很大差异,使用传统学术评价指标不能真正反映出参与性学术的价值和意义;另一方面,很多同行评议委员会的专家们并不了解参与性学术的内涵和表现形式,对教师提供的多种证明材料并不熟悉,很难对其做出合理评定。这些问题是困扰参与性学术评价的现实问题。

当然,目前美国很多大学也在积极解决这一问题,主要办法包括:一是加大参与性学术评价方面的理论和实践研究,如由地域相近的几所大学共同成立参与性学术学会,定期召开研讨会,探讨如何更好地对参与性学术进行评价。二是为校内管理人员提供参与性学术评价的工作坊等,为他们了解如何评价参与性学术提供技术支持,如密歇根州立大学开展的评价工作坊(Evaluation Circle)[①],主题不仅包括如何对参与性学术评价实践进行总结、如何评价教师的参与性学术表现和成效、如何评价社区需求以及对评价实践的认识、对评价过程和工具的理解和使用、对公共政策效果的评价等。因此,要建立适宜的参与性学术评价体系,大学还需要进一步在理论和实践上加强积累。

---

① Michigan State University. Evaluation Circle [EB/OL]. [2017 - 06 - 11]. http://cerc. msu. edu/evaluationcircle. aspx.

第三节 重塑"任命、晋升和终身教职"（RP&T）体系的探索

一、密歇根州立大学将"拓展与参与"活动纳入 RP&T 的探索

RP&T 指教师的任命（Reappointment）、晋升（Promotion）和终身教职（Tenure）。教师能否进入 RP&T 系统，是其社会服务活动能否得到充分认可的关键，决定着教师的职业生涯发展。在密歇根州立大学，RP&T 由校方、各学院、各系这三级机构实施管理，每个院系都会制定各自的 RP&T 标准，以便通过教师发展的多样性保证院系发展特色。RP&T 需要经历申请者递交材料、系里和同行审查、院长和教务长依次审查，最后由校长批准等多个流程，涉及终身任职的结果还需要校董事会做最后决定。① 多层次的评审过程依赖详细信息对教师表现进行准确评估，因此针对 RP&T，学校为教师制定了一份全面的评估表格用于报告活动成果，内容包括教学、研究和创新活动、服务、其他有价值的活动等四个维度。②

20 世纪 90 年代末，RP&T 政策被认为是妨碍教师参与"拓展与参与"活动的主要障碍，职责与回报的不对等严重挫伤了教师参与"拓展与参与"活动的积极性。与此同时，美国高等教育协会（American Association for Higher Education）举办了一次关于教师角色和奖励的年度会议，在密歇根州立大学"拓展与参与"办公室、教务长办公室、教职员办公室组成的共同委员会的建议下，协会对教师评估制度以及 RP&T 程序进行了完善，修订了相关人事指导方针和申报表格。由于学术的内涵不断扩大，教师工作的标准不断提升，以密歇根州立大学为代表的众多大学修改了教师晋升和终身教职标准，鼓励多种形式的学术活动，以更好地使教师奖励机制与"拓展与参与"的价值初衷相一致。③

---

① Michigan State University. Faculty handbook, granting tenure〔EB/OL〕. https://hr. msu. edu/policies-procedures/faculty-academic-staff/faculty-handbook/granting_tenure. html, 2019 - 07 - 18.

② Michigan State University. Faculty hand book, Tenure Action and Promotion〔EB/OL〕. https://hr. msu. edu/policies-procedures/faculty-academic-staff/faculty-handbook/tenure_action. html, 2019 - 06 - 15.

③ Diane M. Doberneck, Hiram E. Fitzgerald. Outreach and Engagement in Promotion and Tenure: An Empirical Study Based on Six Years of Faculty Dossiers〔R/OL〕. International Association for Research on Service-Learning and Community Engagement-New Orleans, LA. 〔2008 - 10 - 25〕.

2001 年,密歇根州立大学修订 RP&T,将"拓展与参与"活动纳入其中。修改后的教师评估表格,鼓励教师填写报告学术性参与和拓展活动。如,旧表格要求教师填写"教学活动",而新评估表格增加了"让教师列出非学分课程""其他的指导工作"和"其他教学活动"的证据,例如证书课程、会议和研讨会等。同样,在研究和创造性活动部分,鼓励教师以新的方式报告拓展和参与性学术活动:一是研究活动的例子包括"为所学专业的机构组织和社会撰写的论文和报告";二是在教师的研究和创造性工作的清单中,鼓励教职工明确是何种研究和创造性活动;三是教职员应该提供活动参加的证据。

2001 年修改后的教师晋升和终身任职评价工具(见表 6 - 4)主要强调学术服务的多样化形式与高质量,具体体现在以下方面:①在整个表格中融入拓展与参与活动,而非单独设置的一部分;②鼓励教师和系主任宣传融合性学术理念;③不同于对学术机构和专业组织的服务,更聚焦对大学内部的服务,以及更广泛的社区服务;④鼓励利用证据支持高质量拓展和参与;⑤将外联和参与活动的实例列入整个评估表格。密歇根州立大学教师的 RP&T 表一部分由管理人员填写,一部分由参与评估的教师填写。综上,改革后的评估表格新增了为更广泛社区乃至区域提供学术服务、特殊的焦点、非学分教学、整合多种形式的学术等融合性活动。

表 6 - 4 密歇根州立大学改革后教师 RP&T 表①

部 门	RP&T 表的填写细节要求
管理人员填写部分	
D - I	主席和院长的总结性建议(在封面上)
D - II	主席和院长关于任命的总体说明
D - III	主席总结评价 1. 说明介绍 2. 研究和创造性服务 3. a. 为学术界服务 　　b. 为更广泛的社区提供服务(新增) 4. 特殊的关注点(新增)

① Diane M. Doberneck, Hiram E. Fitzgerald. Outreach and Engagement in Promotion and Tenure: An Empirical Study Based on Six Years of Faculty Dossiers [R]. International Association for Research on Service-Learning and Community Engagement-New Orleans, LA.. [2008 - 10 - 25].

（续表）

部　　门	RP&T 表的填写细节要求
	候选教师填写部分
D-Ⅳ	1. 介绍： 　1）本科生和研究生学分教学 　2）非学分教学(新) 　3）学术咨询 　4）教学工作清单 　5）其他教学活动 2. 研究和创造性活动： 　1）研究和创造性作品清单 　2）研究或创造性作品数量 　3）收到的赠款数目 　4）其他研究或创造性活动的数据 3. 在学术和更广泛的社区内提供服务： 　1）a. 为学术和专业领域提供服务 　　　b. 在大学内服务 　2）为更广泛的社区提供服务(新增) 4. 补充报告： 　1）其他学术性服务的材料证明(新增) 　2）整合多种形式的学术(新增) 　3）其他的数据(新增) 5. 同意报告： 　1）介绍 　2）研究和创造性活动 　3）a. 向学术界服务 　　　b. 向更广泛的社区服务(新增) 6. 候选人提交的补充材料： 　1）教师陈述或反思的材料 　2）简历
其他部分	陈述或反思材料 简历 其他证明

二、社区参与性大学将"拓展与参与"活动纳入 RP&T 的案例

卡内基教学促进会（Carnegie Foundation for the Advancement of Teaching，CFAT)认为，如果没有针对"拓展与参与"活动的激励和评价体系，尤其是将其纳入 RP&T，仅仅停留在宣传引导的层面，院校就不能真正形成重视"拓展与参与"的文化氛围。因此，是否将"拓展与参与"活动纳入 RP&T 是卡内

基"社区参与性大学"分类的重要标准。在具体指标体系中,卡内基教学促进会将其分为两类:是否将"拓展与参与"活动纳入校级层面的晋升政策,是将"拓展与参与"活动纳入院系层面的晋升政策。在以评价为导向的管理体制下,评价体系尤其是对于教师职业发展生涯最为重要的晋升体系对于教师参加各类活动的导向作用最为明显。对 28 所样本院校申请材料的分析发现,2010 年的 14 所样本院校全部都将"拓展与参与"活动纳入校级层面的晋升政策;2015 年的 14 所样本院校有 12 所院校将"拓展与参与"活动纳入校级层面的晋升政策,13 所院校将"拓展与参与"活动纳入院系方面的教师晋升体系。下面以 2015 年重新申请加入"社区参与性大学"分类的 6 所样本院校为例,对其"拓展与参与"活动进入教师晋升体系的状况进行详细介绍。[①]

(1) 费尔菲尔德大学(Fairfield University)。2013 年 4 月,校学术委员会修订了教师晋升手册,将"拓展与参与"活动纳入评价体系。这一修订历时 3 年:2010 年秋季,学校参加了东部大学"拓展与参与"活动建制化学会,这一学会主要探讨如何将参与性学术纳入教师晋升体系;2011 年春季,学校组织了一系列"拓展与参与"活动的研讨会和工作坊,掀起一场在全校范围内讨论"拓展与参与"活动这一主题的热潮;2012 年春季,校学术委员会通过了修订教师手册和教师晋升指南的决议,即将"拓展与参与"活动性学术纳入教师晋升体系,或在晋升中认可"拓展与参与"活动性学术的价值。2013 年 4 月,该大学颁布新的教师晋升手册,新手册对于教师的考核包括三大类:教学成果、专业成果、社区服务成果,并要求所有学院执行这一政策。

(2) 夏威夷大学卡比奥拉尼社区学院(Kapiolani Community College)。夏威夷大学社区学院早在 2007 年就将教师参与性学术列入教师晋升考核之中。作为一所社区学院,该校十分关注教师的公共服务,尤其是一些教师利用自身专业知识和能力参与社区发展或为校外人士提供各类专业服务的活动。在教师晋升体系中,讲师的任职要求被描述为"能够胜任教师职责,开始为大学和社区提供服务";助理教授的任职要求被描述为"在教学方面达到专业水准,为大学和社

---

① Carnegie Foundation for the Advancement of Teaching. Community-Engagement-Classification-Resources-Sample-Applications. [EB/OL]. http://nerche. org/index. php? option = com_content&view = article&id = 1386; community-engagement-classification-resources-sample-applications&catid=914; carnegie-foundation-classification. [2017 - 05 - 19].

区提供服务";副教授的任职要求是"在教学方面达到高效的专业水准,为大学和社区提供高水平的服务";教授的任职要求是"在教学、领导力和大学社区服务方面达到优异,利用自身专长促进当地经济和社区发展"。同时,教师如果能够完成大学使命和战略计划中阐述的问题可以获得相应的奖励或在职称晋升中获得认可,如学校的一个使命是通过增加学生服务性学习和"拓展与参与"活动的机会来培养其社会责任意识。如果教师能够证明自己在这一方面做出努力,则可以获得相应奖励。

(3) 思特森大学(Stetson University)。自 2008 年成功申请"拓展与参与"活动性大学以来,思特森大学分别于 2010 和 2013 年两度修订教师晋升体系,增加对"拓展与参与"活动的认可,如将"拓展与参与"活动纳入教学、科研和服务中,并在每一类指标中标明"拓展与参与"活动的具体表现和样例。教师可以提供多样化的佐证材料证明自己从事的服务具有很强的专业性,同时也与大学的使命相一致,如来自社区人员的评价、校外团体和人士对教师服务活动的评价等。该校有 55% 的学院在职称晋升中有专门的针对"拓展与参与"活动的认定和认可。

(4) 内布拉斯加大学奥马哈分校(University of Nebraska at Omaha)。内布拉斯加大学奥马哈分校在全校范围内对参与性教学、参与性科研和参与性服务进行了清晰界定。由于各学院在教师晋升方面拥有较大自主权,因此该大学在校级层面对"拓展与参与"活动的重视更多体现在大学的战略规划中。大学的战略规划明确表示,学校有责任利用自身资源和优势促进社区发展,如战略计划中阐述的第二个目标是"将'拓展与参与'活动的文化氛围纳入学校评估体系",第三个目标是"促进当地、区域和国际社区合作",第四个目标是"建立相应的机制奖励那些解决社区迫切问题的成果",同时敦促各学院根据自身学科特性和发展实际在教师晋升体系中加入"拓展与参与"活动的部分。在学校大力倡导下,该校所有院系都将"拓展与参与"活动纳入教师晋升体系中。

(5) 北卡罗来纳大学-格林斯博罗校区(University of North Carolina-Greensboro)。2010 年,学校教授评议会通过了将"拓展与参与"活动性学术纳入大学教师晋升体系的决议。学校没有将"拓展与参与"活动单列为一类活动,而是将其融入现有的教学、科研和服务中,如在具体的晋升评价指标中,教学类包括"拓展与参与"活动的教学,如为校外人士提供的教学活动等;科研类包括解决社会问题的研究,如解决了社区存在的问题;服务类包括"拓展与参与"活动的服务,如为公众提供技术支持和科普服务等。由于各个学院在教师晋升中拥有较大自主权,因此不同学院在对教师晋升的规定上有很大差异。为了使教师从事的"拓展与参与"活动活动获得认可,该大学规定教师晋升可以在不同层面进行,包括院系、大学层面。比如某个学院的教师晋升体系中没有对"拓展与参与"活动的认定,但是校级晋升体系中有相应的"拓展与参与"活动的指标,那么如果该院教师从事了相关的"拓展与参与"活动活动,他可以向校级评审委员会寻求帮助,要求对其从事的"拓展与参与"活动予以认可和评定。

(6)瓦格纳学院(Wagner College)。2011年11月,该校发布了新版教师手册,将教师评价分为四个领域:教学、科研、对学院的服务、对社区的专业贡献。第四类与"拓展与参与"活动密切相关,具体表述为"对社区的专业服务彰显学院促进人类福祉的使命"。在副教授和教授的任职要求中都有对于"拓展与参与"活动的要求,如助理教授"拓展与参与"活动方面的评价标准要求是"促进社区成员的文化和精神生活,其开展的社区服务与教师所在学科相关,并着力解决专业性问题";副教授"拓展与参与"活动方面的评价标准是"在社区组织的指导委员会中发挥积极作用,成为社区组织的领导者和社区工作坊的组织者/宣讲者";教授"拓展与参与"活动方面的评价标准是"证明自身对社区的已有贡献和潜在的贡献和促进,如作为社区组织的理事会成员,对社区团体的宣讲"。在该校,"拓展与参与"活动成为教师晋升体系中的硬性指标。教师要想获得晋升,必须要证明自己在"拓展与参与"活动方面做出的努力和贡献。此外,学校建立了专门的奖项用以激励和支持教师从事"拓展与参与"活动。

第四节　评价工具开发

为了实现了对教师及学生社会服务活动的全面了解与评价,密歇根州立大学开发了在线运行的"拓展与参与评估系统"(Outreach and Engagement

Measurement Instrument，OEMI)。这一系统已被不少其他大学采用,成为搜集"拓展与参与"活动数据的重要工具。

一、评价工具开发历程

社会服务评价体系从萌芽到成熟应用拓展与参与评估系统,在密歇根州立大学大约经历了25年,其发展与变革大致经历了萌芽期、筹备期、成型期及推广期四个阶段:

1. 萌芽期(1993—1995)

1993年,密歇根州立大学的"拓展与参与办公室"(Office of University Outreach and Engagement，UOE)打算把"拓展与参与"活动嵌入大学的理念与文化,提高密歇根州立大学广大师生"拓展与参与"活动的参与度,使密歇根州立大学的学术性理念更好融入于社会、在服务于州际的同时促进自身发展。拓展与参与办公室采取了三项措施:建立一个"拓展与参与"活动质量评估工具;改变教师的奖励制度;增加"拓展与参与"的财政支持①。其中,部署并创建新的数据收集工具是一项非常关键且具有挑战性的工作。质量评估系统的建设并非易事,不仅需要有系统的框架(题项)设置还应该具有足够的灵活性,以便可以在各系、二级学院和大学不同的层次级别进行评估,还要适应不同学科、专业之间的主要差异。可见,自1993年密歇根州立大学计划将"拓展与参与"活动融于校园文化时,构建拓展与参与评估系统的诉求就产生了。

2. 筹备期(1996—2003)

密歇根州立大学在开始筹建全校范围的数据采集系统之前,做了大量筹备工作。首先,1996年拓展与参与办公室出版了《拓展活动规划及质量评价指南》(*A Guidebook for Planning and Evaluating Quality Outreach*，POG)。② 该文件为学术团体、专家教师如何计划、监督和评估"拓展与参与"活动提供了一个框架,主要包括四个维度:重要性(significance)、利益相关性(context)、学术性

---

① John V. Byrne. Outreach, Engagement, and the Changing Culture of the University [J]. Journal of Higher Education Outreach & Engagement, 2016, Vol. 20, No. 1, pp53 - 58.

② Michigan State University (Committee on Evaluating Quality Outreach). Points of Distinction: A Guidebook for Planning & Evaluating Quality Outreach [EB/OL]. http://outreach. msu. edu/documents/pod. pdf, 2019 - 09 - 10.

(scholarship)、影响力(impact)。^① 该指南出版后,教务长便开始督促校内相关
教师把指南作为开展社会服务活动的指导手册。该指南通过改变教师晋升与终
生任职的方式进而改变了密歇根州立大学原有的"拓展与参与"活动体系,大大
提高了密歇根州立大学教师参与"拓展与参与"活动的积极性,也无形中提升了
"拓展与参与"活动的含金量。指南的出台,为 OEMI 的开发与运行尤其是数据
收集维度的确立奠定了基础。另外,拓展与参与办公室在这期间不断收集各路
专家学者的建议,还把密歇根州立大学不同学院的教师以及其他大学在开展"拓
展与参与"活动上表现优异的专家学者作为对象,对拓展与参与评估系统进行了
反复的试点测试。

3. 成型期(2004 年)

经过几年的开发和反复测试,基于网络的在线调查系统——拓展评估系统
(Outreach Measurement Instrument)于 2004 年正式投入使用,并有近 1 000 名
教职工积极参与。密歇根州立大学的"拓展与参与"活动评估系统主要分为三个
部分,前两部分收集定量数据,第三部分鼓励填答人详细描述他所从事的全部工
作或其中一部分。第一部分只包含填答人所从事活动时间投入的百分比,第二
部分要求被调查者描述他们花费时间最多的活动项目,涉及"拓展与参与"活动
项目的领域、形式、地点、参与的合作伙伴以及相应的收入回报。对于第三部分
的设计,密歇根州立大学并没有期望收集大量的数据来进行统计分析,只是希望
把收集到的信息看作一个丰富的案例库以便教职工学习如何更好地参与"拓展
与参与"活动。^② 此后,拓展评估系统不断精简题项,完善数据收集体系,名称后
来更改为"拓展与参与评估系统"(Outreach and Engagement Measurement
Instrument)。从 2004 年开始,每年都有大量的教职员工参与调查,调查结果及
时反馈到"拓展与参与"活动的建制化管理中。由此,基于数据参照的社会服务
活动质量提升机制逐步建立起来。

---

① Crystal G. Lunsford, Robert L. Church, Diane L. Zimmerman. Assessing Michigan State
University's Efforts to Embed Engagement across the Institution: Findings and Challenges [J].
Journal of Higher Education Outreach & Engagement, 2006, Vol. 11, No. 1, pp89 - 104.

② Robert L. Church, Diane L. Zimmerman, Burton Ashley Bargerstock, Patricia A. Kenney.
Measuring Scholarly Outreach at Michigan State University: Definition, Challenges, Tools [J].
Journal of Higher Education Outreach & Engagement, 2003, Vol. 8, No. 1, pp 141 - 153.

4. 推广期(2005 年至今)

2005 年开始,密歇根州立大学陆续和其他公立大学建立合作关系,探讨如何高效利用拓展与参与评估系统。目前,该系统已不单在密歇根州立大学使用。密歇根州立大学旨在保持与全国性的"拓展与参与"活动建立联系,扩大拓展与参与评估系统的合作范围至整个美国甚至英国、澳大利亚等。[①] 2005 年,康涅狄格大学(University of Connecticut)和肯塔基州立大学(University of Kentucky)对密歇根州立大学的"拓展与参与"活动评估系统进行了系统研究并加以运用,田纳西大学(University of Tennessee)于 2006 年、美国药学院学会(American Association of Colleges of Pharmacy)和美国堪萨斯州立大学(Kansas State University)于 2007 年、得克萨斯理工大学于 2009 年、得克萨斯农工大学(Texas A&M University)于 2012 年都开始修改或者使用密歇根州立大学的评估系统。

21 世纪初,得克萨斯理工大学制定了全校性的战略新框架:"使之成为可能"(Make it possible),该战略的核心内容之一就是提出要促进"拓展与参与"活动开展。拓展与参与评估系统被选为一种方法,以提供得克萨斯理工大学"拓展与参与"活动的参照信息。得克萨斯理工大学健康科学中心(TTUHSC)、安杰洛州立大学(Angelo State University,ASU)和得克萨斯理工大学的专家学者共同努力,效仿密歇根州立大学完善了拓展与参与评估系统且共同使用这套评估系统。后来,得克萨斯理工大学逐渐完善了该系统并改名为 Raiders Engagement(简称 RE),作为教职员工从事"拓展与参与"活动的评估工具,由其规划与评估办公室(Office of Planning and Assessment)、学术参与办公室(Office of Academic Engagement)、应用与发展办公室(Office of Application & Development)共同开发[②],以满足多机构管理的需要。其中,规划和评估办公室于 2009 年 11 月和 12 月向得克萨斯理工大学系统的教职员工和专业人员投入使用了修改版的 OMEI。来自得克萨斯理工大学、得克萨斯大学健康科学中心和安杰洛州立大学的教职工收到了得克萨斯理工大学副教务长罗伯特·史密斯

---

① Hiram E. Fitzgerald, Burton A. Bargerstock, Laurie A. Van Egeren. The Outreach and engagement Measurement Instrument (OEMI): A review [R]. Presentation for discussion with President Simon, East Lansing, MI, July 23,2010.

② Texas Tech University/Office of Planning & Assessment. Texas Tech University Raiders Engaged Institutional Summary of University Outreach and Engagement [EB/OL]. https://www. depts. ttu. edu/opa/reports/raiders-engaged/2017/2017RaidersEngagedFinalReport_1. pdf, 2019 - 05 - 17.

(Robert Smith)的在线填写数据的邀请①。与密歇根州立大学类似,其他公立院校也会在每年的固定月份对限定时间里收集到的数据进行汇总和分析,以改善本校"拓展与参与"活动体系。②

二、评价工具的维度与内容

由于"拓展与参与"活动始终处于动态变化中,拓展与参与评估系统会不断地更新所收集的数据维度。目前,拓展与参与评估系统从两个一级维度进行数据收集与评价:一是教师所做的努力(Data on faculty effort),主要包括时间投入、所关注的社会问题、大胆的设计要旨、拓展与参与的活动形式、活动受益地区、非大学机构的参与数量、外部资金和事务支持等七个方面;二是教师所从事"拓展与参与"具体活动的信息(Data on specific projects),包括活动目的、活动方法、参加人员与单位、对外部受众群体的影响、对学术的影响、知识产权、持续时间、活动价值评估等八个方面(见表 6－5)③④。

表 6-5　拓展与参与评估系统的数据收集维度

序号	第 一 部 分	第 二 部 分
1	时间投入(Time spend)	活动目的(Purposes)
2	拓展活动所关注的社会问题(Societal issues)	方法(Methods)
3	大胆的设计要旨(Bolder by design imperatives)	其他人员的参与(Involvement of partners, units, and students)
4	活动形式(Forms of activity)	对外部人员的影响(Impacts on external audiences)

---

① Texas Tech University/Office of Planning and Assessment. Outreach &. Engagement Measurement Instrument (OEMI): 2009 Administration ［EB/OL］. http://www. depts. ttu. edu/opa/oe _ raidersengaged/docs/2010_OEMIReport-1. pdf, 2016－12－07.

② Texas Tech University/Office of Planning &. Assessment. Outreach and Engagement Measurement Instrument 2011 Administration Report ［EB/OL］. http://www. depts. ttu. edu/opa/oe _ raidersengaged/docs/OEMI2010-1. pdf, 2016－04－24.

③ *Michigan State University*. Outreach and engagement Measurement Instrument OEMI ［EB/OL］. https://oemi. msu. edu/Default. aspx? ReturnUrl＝％2f, 2019－03－15.

④ Burton A. Bargerstock. Collecting Data about Community-Engaged Scholarship and University Outreach ［R］. University Outreach and Engagement,Febrary 14,2013.

（续表）

序号	第 一 部 分	第 二 部 分
5	开展活动直接受益的地点（Locations）	对学术的影响（Impacts on scholarship）
6	非大学参与者的数量（Non-university participants）	知识产权的创造（Creation of intellectual property）
7	外部资金和事务支持的数量（External funding and in-kind support）	持续的时间（Duration）
8	—	价值评估（Evaluation）

　　一方面，拓展与参与评估系统从数据收集的三个方面不断变化调整为两个一级维度，从数据收集的具体指标来看，评价系统突出教师在"拓展与参与"活动上的投入，如时间投入、努力程度以及外部支持，且十分关注"拓展与参与"活动的过程与成果，重视活动的影响与价值。另一方面，密歇根州立大学一直在尽量减少拓展与参与评估系统中重复问题的出现，数据收集系统在完善过程中一直坚持少而精的原则，且在描述性数据收集上，并没有要求参与调查的人员填写大量的描述性信息，只要求填入一到两个具体事例。这不仅为在线数据收集缩减了调查时间，更有效提升教职员的反馈率，并保证了反馈信息的准确性与客观度。

　　而得克萨斯理工大学的 RE 系统由 2009 年的 24 个在线问题逐渐变为 28 个，具体问题见本章附录 1。系统审视这些问题，可以发现得克萨斯理工大学也是从两个维度来收集教师社会服务活动数据：一方面比较关注教师对拓展活动的投入，如投入时间、投入精力、投入角度、所得成果等；另一方面比较关注"拓展与参与"活动本身，如活动形式、参与人群、解决的社会问题、影响的范围等。可以看出，无论是密歇根州立大学的拓展与参与评估系统，还是得克萨斯理工大学的 RE 系统，其数据收集都十分侧重教师投入和外部受益这两个方面。

　　在外部受益方面，"设计要旨"（Design imperatives）是密歇根州立大学战略规划的一大特色。基于质量（quality）、包容性（inclusiveness）和连通性（connectivity）的核心价值观，该战略的目标是在国际范围内，使其成为赠地学院中领先的研究机构。该战略旨在通过本科教育、研究生教育和终身教育项目培养未来的领导者和学者,倚重于其卓越的教师队伍,密歇根州立大学将创造知识,寻找创新方法并扩大其应用范围,进而为密歇根州、国家和国际社会服务作为核心使命,注重社会服务的外部效益。① 可见,"设计要旨"战略也是依托于融合性服务理念而提出的。密歇根州立大学充分认识到教师在社会服务活动、促进州际与国家发展中的关键作用,并将其贯彻到教师 RP&T 的具体建议中。密歇根州立大学教师手册中有关教师的 RP&T 部分强调教师绩效评估应认识到教学、研究以及拓展活动的重要性,评估应充分考虑活动成果的质量和数量,还应考虑教师的创造性及其对学生、服务对象以及对其他教师工作的影响。在许多情况下,教师通过个人的学术活动展示其卓越能力、合作的学术努力、跨学科的活动、知识的创造、应用和传播也被认为是教师绩效的相关维度。② 可见,拓展与参与评估系统对教师"拓展与参与"活动数据的收集指标符合密歇根州立大学教师评价的基本理念。

三、评价工具的运用

密歇根州立大学在每年 1 至 3 月利用拓展与参与评估系统对上一年的"拓展与参与"活动进行数据收集,收集的数据由学校各学术单位汇总,并报告给相关负责人。密歇根州立大学使用汇总数据来评估其对社会团体和组织的服务深度、广度及效度,进而提升以"拓展与参与"为特色的社会服务水平。拓展与参与评估系统收集的数据既可以用于学校内部的评估与规划,也可以公开发布用于分析研究。密歇根州立大学十分重视数据的运用,给予教师、各学术单位以充分的数据分析反馈,使教师、各学术专家等不断提高"拓展与参与"活动的效果。

1. 应用于教师评价体系

2001 年,密歇根州立大学对 RP&T 政策方案进行了重大修订,将教师在"拓展与参与"活动中的表现纳入教师评价申请表。六年后,密歇根州立大学重新审视了应该在多大程度上将"拓展与参与"活动融入改革后的教师晋升申请

① Michigan State University. Faculty Handbook [EB/OL]. https://www.hr.msu.edu/policies-procedures/faculty-academic-staff/faculty-handbook/recommendations.html,2019 - 07 - 18.
② Michigan State University. Faculty Handbook, Appointment, Reappointment, Tenure, and Promotion Recommendations [EB/OL]. https://www.hr.msu.edu/policies-procedures/faculty-academic-staff/faculty-handbook/recommendations.html,2018 - 11 - 19.

表,他们分析了 2002—2006 年被任命、晋升和得到终身任职的密歇根州立大学教员及其 244 份申请表格。表格数据分析维度包括:①人口统计学变量,如性别、种族、年龄等;②评聘变量,如研究、教学、服务的任务分配,推荐学年的任命、联合任命等;③拓展与参与变量,如学术活动类型、参与程度、活动强度等。

针对院系层面的审查报告显示:90%的教师在 RP&T 表格上报告了一个或多个拓展与参与活动事例;47%的人报告称自己在授课指导、研究和创新活动、服务这三个职能领域都开展了"拓展与参与"活动;56%的教师报告了融合性的"拓展与参与"活动。[①] 2001 年,密歇根州立大学修订了 RP&T 表格,以鼓励教师专注并记录学术性的拓展与参与活动。一个由教员、大学拓展与参与人员、学术治理和教务长办公室组成的大学委员会彻底审查了该表格,并经过深思熟虑后决定报告学校。在整个表单中提供大量的"拓展和参与"活动[②]。新的 RP&T 表格更加凸显以下几个方面[③]:①强调学术的多重定义;②促进使用数据材料证明服务性学术的质量;③在整个 RP&T 表格中加大"拓展与参与"活动的比例;④区分大学对学校内部、学术专业领域和更广泛社区的服务;⑤覆盖融合性学术的新问题;⑥扩大服务性学术的案例清单,充分突出参与性学术。

2. 支持社会服务政策改进

每一所高校都希望"拓展与参与"活动数据的收集可以为本校服务,进而直接促进本校"拓展与参与"活动的开展。以得克萨斯理工大学的"拓展与参与"活动全校参与情况为例:2018 年教师和职员从事"拓展与参与"活动的总时长为 332 896 小时,学生参与总时长为 290 158 小时,而 2017 年这一数字分别为 455 633 小时和 406 231 小时;从外部资金收入来看,2018 年为 30 700 000.26 美元,2017 年 55 192 994.69 美元。显然,无论是外部资金收入还是教职工参与时长,2018 年较 2017 年均有所下降。基于此,得克萨斯理工大学就可以根据分析

① *Michigan State University*. Outreach and Engagement in Reappointment, Promotion, and Tenure at Michigan State University, 2002 - 2006 [EB/OL]. https://engage. msu. edu/about/projects/ scholarship-of-engagement/outreach-and-engagement-in-reappointment-promotion-and-tenure-at-michigan-state-university-2002-2006,2019 - 3 - 20.

② Chris R. Glass, Diane M. Doberneck, John Schweitzer. Summary of the2001 Revisions to the Reappointment, Promotion, and Tenure Form at Michigan State University [R]. National Collaborative for the Study of University Engagement,2010 - 01.

③ Michigan State University. Academic Specialist Manual [EB/OL]. https://www. hr. msu. edu/policies-procedures/faculty-academic-staff/academic-specialist-handbook/appendix_a. html, 2019 - 05 - 15.

结果观察哪个学院在"拓展与参与"活动上投入不足，并在来年改进。

另外，观察表6-6与6-7，可以发现得克萨斯理工大学教职工与学生投入时间几乎一致，可见"拓展与参与"活动得到了各主体的积极响应。另外，各院系开展的"拓展与参与"活动数量差别较大，2018年除了行政单位，人类科学学院和教育学院的项目数量较多，分别达到161项和123项；建筑学院、荣誉学院"拓展与参与"活动项目较少，仅为11项和1项。而2017年的数据收集结果与2018年相比却又存在一定不同。由此可见，得克萨斯理工大学可以充分利用各学院的数据并与往年进行纵向比较，进而鼓励该学院"拓展与参与"活动的发展。

表6-6 2017年得克萨斯理工大学的"拓展与参与"活动参与主体分布①

参与学院	项目数量（个）	教师参与时长（小时）	职工参与时长（小时）	学生参与时长（小时）	外部资金收入（美元）
行政单位(AU)	268	18 013	150 328	131 720	19 806 861.92
农业科学和自然资源学院(AG)	23	5 128	13 134	11 889	1 162 212
建筑学院(AR)	30	470	8	5 170	67 632
文理学院(AS)	46	13 672	12 753	4 601	6 253 790.50
教育学院(ED)	65	64 841	40 044	215 561	17 615 348.99
工程学院(EN)	77	1 183	604	2 488	69 100
人类科学学院(HS)	111	11 445	89 767	61 299	3 595 090
大众传播学院(MC)	9	334	190	6 632	9 100
视觉和表演艺术学院(VP)	69	2 864	1 344	2 667	2 484 450
荣誉学院(HC)	2	100	200	1 960	800
罗尔斯商学院(BA)	66	4 864	5 425	8 192	3 509 853
法学院(LW)	7	9 095	9 827	9 852	618 756.28
合计	773	132 009	323 624	462 031	55 192 994.69

① Texas Tech University/Office of Planning & Assessment. Texas Tech University Raiders Engaged Institutional Summary of University Outreach and Engagement [EB/OL]. https://www.depts.ttu.edu/opa/reports/raiders-engaged/2017/2017RaidersEngagedFinalReport_1.pdf, 2019-05-17.

表 6-7   2018 年得克萨斯理工大学的"拓展与参与"活动参与主体分布①

参与的学院	项目数量（个）	教师参与时长（小时）	职工参与时长（小时）	学生参与时长（小时）	外部资金收入（美元）
行政单位（AU）	691	18 013	150 328	131 720	19 806 861.92
农业科学和自然资源学院（AG）	106	5 128	13 134	11 889	1 162 212
建筑学院（AR）	11	554	64	2 991	32 700
文理学院（AS）	59	4 836	16 787	20 421	1 230 625.41
教育学院（ED）	123	64 841	20 252	46 903	7 434 377.59
工程学院（EN）	63	1 541	627	1 970	250 314.84
人类科学学院（HS）	161	13 687	81 705	59 402	3 864 255.25
大众传播学院（MC）	28	2 874	755	12 473	75 902.51
视觉和表演艺术学院（VP）	76	2 823	2 094	5 369	341 200
荣誉学院（HC）	1	100	200	1 600	0
罗尔斯商学院（BA）	43	3 295	4 611	2 115	2 421 010
法学院（LW）	93	12 937	8 042	15 196	523 218.77
合计	1 455	126 784	206 112	290 158	30 700 000.26

3. 支持战略规划与评估

拓展与参与评估系统的评价数据可以为教师个人、各组织部门以及密歇根州立大学提供参考，相关个体和部门可根据数据收集结果，对本年度"拓展与参与"活动的不足进行分析，提出相应的改进措施，并制定下一年"拓展与参与"活动的计划。对于密歇根州立大学来说，拓展与参与评估系统可为评审及其他自修活动提供数据支撑。比如，密歇根州立大学被卡内基基金会评为社区参与性大学就依靠了拓展与参与评估系统提供的数据，进而提高了自身的影响力。

---

① Texas Tech University/Office of Planning & Assessment. Texas Tech University Raiders Engaged Institutional Summary of University Outreach and Engagement [EB/OL]. https://www.depts.ttu.edu/opa/reports/raiders-engaged/2017/2017RaidersEngagedFinalReport_1.pdf，2019-05-17.

 而得克萨斯理工大学从 2009 年开始使用修改后的拓展与参与评估系统,在 2010 年 3 月开始进行数据分析。"拓展与参与"战略规划委员会(Strategic Planning Council's Committee on Engagement and Outreach)将利用所获得的数据和收到的评论指导其战略计划的制定。得克萨斯理工大学在 2009 年第一次使用拓展与参与评估系统时,就对所收集的数据进行了大量的分析。当时,得克萨斯理工大学共有 1 782 名职工,将近四分之一的教职工即 446 人参与了调查,涉及了得克萨斯理工大学全部 14 个学院,填写了 994 个"拓展与参与"活动,其中不重复的活动 903 个。参与调查最多的是文理学院(23.2%)、视觉和表演艺术学院(21.2%)和人文科学学院(9.5%)。参与调查最少的学院是荣誉学院(0.3%)、研究生院(0.6%)、大学学院(2.3%)和建筑学院(3.2%)(见表 6-8)。文理学院参与调查的人数最多在得克萨斯理工大学的想象之中,因为文理学院是最大的学院。理工工科、商科、人文科学是得克萨斯理工大学学生人数最多的学科。而荣誉学院、研究生院、大学学院、建筑学院是得克萨斯理工大学较小的学院,因此参与的教职工人数也较少。而视觉和表演艺术学院是得克萨斯理工大学最小的学院,却有 81 人参与了调查,该学院所从事的"拓展与参与"活动的数量高于得克萨斯理工大学对它的期待。这可能因为视觉和表演艺术学院的教师和职工参与的"拓展与参与"活动更多或者参与拓展与参与评估系统调查的人更多。

表 6-8 参与学院分布①

参与的学院	数量	百分比
农业科学和自然资源学院(AG)	22	6.3%
建筑学院(AR)	11	3.2%
文理学院(AS)	81	23.2%
教育学院(ED)	18	5.2%
工程学院(EN)	19	5.4%
人类科学学院(HS)	33	9.5%

① Office of Planning and Assessment. Outreach & Engagement Measurement Instrument (OEMI): 2009 Administration. 2010 - 12. Texas Tech University.

参与的学院	数量	百分比
大众传播学院（MC）	17	4.9%
视觉和表演艺术学院（VP）	74	21.2%
研究生院（GS）	2	0.6%
荣誉学院（HC）	1	0.3%
罗尔斯商学院（BA）	23	6.6%
法学院（LW）	19	5.4%
图书馆（LI）	21	6.0%
大学学院（UC）	8	2.3%
总计	349	100.0%

其他 91 份答复来自大学行政与资源部门，包括主管学术事务的教务长办公室/副校长办公室（the Office of the Provost/Senior Vice President for Academic Affairs）（4.7%）、自然和历史西南地区遗产联合会（the Heritage Consortium for the Natural and Historic Southwest）（3.2%）以及招生管理和学生事务（Enrollment Management and Student Affairs）（5.8%），较小的回应部门是经济发展 Economic Development（0.9%）、合规（Compliance）（0.2%）和体育部门（Athletics）（0.2%）。

答复者将其所从事的"拓展与参与"活动的形式（具体见表 6-9）分为：参与性研究和创造活动（21.5%），参与性课程：公共项目与理解（19.2%），科学技术与专家援助（17.8%），委员会服务（15.2%），参与性课程：非学分课程及项目（15%），参与性课程：学分课程及项目（5.4%），服务性学习（4.7%），临床服务（1.2%）。可见，教师参与的"拓展与参与"活动中最多的为参与性研究和创造活动和有无学分认证的各类课程，还是以教学和科研为主，只不过这种类型的教学与科研有一定的服务倾向。可见，无论是在密歇根州立大学还是得克萨斯理工大学，大学"拓展与参与"办公室将收集到的数据进行分析后反馈给学院，以便各学院在来年更好的规划"拓展与参与"活动。

表6-9 拓展与参与活动形式类型①

拓展与参与的形式	数量	百分比
参与性研究和创造性活动	156	21.5%
参与性课程：公共事件和理解	139	19.2%
科技与专家帮助	129	17.8%
委员会服务	110	15.2%
参与性课程：非学分课程及项目	109	15.0%
参与性课程：学分课程及项目	39	5.4%
服务性学习	34	4.7%
临床服务	9	1.2%
总计	725	100.0%

4. 增加社会的公共支持

2019年,得克萨斯理工大学的一份研究报告向社会展示了其在众多领域如临床服务、研究与学术性服务、经济参与、技术与专业援助等方面"拓展与参与"活动的情况,有效展示了该校对社会的卓越贡献。另外,得克萨斯理工大学将教师所从事的"拓展与参与"活动领域进行统计分析(见表6-10),发现对学前至12年级的教育、文化机构和相关项目、儿童青年和家庭的校外关系等格外关注,有效地向社会展示了其教师所服务的领域。密歇根州立大学一方面利用典型事例宣传其"拓展与参与"活动成效,另一方面拓展与参与评估系统将"拓展与参与"活动量化公布,使社会认识到其学术性成果能够推动州内经济和相关行业发展。得克萨斯理工大学和密歇根州立大学的相关做法,均可以增强学校社会影响力,有利于向公众、立法会议员、捐款者及其他利益相关者展示其对社会贡献的广度和深度,使其对融合性服务理念有了更深的理解,也为争取政府与社会各界支持提供了舆论基础。

---

① Office of Planning and Assessment. Outreach & Engagement Measurement Instrument (OEMI): 2009 Administration. 2010 - 12. Texas Tech University.

表6-10　得克萨斯理工大学教师从事"拓展与参与"活动领域分布①

所关注的领域	参与教师数量	参与人数占比
学前教育至12年级	210	25.5%
文化机构和相关项目	171	20.8%
儿童、青年和家庭(与学校无关)	86	10.4%
公共理解与承认学习	71	8.6%
科学和技术	67	8.1%
工商业的发展	55	6.7%
自然资源、土地利用和环境	36	4.4%
卫生保健	35	4.3%
地区开发	32	3.9%
治理和公共政策	32	3.9%
食品、纤维生产和安全	11	1.3%
劳动关系、培训和工作场所的安全保障	10	1.2%
公共安全与完善	7	0.9%
总计	823	100.0%

5. 引领其他大学发展②

　　密歇根州立大学为研究人员开发了一个全国性的数据矿井(data mine),向全国范围内有关"拓展与参与"活动的讨论交流提供信息,引领其他大学记录教师的"拓展与参与"活动。2005年,康涅狄格大学和肯塔基州立大学对拓展与参与评估系统进行了研究和使用,田纳西大学于2006年、美国药学院学会和美国堪萨斯州立大学于2007年、得克萨斯理工大学于2009年、得州农工大学于2012年都开始修改或者使用密歇根州立大学的拓展与参与评估系统。与密歇根州立大学类似,其他公立院校也会在每年的固定月份对收集到的数据进行汇

---

① Texas Tech University. Office of Planning and Assessment. Outreach & Engagement Measurement Instrument (OEMI): 2009 Administration [EB/OL]. http://www. depts. ttu. edu/opa/oe_raidersengaged/docs/2010_OEMIReport-1. pdf, 2010 - 12 - 21.

② *Michigan State University*. The Outreach and Engagement Measurement Instrument (OEMI) [EB/OL]. http://ncsue. msu. edu/measure. aspx, 2018 - 09 - 21.

总和分析,以改善本校"拓展与参与"活动的体系①②。另外,拓展与参与评估系统收集的数据可以作为院校间横向比较的基础,其他高等教育机构可以借鉴借鉴密歇根州立大学的做法找出各院校"拓展与参与"活动差距,以便部分大学可以在"拓展与参与"活动的开展上有目的、有方向地改进。

第五节　经验与借鉴

　　20世纪末以来,以"拓展与参与"为核心的融合性学术理念在美国悄然建立,为社会服务功能赋予新的内涵。而在此之前,密歇根州立大学、宾夕法尼亚州立大学、华盛顿州立大学等州立大学就成立了相关组织机构,进而实现"拓展与参与"活动的建制化、规范化和可持续发展。③ 如密歇根州立大学就成立了大学"拓展与参与"办公室(University Outreach and Engagement)来统筹和规划多样化的社会服务活动,搭建了与社会之间深度交流与合作的桥梁。④ 另外,2004年密歇根州立大学开始对教师"拓展与参与"活动进行数据收集,建立了体系庞大、内容丰富的"拓展与参与"活动信息数据库,为社会服务评价奠定了坚实基础。此外,印第安纳州立大学(Indiana State University)在教师晋升与终身教职评价中也对社会服务成果的数量与质量有一定要求⑤,蒙大拿州立大学(Montana State University)在教师晋升与终身教职评价体系中对"拓展与参与"活动提出了两条标准⑥,弗吉尼亚联邦大学(Virginia Commonwealth University)

---

① Burton A. Bargerstock. Collecting Data about Community-Engaged Scholarship and University Outreach [R]. University Outreach and Engagement,2013 - 02 - 14.
② TTU/Office of Planning and Assessment. Outreach and Engagement Measurement Instrument 2011 Administration Report [R]. Texas Tech University,2012 - 04 - 31.
③ Muriel Oaks,Nancy Franklin,Burton A. Bargerstock. Situating Outreach and Engagement in the University:Concepts,Challenges,and Opportunities [J]. Continuing Higher Education Review,2009,Vol. 73,pp224 - 233.
④ 臧玲玲. 如何激励和支持教师参与社会服务——美国密歇根州立大学的经验及启示[J]. 教育发展研究,2017年第19期,第78 - 84页.
⑤ 赵诚. 印第安纳州立大学文理学院教师晋升和终身教职委员会及相关条例解读——美国公立大学学院内部学术治理结构研究之三[J]. 世界教育信息,2013年第19期,第26 - 33页.
⑥ Montana State University-Bozeman. Promotion and Tenure Policies [EB/OL]. http://www. montana. edu/business/faculty-staff/documents/2015pt-policies. pdf,2019 - 07 - 12.

甚至在教师晋升和任职标准中把社会服务表现列为关键一条。越来越多的美国公立大学开始重视教师的"拓展与参与"活动成果，肯定教师社会服务的价值，进一步推动了社会服务的学术性、高质量和可持续发展。

与美国相比，我国大学社会服务的融合性、学术性、公益性程度相对不高，这与社会服务活动在传统学术评价体系中难以得到承认以及社会服务管理上的归口多元有关。事实上无论是政府、专家还是媒体社会的第三方评价都鲜少关注社会服务，实际中社会服务往往流于功利性的资源获取手段、分散化的个人行为，变得与学术无涉。美国公立大学的"拓展与参与"评价经验为我国构建社会服务评价体系提供了一些重要经验：

一是要在顶层设计上确立融合性理念，将社会服务化为嵌入大学学术使命内核的必要性活动，内化到大学教师个体的创新行为之中。二是强化建制化管理，建构统筹规划社会服务活动开展的职能部门，在关键性学术管理制度中体现社会服务价值。三是在大学层面注重社会服务成果数据积累，为人员评价、院校评估、项目评审提供支撑，让类似教育部第四轮学科评估中单独设置的"社会服务与学科声誉"指标不再仅依据典型案例综述。四是把社会服务活动指标纳入教师工资绩效、年度考评、职务晋升或职称评定等领域，建立科学、系统、规范的教师评价体系，激发教师参与社会服务的积极性。

本章附录　得克萨斯理工大学的 REI 系统[①]

1. 你报告的是哪个学年？

2. 项目的开始日期（如果不能记住准确的日期那就填写你开始月份的第一天）

3. 项目结束日期（如果不能记住准确的日期那就填写项目结束月份的第一天。如果项目仍旧在进行，那就不用填写）

4. 这个项目（或者课程、活动）的准确名称是什么？

5. 请给一个简单的描述

---

① Texas Tech University/Office of Planning & Assessment. Texas Tech University Raiders Engaged Institutional Summary of University Outreach and Engagement [EB/OL]. http://www.depts.ttu.edu/opa/reports/raiders-engaged/2017/2017RaidersEngagedFinalReport_1.pdf, 2018-07-18.

（续表）

---

6. 这个项目的目前情形是什么样的？（是延续的还是新的）

---

7. 这个项目是个人项目、单位或部门项目、学术学院项目还是机构或多机构项目？

---

8. 给这个项目（或活动）的结果一个总结

---

9. 这个项目使用的参与形式是什么？从下列参与形式选1—2个。
   1) 参与性课程：学分课程及项目
   2) 经济参与
   3) 服务性学习
   4) 参与性课程：非学分课程及项目
   5) 公共项目课程、事件和资源
   6) 参与性研究和创造活动
   7) 参与性课程：公共事件和理解
   8) 服务性学习
   9) 服务于委员会
   10) 科技与专家帮助
   11) 临床服务
   12) 均不适用
   13) 不知道
   14) 其他（请举例）

---

10. 他处理了什么样的社会问题，请从下列选项中选1—2个
    1) 工商业的发展
    2) 社区发展、艺术、文化、居民生活
    3) K-20教育
    4) 环境、自然资源、土地使用
    5) 设施和建设
    6) 全球问题
    7) 政府和公共政策
    8) 健康和卫生保健
    9) 安全与安保
    10) 科学和技术
    11) 青年与家庭关系
    12) 没有合适选项
    13) 不知道
    14) 其他（请举例说明）

---

11. 这个项目最大的影响是什么？
    1) 经济
    2) 健康和人类生活
    3) 人类资本
    4) 人际关系、行为、福祉
    5) 基础建设
    6) 改革创新
    7) 知识产权

8）国际化

9）自然资源、环境、水资源

10）生活质量

11）招募新兵

12）研究

13）乡村生活

14）社会权力

15）教与学

16）科技转化

17）大学与社会的联系

18）城市环境

19）均不适用

20）不知道

21）其他（请说明）

12. 请简要描述下目前的成果或者预期的成果

13. 请提供该项目报告年度所获得的外部资金或收入总额

14. 资金或收入来源是什么？选择所有适用的答案

1）事件或者活动的费用

2）联邦补助金

3）基金

4）国际机构

5）私营企业和工业

6）其他非营利的组织机构

7）国家补助金

8）其他（请举具体例子）

15. 请选择您的项目在所报告年度内服务的人员类别，并说明在每个类别中服务过多少人

1）得克萨斯理工大学

-本国学生

-留学生

2）得克萨斯理工大学教师

3）得克萨斯理工大学职工

4）K-12学生、行政人员、教师

5）社区学院学生、教职员工

6）其他四年制院校的学生、教职员

16. 本项目的主要外部合作伙伴是谁？

17. 请提供参与该项目的其他得克萨斯理工大学部门的名称

18. 请提供参与该项目的其他得克萨斯理工大学教员和工作人员的姓名

19. 你在这个项目中最主要的职责是什么？

1）项目经理（project manager）

2）关键人员（key personnel）

3）牵头负责人（Lead PI）

（续表）

	4) 联合负责人(Co-PI)
	5) 促进者(facilitator)
	6) 其他(请提供详细的描述)
20.	本报告年度得克萨斯理工大学教师用于项目或活动的总时数
21.	本报告年度你所用于拓展活动花费的总时长
22.	本报告年度得克萨斯理工大学职工用于项目或活动的总时数
23.	得克萨斯理工大学的学生参加了这个项目吗?
24.	如果是的,那大约有多少学生?
25.	本报告年度得克萨斯理工大学学生用于项目/活动的大约总时数
26.	该项目直接影响到得克萨斯州的哪些地区?
27.	美国的哪些州受到了这个项目的直接影响?
28.	世界上的哪些国家受到了本项目的影响?

第七章
社区参与性高等教育机构分类

　　相对于以学术研究为单一导向的大学评价或排名,基于分类的大学评价或排名避免了对系统功能的潜在损害,更易于为社会所接受。同时,分类评价更能适应大学使命不断丰富的当代趋势,它承认了不同院校的使命差别,更有利于高等教育系统的多元发展。在这类全球行动中,卡内基教学促进会(Carnegie Foundation for the Advancement of Teaching, CFAT)开展的"选择性社区参与分类"(Elective Community Engagement Classification),一个尤其值得关注的社会服务性院校评价实践。卡内基教学促进会把"社区参与"(community engagement)定义为"高等教育机构与其更大社区(地方、区域/州、国家、全球)之间,基于伙伴关系和互惠互利原则,为了进行知识和资源交流而开展的协作"①。本章对卡内基社区参与分类进行详细分析,以探究社会服务的诸多侧面,也一定程度上为改善我国高等教育机构评价提供借鉴。

第一节　卡内基分类简介

　　卡内基高等教育机构分类(The Carnegie Classification of Institutions of Higher Education)是受到美国高等教育界广泛认可的高等教育机构分类体系。

---

① Community-Wealth. org. Carnegie Foundation for the Advancement of Teaching: Community Engagement [EB/OL]. https://community-wealth. org/content/carnegie-foundation-advancement-teaching-community-engagement, 2019 – 08 – 30.

高等教育机构将其视为衡量办学水平的重要标准,《美国新闻与世界报道》将卡内基高等教育机构分类视为排名的重要依据,研究工作者也将其视为高等教育研究的工具。① 从 1970 年开始,卡内基教学促进会开发了一种学院和大学分类,以支持其研究和政策分析项目,后来逐渐成为认识和描述美国高等教育机构多样性的主要框架。卡内基大学分类只是一种分类而不是排名,授予较高学位的学校并不一定在教学质量上高于授予较低学位的学校。作为非官方分类,卡内基分类没有法律上的效力,只是一种分类手段,可以用来协助教育研究者研究某所院校的特点并与同类院校进行比较。② 目前这一框架已被广泛应用于高等教育研究领域,既可以体现和控制机构的差异,也可用于研究设计,以确保对抽样机构、学生或教员有充分的代表性。卡内基高等教育促进基金会对高等教育机构进行基本分类的目的是将美国复杂的高等教育系统进行梳理,为各方面研究提供参考,分类并不体现教育质量差异。③ 在历史上,卡内基分类曾根据条件和情境变化进行了多次调整。其中,最新一次重大调整中出现了"社区服务性分类",充分体现了卡内基分类对大学社会服务功能,或者说对所有大学类别中的那些履行社会服务功能较为明显的院校关注。

　　卡内基教学促进会成立于 1905 年,并于 1906 年设立教育政策与研究中心,卡内基高等教育机构分类是其主要成就之一。卡内基高等教育机构分类是美国最具有影响力和代表性的高等教育机构分类方法。自创立以来,该分类法历经多次修订,对美国高等教育产生重要影响。④ 1973 年,卡内基教学促进会首次发布高等教育机构分类法,随后又在 1976 年、1987 年、1994 年、2000 年、2005 年、2010 年、2015 年对该分类标准进行了不同程度的更新与调整。2005 年是卡内基教学促进会成立 100 周年,这一年卡内基教学促进会实施了一系列改革行动,不仅对基本分类进行调整,还新增五个新的分类标准,同时发布一种以院校自愿参加为前提的选择性分类(elective classification)标准——卡内基社区参与性分

① CFAT. The Carnegie Foundation for the Advancement of Teaching, The Carnegie Foundation for the Advancement of Teaching2005 [EB/OL]. http://www. carnegiefoundation. org/classifications/index. asp. html, 2006 - 04 - 15.
② 夏洪流,周刚. 美国高等学校的卡内基分类方法[J]. 学位与研究生教育,2000 年第 4 期,第 73 - 76 页。
③ 李政云,徐延宇. 2005 年卡内基高等教育机构分类框架解读[J]. 比较教育研究,2006 年第 9 期,第 13 - 17 页。
④ 刘宝存,李慧清. 2005 年卡内基高等学校分类法述评[J]. 比较教育研究,2006 第 12 期,第 45 - 50 页。

类(Carnegie Community Engagement Classification)。

在历史上,卡内基分类曾根据条件和情境变化进行了多次调整。其中最大一次变革是在 2015 年,卡内基分类将单一分类体系变为综合性分类体系,保留了 2005 年最初采用的、传统的 6 个平行分类结构,以及新设立的高校自愿参加的"社区参与性分类"。基本分类包括博士学位授予大学、硕士学位授予院校、学士学位授予院校、学士/副学士学位授予院校、副学士学位授予院校、专门高等教育机构、原住民院校。2015 年版本增加了一些新成立的院校以及现有院校合并重组的变动,基本分类也有变化。① 卡内基分类的最新版本与之前版本相比更加灵活科学,增加了一些新成立的高校和重组后的高校,对分类指标给出了新定义,提升了博士、硕士、学士学位学校的标准并对附属院校学校(Associate's Colleges)重新划分。卡内基分类法采用一系列分类方案取代之前的单一分类,从多个维度来展现高等教育机构的异同,更能体现美国高等教育的多元性。

其他重要的变化包括:2005 年将附属院校(Associate's Colleges)纳入分类体系,同时采用多元化研究指标对博士学位授予大学(Doctoral Universities)进行分类;2010 年版本保留了 2005 年版本的分类结构,但 2015 年分类中附属院校(Associate's Colleges)被重新定义,并且博士学位授予大学(Doctoral Universities)分类也有变化;2015 年分类采用了 2013 至 2014 年来自国家教育统计中心(National Center for Education Statistics)、国家科学与工程统计中心(National center for science and engineering statistics)、大学理事会(College Board)的最新数据,前两个机构属于联邦机构,后一个机构为非营利性机构。具体来说,2015 年更新包括了基于各类项目和不同学生,将"特别关注"两年制大学(Special Focus Two-Year)放入单独分类,与四年特别关注机构(Special Focus Four-Year)相并列。②

相对于其他分类来说,卡内基分类具有以下优势:一是不区分私立和公立,没有忽视掉二者在功能和使命上的相同点;二是具有一定的时效性,每 5 年更新一次,可以满足研究者需要;三是覆盖范围较广,综合了美国 50 个州、哥伦比亚

---

① 王茹,高珊,吴迪. 美国 2015 版卡内基高等教育机构分类介绍[J]. 世界教育信息,2017 年第 9 期,第 41-43 页。

② CFAT. The Carnegie Classification of Higher Education 2015 [EB/OL]. http://www. carnegieclassifications. iu. edu/index. php. html,2016-05-06.

地区以及美属萨摩亚地区和联邦、关岛、北马里亚纳群岛、波多黎各等地区的高等教育机构。卡内基分类的初衷是帮助高等教育研究者,因为研究者需要一种分类来了解美国的大学及其多样性,分类能够帮助他们找出大致可以用来比较的教育机构。因此,卡内基分类的受益者主要是包括学术研究人员(Academic researchers)、院校研究人员(Institutional researchers)、教育分析师(Educational analyst)在内的研究群体。研究者们可以通过一系列工具创建自定义列表,根据自己的需要选择分析工具。[①]

卡内基基本分类包含六种:基本分类(Basic Classification)、本科教学计划分类(Undergraduate Instructional Program Classification)、研究生教学计划分类(Graduate Instructional Program Classification)、入学学生类型分类(Enrollment Profile Classification)、本科档案分类(Undergraduate Profile)、规模和住宿设置分类(Size & Setting Classification)。每种分类都是从某个角度对高等教育机构的"扫描"和"诊断"。卡内基基本分类见表7-1。

表7-1　卡内基基本分类汇总表

序号	类型	定　义	具体分类
1	博士型大学 (Doctoral Universities)	包括分类更新期间至少授予20个学术型博士学位的机构(不包括专业学位,如 JD, MD, PharmD, DPT),也不包括特别关注机构和民族学院	R1:博士型大学——最高的研究活动;R2:博士型大学——更高的研究活动;R3:博士型大学——适度的研究活动
2	硕士型院校 (Master's Colleges and Universities)	包括分类更新期间至少授予50个硕士学位和小于20个博士学位的机构,不包括特别关注机构和民族学院	M1:硕士型大学和学院——更大的项目;M2:硕士型大学和学院——中等项目;M3:硕士型大学和学院——小规模项目
3	学士型学院 (Baccalaureate Colleges)	包括分类更新期间授予学士学位或更高学位数量至少占所有学位的50%,授予硕士学位少于50个,博士学位少于20个,不包括特别关注机构和民族学院	学士学位型及专科院校;混合制学士学位型及专科院校;学士学位型及专科院校;专科院校为主的

---

① CFAT. The Carnegie Foundation for the Advancement of Teaching. The Carnegie Foundation for the Advancement of Teaching [EB/OL]. http://carnegieclassifications. iu. edu/links. php. html, 2016 - 05 - 06.

(续表)

序号	类型	定　义	具体分类
4	学士型及附属院校(Baccalaureate/Associate's Colleges)	包括四年制大学(至少有一个学士学位课程),授予学士学位数量超过50%,不包括特别关注机构、民族学院和已经拥有足够硕士和博士学位点机构	学士学位型及专科院校;混合制学士学位型及专科院校;学士学位型及专科院校;附属院校主导的
5	附属院校(Associate's Colleges)	包括授予最高学位是专科学位的院校,这些院校根据两个因素分为九个类别,分别是以学科为导向的(转移、职业和技术或混合)或是以学生类型为导向的(传统的、非传统的或混合的)	附属院校:高转移高传统(High Transfer-High Traditional);高转移混合传统非传统(High Transfer-Mixed Traditional/Nontraditional);高转移高非传统(High Transfer-High Nontraditional);附属院校/混合转移/职业技术高传统(Mixed Transfer/Career & Technical-High Traditional);混合转移/职业技术高传统/非传统(Mixed Transfer/Career & Technical-Mixed Traditional/Nontraditional);混合转移/职业技术高非传统(Mixed Transfer/Career & Technical-High Nontraditional);高职业技术高传统(High Career & Technical-High Traditional);高职业技术混合传统/非传统(High Career & Technical-Mixed Traditional/Nontraditional);高职业技术高非传统(High Career & Technical-High Nontraditional)
6	特别关注机构(Special Focus Institutions)	高度关注一个领域或相关领域的机构,不包括民族学院	两年制 特别关注两年:卫生专业 特别关注两年:技术专业 特别关注两年:艺术与设计 特别关注两年:其他领域 四年制 特别关注四年:与信仰有关的机构 特别关注四年:医学院校与研究中心 特别关注四年:其他卫生专业院校 特别关注四年:工程专业院校 特别关注四年:其他技术相关院校 特别关注四年:商业管理院校 特别关注四年:艺术音乐与设计院校 特别关注四年:法律院校 特别关注四年:其他特别关注机构
7	民族学院(Tribal Colleges)	作为美国印第安高等教育联盟成员的学院和大学	

备注: ①学士型学院(Baccalaureate Colleges)分类中包括以专科院校为主,授予最高学位是专科学位的机构。附属院校以学科为导向。

第二节　社区参与性分类

在美国,高等教育机构与社区之间有紧密的联系,包括日常文化活动、办学资源获取、为居民提供生产生活服务、推动地区经济发展等,在部分公立院校表现得更为明显。不少院校注重培养教职工与学生的社区参与意识,强化与院校层面的社区合作,建立互惠互利的伙伴关系,并以制度化、建制化的形式确定下来。其中,教职工在社区参与中扮演着重要角色,如果没有明确的激励机制,将很难创造社区服务的校园文化,社区参与机构需要出台相关的政策鼓励教师参与社会服务活动。社区参与需要被纳入学校计划中,将基于社会服务的教学活动与学生的学业表现联系起来。[①] 社区参与性分类就是充分回应了这种办学理念上的诉求与办学实践中的重要趋向。

社区参与分类是对机构的分类,不是针对多个校区的组织系统的分类,也不是针对某个独立的校区进行的分类。目的是加强大学及学院与公共部门或私营部门之间合作关系,促进资源信息流动,以丰富学术、研究和创造性活动,完善课程、教学、公民参与;提高民主价值观和公民社会责任感;解决关键社会问题;为公益事业做出贡献。社区参与分类描述了高等教育机构与社区、国家、区域乃至全球间的合作,促进双方在友好的合作关系和互惠互利的前提下进行知识和资源的交流。

一、分类概况

社区参与性分类是卡内基教学促进会在机构自愿参与基础上建立的一种选择性分类(Optional Classification),涉及机构的使命、身份和组织承诺等重要资料,并需要参与机构的大力支持。与以往的综合性分类不同,这一选择性分类主要用于考察高等教育机构在社区参与方面的表现。参加分类的机构提供大量的文件类和数据类材料来证明其在社区参与方面所作出的努力,包括文化氛围营

---

① NERCHE. New England Resource center for higher education [EB/OL]. http://www. nerche. org/index. php? option＝com_content&view＝article&id＝341&Itemid＝92. html, 2017 - 01 - 21.

造、机构建制、财政预算、奖励体系、专业支持体系等。评审小组根据院校提交的申请资料对其社区参与的整体状况予以评估,确认院校是否可以被认证为社区参与型机构。卡内基社区参与性分类不是一种奖励性分类,而是一种基于证据的对院校实践的证明,旨在为院校自评和提升质量作参考。卡内基社区参与性分类每五年一个周期,每十年进行重新认证。

卡内基社区参与性分类始于 2005 年,第一期项目启动于 2006 年,其分类标准有三个版本,分别是 2005 年版、2010 年版、2015 年版,根据每年申报情况和实践进行不断调整,使指标体系更加完善和精细化。其中 2005 版社区参与性分类是于 2006 年和 2008 年两次完成的。2015 版卡内基社区参与性分类的启动工作从 2013 年开始实施,并于 2015 年 1 月公布了 240 所高校的分类结果。与之前 2010 年版本名单相比,主要变化包括:①机构名称;②分类公布一年内学校的兼并和拆分;③清除了数据错误和例外原则的不当使用。卡内基社区参与性分类由新英格兰高等教育资源中心(New England Resource Center For Higher Education,NERCHE)直接管理,其与卡内基教学促进会在社区参与性分类上是一种长期的合作伙伴关系,并作为卡内基的"行政伙伴"运行和管理社区参与性分类的过程;卡内基教学促进会不对社区参与性分类过程进行直接管理,仅是该分类的赞助者。[①] 2017 年 1 月,卡内基教学促进会将社区参与性分类的管理移交给布朗大学公共服务中心(Brown University Swearer Center for Public Service),由该中心负责分类的直接管理。

院校申请加入卡内基社区参与分类必须满足一系列条件:评估社区对参与机构的评价和意见;跟踪和记录机构社区参与的数据;评估社区参与对学生、教职工、社区和机构的影响;认证和评估学生课程参与、学习成果及其合作关系的反馈机制等。这些都需要机构对分类目标有深刻理解,并找到有效实现目标的方法。

社区服务分类是在卡内基高等教育机构分类基础上的大规模重组,依赖于国家层面的统计数据。与之前的分类相比,最新的分类需要提交描述机构在社区参与中的性质及内容有关的记录,在记录的过程中鼓励提问和学习,向机构提

---

① 潘黎,崔慧丽.卡内基供销分类的新动向—2015 版卡内基选择性社会服务分类研究[J].比较教育研究,2016 第 7 期,第 80 页。

供有用的数据和文件,充分利用现有数据。分类结果所依据的数据来自"综合性中学后数据系统"(The Integrated Postsecondary Education Data System, IPEDS)调查(2013 年 7 月 1 日至 2014 年 6 月 30 日)、2014 年 6 月 30 日的机构特征和秋季入学调查,以及 2014 年秋季的大学理事会年度调查。这些是 2015 年所有机构最近的数据。①

卡内基社区参与性分类是一种选择性分类,基于院校自愿原则申请。2006 年 12 月,卡内基教学促进会推出其选择性社区参与分类时,仅有 76 所大学符合其咨询委员会(Foundation's Advisory Committee)设定的标准,其中包括宾夕法尼亚大学、加州大学洛杉矶分校、明尼苏达大学、亚利桑那州立大学、埃默里大学、塔夫茨州立大学、密歇根州立大学、德保罗大学(DePaul University)、纽约大学、北卡罗来纳州立大学、波特兰州立大学、印第安纳大学、印第安纳大学-普渡大学印第安纳波利斯联合分校(Indiana University-Purdue University Indianapolis)等高水平大学。

在 2015 年版本中,卡内基教学促进会提出了首次申请和重新申请两类不同的评价体系。首次申请是指以前没有参加卡内基社区参与性分类的院校,这类院校主要阐明其在社区参与方面做出的努力和已经形成的多样化实践;重新申请的院校是指以前已经获得分类认证的院校在认证的 10 年以后要重新申请,主要阐明其在这 10 年内对社区参与活动有哪些新变化,形成什么样的新实践,要着重说明与上次分类申请时所作出的努力和所呈现的新变化。不同评价体系的侧重点不同,考虑到不同类院校的实际,更加人性化。2010 年和 2015 年社区参与型分类中,卡内基教学促进会共选择 361 所美国学院和大学进行(所有参与社区分类型分类的院校清单如本章附表)。其中,83 所院校第一次进入分类,157 所院校在 2006 年或 2008 年分类中已经出现过,121 所院校在 2010 分类中出现过。2015 年社区参与分类中,共有 240 所大学递交申请材料,有 113 所通过初审,有 83 所大学通过最终评审,获得了社区参与型大学的分类认证。较之 2010 年 305 所大学申请、115 所大学通过最终评审的情况,2015 年的通过率更低,一定程度显示出评审更加严苛,标准逐渐提高。其中,2015 年获得社区参与性分

---

① College Board. SAT-ACT Concordance Tables〔EB/OL〕. professionals. collegeboard. com/profdownload/act-sat-concordance-tables. pdf,2015 - 12 - 08.

类认证的 83 所大学中,办学性质上可分为 47 所公立大学、36 所私立大学;办学层级上可分为 80 所四年制大学、3 所 2 年制学院;学位授予层次上可分为 29 所研究型大学、28 所授予硕士学位的大学/学院、17 所学士学位大学、3 所社区学院,5 所专业类院校(艺术、音乐等)。这 83 所大学来自美国 33 个州。

二、分类标准

2020 年新一轮社区参与性分类已于 2018 年 1 月正式启动,2010 年申请成功的院校要进行新一轮认证,以及之前没有申请成功的院校和未参加申请的院校提出新的认证申请。卡内基教学促进会公布了 2020 年社区参与性分类的标准框架,包括两大类:一是基础指标,包括组织认同和文化、组织承诺;二是分类指标,包括课程参与、拓展与合作。第一类指标主要涉及社区参与的文化氛围、组织机构建设、政策制定、评价体系等;第二类指标主要涉及社区参与的路径和活动建设,课程发展和各类合作项目。

表 7-2　2020 年卡内基社区参与性分类首次认证的标准框架

基础指标	组织认同与文化	共 5 个问题(回答是或否,如果回答是,要列举证明材料) 　1. 在大学使命的阐述中,社区参与是否处于优先发展地位? 　2. 大学是否在公开场合正式认可社区参与? 如全校性的奖励和庆典活动 　3a. 大学是否有系统的评价机制来测量社区参与者对大学—社区合作的评价? 　(这一问题的设置是检测大学是否有常规的建制可以倾听来自社区的声音,了解他们的诉求和对大学-社区参与活动的意见。这一部分不是呈现一些新闻资料或者第三方咨询机构的数据,而是检测大学是否建立起长效的数据搜集机制来追踪大学-社区参与活动的效果,是否真的重视来自社区的声音) 　3b. 大学如何使用这些来自社区的数据? 　(列举出如何使用这些数据来进一步优化社区参与活动,如改进相关项目、调整财政预算和大学优先战略部署等) 　4. 大学是否重视社区参与的相关宣传活动? 如网站建设、印发宣传册等 　5. 大学主要领导者(校长、教务长等)是否明确提出将社区参与作为一项大学优先战略?
	组织承诺	共 12 个问题(回答是或否,如果回答是,要列举证明材料) 　1. 大学是否有全校性的协调机构(中心、办公室等)来支持和促进社区参与? 　2a. 大学是否有专门针对社区参与的财政预算机制? 　2b. 大学是否有外部资金支持大学的社区参与活动? 　2c. 大学是否有资金筹集机制来支持社区参与活动? 　2d. 大学是否有针对社区的资金投入? 　3a. 大学是否有追踪机制记录大学社区合作? 　3b. 如果有,请列举相关数据是如何使用的?

（续表）

基础指标	组织承诺	4a. 是否有全校性的评估机制来评价社区参与的影响力？如果有，请分别列举其对学生(4b)、教师(4c)、社区(4d)和大学的影响(4e)以及相关数据是如何使用的(4f)？ 5. 大学是否在大学战略规划中对社区参与进行阐释和规划？ 6. 大学是否为教师社区参与活动提供专业和发展支持？ 7. 在大学或学院的关于社区参与的规划中是否有来自社区的声音？ （这一指标用于检查大学-社区合作是否是双向的？社区在大学或学院的相关规划中是否有发言权？） 8. 在人才招聘中是否有专门针对在社区参与方面表现优异人员的雇佣政策？ 9. 是否将教师社区参与纳入校级层面的晋升政策？ 10a. 是否在教与学的评价中涉及社区参与？ 10b. 是否在研究评价中涉及社区参与？ 10c. 是否在服务的评价中涉及社区参与？ 11. 是否将教师社区参与纳入院级层面的晋升政策中？ 12. 如果学校现有的教师晋升政策中没有社区参与的内容，那么是否有开展这项工作的相关计划？
	补充性材料	1. 学生成绩单上是否有社区参与相关内容？ 2. 学校是否有关于多样化的社区参与活动或者将社区参与融入已有活动？ 3. 社区参与是否与学生保持率和学业成功有关？
分类指标	课程参与	课程参与主要指服务性学习课程，即大学与社区合作的、旨在解决社区问题的课程，以增强大学的学术性 1a. 大学在界定服务性学习课程中是否有明确的定义、标准和程序？ 1b. 在最近一个学年里，学校提供多少门服务性学习的学分课程？占总课程的比例是多少？ 1c. 提供这些课程的学院有多少个？占全部学院的比例是多少？ 1d. 在最近一个学年里，有多少教师提供服务性学习课程？占全部教师的比例是多少？ 1e. 在最近一个学年里，有多少学生参加服务性学习课程？占全部学生的比例是多少？ 1f. 上述数据是如何被搜集的？由谁搜集？ 2a. 是否有学校层面的关于学生服务性学习课程的学习结果的表述？ 2b. 是否有学校层面的关于学生服务性学习课程的学习结果的系统评估？ 2c. 如果有，这些评估数据是如何使用的？ 3a. 是否有院系层面的关于学生服务学习课程的学习结果的表述？ 3b. 是否有院系层面的关于学生服务学习课程的学习结果的系统评估？ 3c. 如果有，这些评估数据是如何使用的？ 4a. 社区参与是否整合到下列课程活动中？ 如研究性课程、领导力课程、实习、海外学习，要对所选内容举出例证 4b. 社区参与是否被整合进下列课程？ 如研究生课程、核心课程、顶石课程、新生课程体系、通识教育、主修课程、选修课程，要对所选内容举出例证 5. 是否可以举出教师将学术活动与课程参与相结合的案例？
	拓展与合作	拓展关注的是向社区提供资源，合作强调大学和社区建立互惠互利的双边关系

（续表）

分类指标	拓展与合作	1. 大学为社区发展了哪些项目？ 　如学习中心、指导项目、推广项目、非学分课程、评价支持、训练项目、专业发展中心、其他类型项目，要对所选内容举出例证 2. 哪些大学资源作为拓展提供给社区？ 　如学生服务学习课程、学生实习、提供课程、提供运动项目、图书馆服务、技术支持、教师专业咨询，要对所选内容举出例证 3. 列举几个大学—社区合作关系的案例 4a. 大学或院系在促进大学—社区合作方面做出积极努力？ 4b. 是否有系统的反馈机制来评价大学—社区合作？ 5. 是否可以举出教师将学术活动与拓展与合作相结合的案例？
总结性陈述		1. 对上述问题中要求答案简短的，如果有需要可以在此详细阐明 2. 上述问题中没有提及但是您认为重要的可以在此阐明 3. 请对此次分类提出意见和建议

资料来源：Carnegie Foundation for the Advancement of Teaching. First-Time Classification Documentation Framework［EB/OL］.［2017 - 05 - 25］. http://nerche. org/images/stories/projects/Carnegie/2015/2015_first-time_framework. pdf.

与上一轮没有申请成功的院校和未参加申请的院校相比，卡内基教学促进会对重新申请的院校在评价指标有所不同，如要求这些院校说明自上次申请以来在社会服务方面的新变化。由于这些院校已经在 2010 年的分类中获得成功，即表明其在社区参与方面表现较为优异，那么在此次重新认证中，卡内基基金会对这些院校的要求相应提高。如在第一类基础指标中，增加了校长对于社区参与的公开承诺这一标准，即强调学校主要领导者对于社区参与的重视；在第二类基础指标中，将标准分为基础建设、文件编制和评价、专业化发展、教师角色和奖励体系、学生角色和认可等，更为精细化。同时几乎每一项标准不仅要展示现有成果，还要阐明其余上次申请相比有哪些提升（见表 7 - 3）。

表 7 - 3　2020 年卡内基社区参与性分类重新认证的标准框架

基础指标	校长发言	1. 提供一份校长/校主要领导关于社区参与的声明 　1a. 表明要将社区参与纳入学校建设中 　1b. 阐述了社区参与与大学核心价值、战略规划等的关系 　1c. 讨论社区参与的建制化问题以保证其持续性 　1d. 提供一些近期的校领导关于社区参与的发言、公开发行的刊物等佐证材料
	组织认同与文化	3 个问题（回答是或否，如果回答是，要列举证明材料） 　1a. 是否有全校性的针对社区参与的界定？

（续表）

基础指标	组织认同与文化	（或其他一些表述,如民主参与、公共参与、公共服务等） 　1b. 大学如何在使命、愿景陈述和战略规划中将社区参与作为一项优先发展领域进行详细说明? 　2. 请阐述自从上次分类以来,社区参与的使命、规划、组织架构、人事安排和资源分配方面有哪些变化? 　3. 详细说明自从上次分类以来,行政管理方面发生哪些变化及其对社区参与产生的影响
	组织承诺	16个问题(回答是或否,如果回答,要列举证明材料) **1. 基础建设** 　1. 阐明自上次分类以来,大学在全校性的协调机构(中心、办公室等)来支持和促进社区参与方面有哪些变化? 如何安排人事? 如何提供资金? 各类信息汇总到哪里 **2. 资金** 　2a. 阐明自上次分类以来,大学在社区参与的内部财政预算拨款方面有哪些变化? 　2b. 阐明自上次分类以来,大学在社区参与的外部财政预算拨款方面有哪些变化? 　2c. 阐明自上次分类以来,大学在社区参与的筹款方面有哪些变化? 　2d. 大学以哪些方式对社区投入财政资源致力于社区发展? 哪些资源被投入? 占学校预算的比例是多少? 如何使用? **3. 文件编制和评价** 　3a. 大学如何系统地维持关于社区参与的追踪和记录机制? 谁在负责搜集这些数据? 数据是如何管理的? 如何搜集和使用数据? 自上次分类以来上述方面有哪些变化? 学校还需在这些方面有哪些提升? 　3b. 描述针对社区参与的影响力的评价和测量机制。谁在负责搜集这些数据? 数据是如何管理的? 如何搜集和使用数据? 学校还需在这些方面有哪些提升? 　3c. 系统的评价和测量机制在应用中有哪些发现? 自上次分类以来上述方面有哪些变化? 　3d. 从目前的社区参与数据中找出其对学生影响的例证? 阐明如何获得这个例证? 　3e. 从目前的社区参与数据中找出其对教师影响的例证? 阐明如何获得这个例证? 　3f. 从目前的社区参与数据中找出其对社区影响的例证? 阐明如何获得这个例证? 　3g. 从目前的社区参与数据中找出其对大学影响的例证? 阐明如何获得这个例证? **专业化发展** 　4. 自上次分类以来,大学在为教师和社区合作者提供专业化支持发展有哪些变化? **教师角色和奖励体系** 　5. 在人才招聘中是否有专门的针对在社区参与方面表现优异的人员的雇用政策? 　6. 自上次分来以来,大学在将教师社区参与纳入校级层面的晋升政策方面有哪些变化?

（续表）

基础指标	组织承诺	7. 是否有校级层面的关于教师社区参与型学术活动的界定？ 8. 是否有将教师社区参与纳入晋升体系的校级层面政策？ 9a. 是否在教与学的奖励中涉及社区参与？ 9b. 是否在研究的奖励中涉及社区参与？ 9c. 是否在服务的奖励中涉及社区参与？ 10. 是否将教师社区参与纳入院级层面的晋升政策？有多少学院制定上述政策？占全部学院的比例是多少？提供三个学院的案例 11. 是否有针对评审专家关于社区参与的专业发展支持 12. 如果现有政策没有明确针对社区参与的奖励，那么大学在修订相关政策方面有哪些规划？ **学生角色和认可** 13. 举例说明学生在社区参与方面的表现？如在活动和决策中如何发挥关键作用？自上次分类以来，这些方面有哪些变化？
	补充性材料	1. 学生成绩单上是否有社区参与的内容？ 2. 学校是否有关于多样化的社区参与活动或者将社区参与融入已有活动？ 3. 社区参与是否与学生保持率和学业成功有关？
分类指标	课程参与	课程参与主要指服务学习课程，即大学与社区合作的课程，用于解决社区问题，增强大学的学术性 8 个问题（回答是或否，如果回答，要列举证明材料） 1a. 自上次分类以来，服务学习的界定有哪些变化？阐明这些变化的目的。 1b. 如果学校在将服务学习作为大学课程的一部分方面有相应的程序，请阐明这个程序。自上次分来以来，这个程序有哪些变化并阐明这一变化的过程 2. 完成以下表格

服务学习课程数量	自上次分类以来，服务学习课程数量的变化	服务学习占总课程的比例	自上次分类以来，这一比例的变化
提供服务学习课程的学院的数量	自上次分类以来，提供服务学习课程的学院的数量变化	提供服务学习课程的学院占总学院的比例	自上次分类以来，这一比例的变化
提供服务学习课程的教师的数量	自上次分类以来，提供服务学习课程的教师的数量变化	提供服务学习课程的教师占教师总数的比例	自上次分类以来，这一比例的变化
参与服务学习课程的学生的数量	自上次分类以来，参与服务学习课程的学生的数量变化	参与服务学习课程的学生占学生总数的比例	自上次分类以来，这一比例的变化

3. 上述数据是如何搜集和使用的？
4. 自上次分类以来，学校层面的关于学生服务学习课程的学习结果的表述有哪些变化？
5. 社区参与是否整合到下列课程活动中？
如研究性课程、领导力课程、实习、海外学习，要对所选内容举出例证，并阐明自上次分类以来的变化

（续表）

分类指标	课程参与	6. 社区参与是否被整合进下列课程？ 如研究生课程、核心课程、顶石课程、新生课程体系、通识教育、主修课程、选修课程，要对所选内容举出例证，并阐明自上次分类以来的变化 7. 阐明教师如何将社区参与的教与学融合进课程，同时还利用这些活动提升教与学的质量？举出五个例证。同时也要描述自上次分类以来有哪些变化？ 8. 描述自上次分来以来学校在课程参与方面的整体变化和发展趋势
	拓展与合作	拓展关注的是向社区提供资源，合作强调大学和社区建立互惠互利的双边关系。 1. 自上次分类以来，大学在拓展项目方面有哪些变化？ 2. 自上次分类以来，大学在为社区提供资源方面有哪些变化？ 3. 描述在最近学年里大学与社区建立的新的合作伙伴关系的例子 4. 描述与上次分类时相比，大学与社区的合作伙伴关系在质量和影响力方面有哪些变化？ 5. 自上次分类以来，大学在加深和提升合作方面作出了哪些努力？ 6. 如何评价合作关系？大学从评价中学习到什么？评价数据如何被使用？ 7. 教师如何与社区合作开发学术性成果从而使社区受益的？举出五个例证 8. 阐明自上次分类以来，大学在拓展与合作方面有哪些变化？
总结性陈述		1. 对上述问题中要求答案简短的，如果有需要可以在此详细阐明 2. 上述问题中没有提及但是您认为重要的可以在此阐明 3. 请对此次分类提出意见和建议

资料来源：Carnegie Foundation for the Advancement of Teaching. Re-classification Documentation Framework［EB/OL］. http://nerche. org/images/stories/projects/Carnegie/2015/2015_reclassification_framework. pdf.［2017 - 05 - 25］.

　　从上述标准框架可以看出，卡内基金会对社区参与院校的评价主要有两个特点。一是强调多样化的实践指标。评价不仅涉及院校对领导者、教师、学生等的考核，还要求评价中要有来自社区参与者的声音，将社区参与者对院校社区参与的评价纳入考核体系中。评价不仅需要院校提供大量的文件类佐证材料，还要求提供相应的数据库信息，强调建立反馈机制，并将这些数据用于改进和提升相关的社区参与活动。二是强调大学和社区建立互惠互利的双边关系（two-way partnership）。与传统社会服务相比，社区参与更注重大学和社区的双向往来，而不是大学单向地向社区传输知识和资源。这也是卡内基教学促进会将此类院校成为社区参与院校，而不是沿用传统的社会服务院校的原因所在。框架内有多个指标要求院校提供佐证材料证明其与社区建立的合作充分发挥了社区参与者的主动性，不仅促进社区发展，也促进大学自身的学术性发展。当然，要保持真正意义上的互惠互利的合作伙伴关系需要大学进一步调整发展思路，对社区参与做出持续努力。

三、分类与社会服务

卡内基社区参与型机构分类不涉及办学质量高低,目的是帮助高等教育研究者了解高等教育机构的多样性,帮助识别大致可以用来相对比的院校。社区参与型分类是对卡内基传统分类的一次改造,旨在提高其灵活性、数据准确性,并通过多个维度展现机构独特性。该分类在一系列调查和自我评估报告的基础上促使高等教育机构的教育者们通过社区参与实践努力取得认证资格。高等教育机构取得认证的方式包括两种,一种是通过机构身份、文化和组织承诺的方式来展示社会服务的制度化;另一种是通过课程参与、拓展和伙伴的关系来体现对社区服务的关注,在跟踪和记录的过程中又会产生新的社区合作。① 许多新进入分类名单的院校在进入分类后获得了大量关注,证明了相关院校在承担社会服务责任上的社会形象。许多高等教育机构表示这一分类活动揭示了社会服务在不同机构之间的差距,促进了许多机构完善或开创社会服务跟踪和评估计划。

2006 年版卡内基社区服务型分类有 317 所院校参与,其凭借社区服务的身份、文化和承诺被认定为社区参与型院校。社区服务实践涉及课程参与及拓展与合作,或者将两者结合起来,社区服务的概念最大程度上包括了社区服务形式的多样性和范围的广泛性。2015 年版社区参与型分类更加具体,更便于研究者使用,研究报告更加注重社区活动,机构分类的描述性特征更加明显,修正和完善了分类标准等。这些新趋势在促进教育机构履行社会服务职能方面有重要影响,通过提高对研究机构社区服务评价结果的准确性从而促进分类结果的多元化和机构社会服务政策的制定。卡内基社会服务分类可以带给我们的启示包括社区参与的分类维度,分类数据来源的多样性、构建多元动态的分类标准、制定社区服务的专项政策从而推动教学、研究和社区服务的协调发展等。②

---

① Amy Driscoll. Carnegie's new community engagement classification:Affirming higher education's role in community [J]. New Directions for Higher Education,2009,Vol. 147,pp5 – 12.

② Li Pan,Cui Hui-Li,S. O. Education. The New Tendency of Carnegie Classification of Higher Education Institution in U. S—Research of 2015 Carnegie Elective Community Engagement Classification [J]. International & Comparative Education,2016,Vol. 39,No. 07,pp79 – 84.

　　卡内基社区服务型分类对院校的影响不能一概而论,但可从以下维度进行衡量:研究项目、所获荣誉、知名度、资金、形象、教学方式的转变、与外界的交流与合作。纵观所有影响,社区参与对学生的影响是对机构进行评价的主要指标,在高等教育中对社区服务的研究将激励教职工进行创新、合理分配资源、促进其职业发展规划完善。卡内基社区参与型分类的作用体现在公众认知、社会责任、推动变革和机构的自我评估,申请机构需要实现社会服务的实践活动并加以记录才有机会进入分类,因此卡内基分类在一定程度上提高了社会服务在高等教育中的地位。[①] 卡内基社区参与分类为高等教育机构社会参与活动认证提供了标准,并试图将其制度化到整个大学中去。[②] 例如,在社区参与型分类激励下,社区服务被视为 2015 年得克萨斯州有五所入选大学之一的休斯敦大学的核心,2014 年其学生贡献了超过 73 000 个小时的社区服务。[③]

　　卡内基社区参与分类为高等教育机构提供了社区服务认定的标准,一定程度上鼓励机构本身、教职工、学生提高社会服务意识,积极参与社会服务活动。越来越多的高等教育机构为了申请进入卡内基社区参与分类名单而开始了解社区参与分类标准,开展社区服务实践活动。该分类不仅推动高等教育机构完善其社会服务职能,也加强了高等教育机构与社区、公立组织和私营机构之间的联系,提高社会服务在高等教育中的地位。

　　卡内基分类在记录和评估过程中也遇到一些挑战,如对社区服务活动的记录和追踪过程往往难以标准化,很少有机构能对学生学习成果有准确评估,所以社区参与型分类大部分采用了对个别课程及项目进行评估,数据来源也大多是个别教职工项目所提供的数据,因此需要投入更多资源和更多时间进行评估。在跟踪和记录中,很少有机构能够明确提出互惠是如何实现的,也很少能在数据中找到系统的反馈例子。另一个挑战是社会服务没有真正意义上纳入学术激励

① Amy Driscoll. Analysis of the Carnegie Classification of Community Engagement: Patterns and Impact on Institutions [J]. New Directions for Institutional Research, 2014, Vol. 162, pp3 - 15.

② Elaine Ward, Suzanne Buglione, Dwight E. Giles, et al. The Carnegie Classification for Community Engagement [M]. University Engagement With Socially Excluded Communities. Springer Netherlands, 2013, pp285 - 308.

③ William Flores. UHD Earns 2015 Carnegie Foundation Community Engagement Classification [EB/OL]. http://www. linkedin. com/pulse/uhd-earns-2015-carnegie-foundation-community-william-flores. html, 2015 - 02 - 13.

体系中,学术评价仍然依赖于传统学术绩效标准。而最大的挑战在于能否将社会服务融入高等教育机构的使命中去。全国范围内的卡内基社区参与型分类能够提高高等教育机构的社会参与,如果该分类更加权威,那么其作用将更为明显。实际上,如果能将教职工的招聘、晋升、绩效考核政策与社区服务活的联系起来,将会充分发挥教职工在社区服务当中的作用和积极性[①],这与中国的情况极为类似。

本章附录　所有社区参与性院校: 2010 年和 2015 年

序号	机构名称(字母顺序排列)	所属州	分类年份
1	奥本大学 (Auburn University)	亚拉巴马州	2010
2	贾德森大学 (Judson College)	亚拉巴马州	2008;2015
3	阿拉巴马大学 (University of Alabama)	亚拉巴马州	2008;2015
4	阿拉巴马大学伯明翰分校 (University of Alabama at Birmingham)	亚拉巴马州	2008;2015
5	阿拉斯加安克雷奇大学 (University of Alaska Anchorage)	阿拉斯加州	2006;2015
6	亚利桑那州立大学 (Arizona State University)	亚利桑那州	2006;2015
7	钱得勒-吉尔伯特社区学院 (Chandler-Gilbert Community College)	亚利桑那州	2006;2015
8	梅萨社区学院 (Mesa Community College)	亚利桑那州	2015
9	菲兰德史密斯学院 (Philander Smith College)	阿肯色州	2015
10	阿肯色小石城大学 (University of Arkansas at Little Rock)	阿肯色州	2010

---

① Amy Driscoll. Carnegie's new community engagement classification: Affirming higher education's role in community [J]. New Directions for Higher Education, 2009, Vol. 147, pp5 - 12.

（续表）

序号	机构名称（字母顺序排列）	所属州	分类年份
11	阿兹塞太平洋大学 （Azusa Pacific University）	加利福尼亚州	2010
12	加州州立大学贝克斯菲尔德分校 （California State University, Bakersfield）	加利福尼亚州	2015
13	加州州立大学海峡群岛分校 （California State University, Channel Islands）	加利福尼亚州	2010
14	加州州立大学奇科分校 （California State University, Chico California）	加利福尼亚州	2006；2015
15	加州州立大学明戈斯山分校 （California State University, Dominguez Hills）	加利福尼亚州	2010
16	加州州立大学弗雷斯诺分校 （California State University, Fresno）	加利福尼亚州	2006；2015
17	加州州立大学富尔顿分校 （California State University, Fullerton）	加利福尼亚州	2008；2015
18	加州州立大学长滩分校 （California State University, Long Beach）	加利福尼亚州	2008；2015
19	加州州立大学蒙特利湾分校 （California State University, Monterey Bay）	加利福尼亚州	2006；2015
20	加州州立大学萨克拉曼多分校 （California State University, Sacramento）	加利福尼亚州	2010
21	加州州立大学圣伯纳迪诺分校 （California State University, San Bernardino）	加利福尼亚州	2008；2015
22	加州州立大学圣马科斯分校 （California State University, San Marcos）	加利福尼亚州	2006；2015
23	加州州立大学坦尼斯洛斯分校 （California State University, Stanislaus）	加利福尼亚州	2008；2015
24	加州多名尼克大学 （Ominican University of California）	加利福尼亚州	2008；2015
25	菲尔丁研究生院 （Fielding Graduate University）	加利福尼亚州	2008；2015
26	拉希拉大学 （La Sierra University）	加利福尼亚州	2008；2015
27	那慕尔圣母大学 （Notre Dame de Namur University）	加利福尼亚州	2015
28	西方学院 （Occidental College）	加利福尼亚州	2008；2015

（续表）

序号	机构名称(字母顺序排列)	所属州	分类年份
29	奥蒂斯艺术与设计学院 (Otis College of Art and Design)	加利福尼亚州	2006；2015
30	匹泽学院 (Pitzer College)	加利福尼亚州	2006, CE；2010；O&P①
31	波莫纳学院 (Pomona College)	加利福尼亚州	2015
32	加州圣玛丽学院 (Saint Mary's College of California)	加利福尼亚州	2008(CE only)②；2015
33	圣地亚哥州立大学 (San Diego State University)	加利福尼亚州	2015
34	旧金山州立大学 (San Francisco State University)	加利福尼亚州	2006；2015
35	加州大学戴维斯分校 (University of California, Davis)	加利福尼亚州	2015
36	加州大学洛杉矶分校 (University of California, Los Angeles)	加利福尼亚州	2006；2015
37	加州大学默塞德分校 (University of California, Merced)	加利福尼亚州	2015
38	拉文大学 (University of La Verne)	加利福尼亚州	2015
39	雷德兰兹大学 (University of Redlands)	加利福尼亚州	2006；2015
40	圣地亚哥大学 (University of San Diego)	加利福尼亚州	2006；2015
41	旧金山大学 (University of San Francisco)	加利福尼亚州	2006；2015
42	南加州大学 (University of Southern California)	加利福尼亚州	2010
43	惠蒂尔学院 (Whittier College)	加利福尼亚州	2010
44	科罗拉多州立大学 (Colorado State University)	科罗拉多州	2008；2015

---

① 匹泽学院 2006 年首次进入分类,主要依据课程参与(Curricular Engagement)方面的贡献;2010 年再次进入分类,依据其扩展与合作伙伴关系(Outreach & Partnerships)方面的贡献。

② 加州圣玛丽学院 2008 年进入分类,仅提供课程参与(Curricular Engagement)有关的证明材料。

（续表）

序号	机构名称(字母顺序排列)	所属州	分类年份
45	丹佛大学 (University of Denver)	科罗拉多州	2006;2015
46	北科罗拉多大学 (University of Northern Colorado)	科罗拉多州	2015
47	中康涅狄格州立大学 (Central Connecticut State University)	康涅狄格州	2010
48	东康涅狄格州立大学 (Eastern Connecticut State University)	康涅狄格州	2015
49	费尔菲尔德州立大学 (Fairfield University)	康涅狄格州	2008;2015
50	诺沃克社区学院 (Norwalk Community College)	康涅狄格州	2010
51	康涅狄格大学 (University of Connecticut)	康涅狄格州	2010
52	卫斯理大学 (Wesleyan University)	康涅狄格州	2008;2015
53	特拉华大学 (University of Delaware)	特拉华州	2015
54	乔治城大学 (Georgetown University)	华盛顿哥伦比亚特区	2008;2015
55	巴里大学 (Barry University)	佛罗里达州	2015
56	佛罗里达湾岸大学 (Florida Gulf Coast University)	佛罗里达州	2008;2015
57	佛罗里达国际大学 (Florida International University)	佛罗里达州	2010
58	佛罗里达州立大学 (Florida State University)	佛罗里达州	2010
59	迈阿密达德学院 (Miami Dade College)	佛罗里达州	2008;2015
60	诺瓦东南大学 (Nova Southeastern University)	佛罗里达州	2010
61	罗林斯学院 (Rollins College)	佛罗里达州	2008;2015
62	斯泰森大学 (Stetson University)	佛罗里达州	2008;2015

序号	机构名称（字母顺序排列）	所属州	分类年份
63	中佛罗里达大学 (University of Central Florida)	佛罗里达州	2006；2015
64	迈阿密大学 (University of Miami)	佛罗里达州	2015
65	北佛罗里达大学 (University of North Florida)	佛罗里达州	2010
66	南佛罗里达大学 (University of South Florida)	佛罗里达州	2006，O&P； 2010，CE
67	南佛罗里达大学圣彼得堡分校 (University of South Florida St. Petersburg)	佛罗里达州	2010
68	西佛罗里达大学 (University of West Florida)	佛罗里达州	2015
69	贝里学院 (Berry College)	佐治亚州	2010
70	克莱顿州立大学 (Clayton State University)	佐治亚州	2015
71	埃默里大学 (Emory University)	佐治亚州	2006；2015
72	乔治亚学院与州立大学 (Georgia College and State University)	佐治亚州	2015
73	肯尼绍州立大学 (Kennesaw State University)	佐治亚州	2015
74	默塞尔大学 (Mercer University)	佐治亚州	2008；2015
75	莫尔豪斯医学院 (Morehouse School of Medicine)	佐治亚州	2010
76	北佐治亚学院与州立大学 (North Georgia College & State University)	佐治亚州	2010
77	佐治亚大学 (University of Georgia)	佐治亚州	2010
78	卫斯理学院 (Wesleyan College)	佐治亚州	2015
79	卡皮欧兰尼社区学院 (Kapiolani Community College)	夏威夷州	2006；2015
80	博伊西州立大学 (Boise State University)	爱达荷州	2006；2015

（续表）

序号	机构名称（字母顺序排列）	所属州	分类年份
81	爱达荷大学 (University of Idaho)	爱达荷州	2010
82	阿德勒大学 (Adler University)	伊利诺伊州	2015
83	芝加哥职业心理学校 (Chicago School of Professional Psychology)	伊利诺伊州	2010
84	芝加哥哥伦比亚学院 (Columbia College Chicago)	伊利诺伊州	2010
85	德保罗大学 (DePaul University)	伊利诺伊州	2006；2015
86	芝加哥洛约拉大学 (Loyola University Chicago)	伊利诺伊州	2008；2015
87	国家路易斯大学 (National Louis University)	伊利诺伊州	2015
88	北伊利诺伊大学 (Northern Illinois University)	伊利诺伊州	2006, CE；2008, O&P
89	罗克福德大学 (Rockford University)	伊利诺伊州	2006(O&P only)；2015
90	南伊利诺伊大学 (Southern Illinois University)	伊利诺伊州	2015
91	伊利诺伊大学厄巴纳香槟分校 (University of Illinois at Urbana-Champaign)	伊利诺伊州	2008；2015
92	西伊利诺伊大学 (Western Illinois University)	伊利诺伊州	2010
93	安德森大学 (Anderson University)	印第安纳州	2015
94	博尔州立大学 (Ball State University)	印第安纳州	2015
95	巴特勒大学 (Butler University)	印第安纳州	2015
96	印第安纳州立大学 (Indiana State University)	印第安纳州	2006；2015
97	印第安纳大学伯明顿分校 (Indiana University Bloomington)	印第安纳州	2010

（续表）

序号	机构名称(字母顺序排列)	所属州	分类年份
98	印第安纳大学普渡大学维恩堡分校 (Indiana University Purdue University Fort Wayne)	印第安纳州	2010
99	印第安纳大学与普渡大学印第安纳波里斯联合分校 (Indiana University-Purdue University Indianapolis)	印第安纳州	2006;2015
100	玛丽安大学 (Marian University)	印第安纳州	2015
101	普渡大学 (Purdue University)	印第安纳州	2008;2015
102	普渡大学西北校区 (Purdue University North Central)	印第安纳州	2010
103	圣玛丽学院 (Saint Mary's College)	印第安纳州	2010
104	泰勒大学 (Taylor University)	印第安纳州	2010
105	印第安纳波利斯大学 (University of Indianapolis)	印第安纳州	2010
106	圣母大学 (University of Notre Dame)	印第安纳州	2010
107	南印第安纳大学 (University of Southern Indiana)	印第安纳州	2008;2015
108	布纳维斯塔大学 (Buena Vista University)	艾奥瓦州	2010
109	中央学院 (Central College)	艾奥瓦州	2008;2015
110	德雷克大学 (Drake University)	艾奥瓦州	2015
111	艾奥瓦州立大学 (Iowa State University)	艾奥瓦州	2008;2015
112	艾奥瓦大学 (University of Iowa)	艾奥瓦州	2015
113	北艾奥瓦大学 (University of Northern Iowa)	艾奥瓦州	2006;2015

（续表）

序号	机构名称（字母顺序排列）	所属州	分类年份
114	沃特伯格学院 (Wartburg College)	艾奥瓦州	2006；2015
115	堪萨斯州立大学 (Kansas State University)	堪萨斯州	2010
116	堪萨斯大学 (University of Kansas)	堪萨斯州	2010
117	伯里亚学院 (Berea College)	肯塔基州	2008；2015
118	东肯塔基大学 (Eastern Kentucky University)	肯塔基州	2008；2015
119	摩海德州立大学 (Morehead State University)	肯塔基州	2006；2015
120	北肯塔基大学 (Northern Kentucky University)	肯塔基州	2006；2015
121	肯塔基大学 (University of Kentucky)	肯塔基州	2005，O&P； 2008，CE；2015
122	路易斯维尔大学 (University of Louisville)	肯塔基州	2008；2015
123	西肯塔基大学 (Western Kentucky University)	肯塔基州	2006；2015
124	路易斯安那州立大学 (Louisiana State University)	路易斯安那州	2008；2015
125	新奥尔良洛约拉大学 (Loyola University New Orleans)	路易斯安那州	2010
126	圣母湖学院 (Our Lady of the Lake College)	路易斯安那州	2010
127	杜兰大学 (Tulane University)	路易斯安那州	2008；2015
128	贝茨学院 (Bates College)	缅因州	2008；2015
129	缅因州圣约瑟夫学院 (Saint Joseph's College of Maine)	缅因州	2015
130	尤尼蒂学院 (Unity College)	缅因州	2010
131	缅因大学奥罗诺分校 (University of Maine)	缅因州	2008；2015

序号	机构名称(字母顺序排列)	所属州	分类年份
132	缅因大学马齐亚斯分校 (University of Maine at Machias)	缅因州	2010
133	安妮阿伦德尔社区学 (Anne Arundel Community College)	马里兰州	2008;2015
134	马里兰洛约拉大学 (Loyola University Maryland)	马里兰州	2010
135	陶森大学 (Towson University)	马里兰州	2008;2015
136	波士顿建筑学院 (Boston Architectural College)	马萨诸塞州	2015
137	布里斯托尔社区学院 (Bristol Community College)	马萨诸塞州	2006;2015
138	蚌壳山社区学院 (Bunker Hill Community College)	马萨诸塞州	2008;2015
139	克拉克大学 (Clark University)	马萨诸塞州	2010
140	爱默生学院 (Emerson College)	马萨诸塞州	2015
141	罕布什尔学院 (Hampshire College)	马萨诸塞州	2015
142	拉塞尔学院 (Lasell College)	马萨诸塞州	2015
143	麻省艺术与设计学院 (Massachusetts College of Art and Design)	马萨诸塞州	2008;2015
144	米德尔塞克斯社区学院 (Middlesex Community College)	马萨诸塞州	2006;2015
145	曼荷莲女子文理学院 (Mount Holyoke College)	马萨诸塞州	2015
146	瓦诸塞特山社区学院 (Mount Wachusett Community College)	马萨诸塞州	2008;2015
147	北岸社区学院 (North Shore Community College)	马萨诸塞州	2010
148	东北大学 (Northeastern University)	马萨诸塞州	2015
149	春田学院 (Springfield College)	马萨诸塞州	2008;2015

（续表）

序号	机构名称(字母顺序排列)	所属州	分类年份
150	史东希尔学院 (Stonehill College)	马萨诸塞州	2008;2015
151	萨福克大学 (Suffolk University)	马萨诸塞州	2010
152	塔夫斯大学 (Tufts University)	马萨诸塞州	2006;2015
153	马萨诸塞大学安姆斯特分校 (University of Massachusetts Amherst)	马萨诸塞州	2008;2015
154	麻省大学波士顿分校 (University of Massachusetts Boston)	马萨诸塞州	2006;2015
155	麻省大学达特茅斯分校 (University of Massachusetts Dartmouth)	马萨诸塞州	2008;2015
156	麻省大学洛威尔分校 (University of Massachusetts Lowell)	马萨诸塞州	2008;2015
157	麻省大学医学院 (University of Massachusetts Medical School)	马萨诸塞州	2008;2015
158	温特沃斯理工学院 (Wentworth Institute of Technology)	马萨诸塞州	2008;2015
159	威廉姆斯学院 (Williams College)	马萨诸塞州	2015
160	伍斯特州立大学 (Worcester State University)	马萨诸塞州	2015
161	加尔文学院 (Calvin College)	密歇根州	2010
162	东密歇根大学 (Eastern Michigan University)	密歇根州	2008;2015
163	霍普学院 (Hope College)	密歇根州	2010
164	劳伦斯理工大学 (Lawrence Technological University)	密歇根州	2008;2015
165	麦当娜大学 (Madonna University)	密歇根州	2006;2015
166	密歇根州立大学 (Michigan State University)	密歇根州	2006;2015
167	北密歇根大学 (Northern Michigan University)	密歇根州	2008;2015

序号	机构名称(字母顺序排列)	所属州	分类年份
168	萨基诺谷州立大学 (Saginaw Valley State University)	密歇根州	2015
169	密歇根大学弗林特分校 (University of Michigan-Flint)	密歇根州	2010
170	密歇根大学蒂尔伯恩分校 (University of Michigan-Dearborn)	密歇根州	2015
171	韦恩州立大学 (Wayne State University)	密歇根州	2008;2015
172	西密歇根大学 (Western Michigan University)	密歇根州	2010
173	奥格斯堡学院 (Augsburg College)	明尼苏达州	2008;2015
174	古斯塔夫阿道尔夫学院 (Gustavus Adolphus College)	明尼苏达州	2015
175	马卡莱斯特学院 (Macalester College)	明尼苏达州	2010
176	州立大都会大学 (Metropolitan State University)	明尼苏达州	2008;2015
177	圣凯瑟琳大学 (St. Catherine University)	明尼苏达州	2015
178	圣克劳德州立大学 (St. Cloud State University)	明尼苏达州	2010
179	明尼苏达大学莫里斯分校 (University of Minnesota, Morris)	明尼苏达州	2015
180	明尼苏达大学双城分校 (University of Minnesota, Twin Cities)	明尼苏达州	2006;2015
181	圣托马斯大学 (University of St. Thomas)	明尼苏达州	2006;2015
182	威诺纳州立大学 (Winona State University)	明尼苏达州	2006;2015
183	杰克逊州立大学 (Jackson State University)	密西西比州	2010
184	米尔萨普斯学院 (Millsaps College)	密西西比州	2010
185	密西西比州立大学 (Mississippi State University)	密西西比州	2010

（续表）

序号	机构名称（字母顺序排列）	所属州	分类年份
186	南密西西比州立大学 (University of Southern Mississippi)	密西西比州	2010
187	密苏里州立大学 (Missouri State University)	密苏里州	2010
188	罗克赫斯特大学 (Rockhurst University)	密苏里州	2010
189	圣路易斯大学 (Saint Louis University)	密苏里州	2015
190	密苏里大学堪萨斯分校 (University of Missouri-Kansas City)	密苏里州	2015
191	密苏里大学哥伦比亚分校 (University of Missouri-Columbia)	密苏里州	2008;2015
192	密苏里大学路易斯分校 (University of Missouri-St. Louis)	密苏里州	2010
193	密苏里威斯敏斯特学院 (Westminster College，MO)	密苏里州	2010
194	蒙大拿州立大学 (Montana State University)	蒙大拿州	2010
195	蒙大拿大学 (University of Montana)	蒙大拿州	2008;2015
196	内布拉斯加卫理公会大学 (Nebraska Methodist College)	内布拉斯加州	2015
197	内布拉斯加大学奥巴哈分校 (University of Nebraska at Omaha)	内布拉斯加州	2006;2015
198	内布拉斯加大学医学中心 (University of Nebraska Medical Center)	内布拉斯加州	2015
199	基恩州立学院 (Keene State College)	新罕布什尔州	2006;2015
200	新英格兰大学 (New England College)	新罕布什尔州	2010
201	普利茅斯州立大学 (Plymouth State University)	新罕布什尔州	2010
202	南新罕布什尔大学 (Southern New Hampshire University)	新罕布什尔州	2010
203	卑尔根社区学院 (Bergen Community College)	新泽西州	2010

(续表)

序号	机构名称(字母顺序排列)	所属州	分类年份
204	新泽西学院 (College of New Jersey)	新泽西州	2015
205	德鲁大学 (Drew University)	新泽西州	2015
206	蒙特克莱尔州立大学 (Montclair State University)	新泽西州	2015
207	拉里坦谷社区学院 (Raritan Valley Community College)	新泽西州	2008;2015
208	新泽西理查德斯托克顿学院 (Richard Stockton College of New Jersey)	新泽西州	2010
209	罗格斯大学 (Rutgers University-Newark)	新泽西州	2006, O&P; 2010, CE
210	新泽西州立罗格斯大学 (Rutgers, The State University of New Jersey-New Brunswick)	新泽西州	2010
211	罗格斯大学卡姆登院校 (Rutgers-Camden)	新泽西州	2015
212	圣彼得大学 (Saint Peter's University)	新泽西州	2008;2015
213	新墨西哥州立大学 (New Mexico State University)	新墨西哥州	2015
214	艾德菲大学 (Adelphi University)	纽约市	2010
215	康奈尔大学 (Cornell University)	纽约市	2010
216	代门学院 (Daemen College)	纽约市	2008;2015
217	霍巴特和威廉姆史密斯学院 (Hobart and William Smith Colleges)	纽约市	2010
218	杰斐逊社区学院 (Jefferson Community College)	纽约市	2010
219	莱莫恩学院 (Le Moyne College)	纽约市	2015
220	拿撒勒学院 (Nazareth College)	纽约市	2008;2015

（续表）

序号	机构名称(字母顺序排列)	所属州	分类年份
221	纽约大学 (New York University)	纽约市	2006;2015
222	尼亚加拉大学 (Niagara University)	纽约市	2008;2015
223	佩斯大学 (Pace University)	纽约市	2006;2015
224	锡耶纳学院 (Siena College)	纽约市	2015
225	斯基德莫尔学院 (Skidmore College)	纽约市	2010
226	圣约翰费舍尔大学 (St. John Fisher College)	纽约市	2015
227	圣约翰大学 (St. John's University)	纽约市	2010
228	纽约州立大学纳苏分校 (State University of New York at Geneseo)	纽约市	2015
229	纽约州立大学奥斯威戈分校 (State University of New York at Oswego)	纽约市	2010
230	纽约州立大学布法罗分校 (State University of New York, Buffalo State)	纽约市	2015
231	纽约州立大学科特兰分校 (State University of New York, Cortland)	纽约市	2008;2015
232	纽约州立大学德里分校 (State University of New York, Delhi)	纽约市	2015
233	纽约州立大学弗雷多尼亚学院 (State University of New York, Fredonia)	纽约市	2015
234	纽约州立大学石溪分校 (Stony Brook University)	纽约市	2010
235	纽约州立大学环境科学与林业 (SUNY College of Environmental Science and Forestry)	纽约市	2010
236	纽约州立大学奥尼昂塔学院 (SUNY Oneonta)	纽约市	2010
237	瓦格纳学院 (Wagner College)	纽约市	2008;2015

（续表）

序号	机构名称（字母顺序排列）	所属州	分类年份
238	阿帕拉契州立大学 (Appalachian State University)	北卡罗来纳州	2008；2015
239	杜克大学 (Duke University)	北卡罗来纳州	2008；2015
240	东卡罗来纳大学 (East Carolina University)	北卡罗来纳州	2008；2015
241	伊丽莎白市州立大学 (Elizabeth City State University)	北卡罗来纳州	2010
242	依隆大学 (Elon University)	北卡罗来纳州	2006；2015
243	加德纳韦伯大学 (Gardner-Webb University)	北卡罗来纳州	2010
244	北卡罗来纳农工州立大学 (North Carolina Agricultural and Technical State University)	北卡罗来纳州	2015
245	北卡罗来纳中央大学 (North Carolina Central University)	北卡罗来纳州	2008；2015
246	北卡罗来纳州立大学 (North Carolina State University)	北卡罗来纳州	2006；2015
247	弗佛大学 (Pfeiffer University)	北卡罗来纳州	2008；2015
248	北卡罗来纳大学查佩尔山分校 (University of North Carolina at Chapel Hill)	北卡罗来纳州	2006；2015
249	北卡罗来纳大学夏洛特分校 (University of North Carolina at Charlotte)	北卡罗来纳州	2008；2015
250	北卡罗来纳大学彭布洛克分校 (University of North Carolina at Pembroke)	北卡罗来纳州	2008　（　O&P only）；2015
251	北卡罗来纳州立大学格林波若分校 (University of North Carolina GreensboroNorth)	北卡罗来纳州	2008；2015
252	北卡罗来纳大学威明顿学院 (University of North Carolina Wilmington)	北卡罗来纳州	2008；2015
253	维克森林大学 (Wake Forest University)	北卡罗来纳州	2010
254	沃伦威尔逊学院 (Warren Wilson College)	北卡罗来纳州	2015

（续表）

序号	机构名称(字母顺序排列)	所属州	分类年份
255	西卡罗来纳大学 (Western Carolina University)	北卡罗来纳州	2008；2015
256	北达科他大学主校区 (University of North Dakota-Main Campus)	北达科他州	2006, O&P; 2010, CE
257	鲍林格林州立大学 (Bowling Green State University)	俄亥俄州	2008(CE only); 2015
258	克利夫兰州立大学 (Cleveland State University)	俄亥俄州	2015
259	丹尼森大学 (Denison University)	俄亥俄州	2010
260	希拉姆学院 (Hiram College)	俄亥俄州	2010
261	约翰卡洛尔大学 (John Carroll University)	俄亥俄州	2010
262	迈阿密大学汉密尔顿分校 (Miami University, Hamilton)	俄亥俄州	2010
263	迈阿密大学俄亥俄分校 (Miami University, Ohio)	俄亥俄州	2010
264	奥柏林学院 (Oberlin College)	俄亥俄州	2010
265	俄亥俄州立大学 (Ohio State University)	俄亥俄州	2008；2015
266	奥特伯恩大学 (Otterbein University)	俄亥俄州	2008；2015
267	欧文斯社区学院 (Owens Community College)	俄亥俄州	2008(O&P only); 2015
268	阿克伦大学 (University of Akron)	俄亥俄州	2008；2015
269	辛辛那提大学 (University of Cincinnati-Main Campus)	俄亥俄州	2006, O&P; 2010, CE
270	戴顿大学 (University of Dayton)	俄亥俄州	2015
271	托莱多大学 (University of Toledo)	俄亥俄州	2015
272	莱特州立大学 (Wright State University)	俄亥俄州	2015

序号	机构名称（字母顺序排列）	所属州	分类年份
273	泽维尔大学 (Xavier University)	俄亥俄州	2008;2015
274	俄克拉荷马州立大学 (Oklahoma State University)	俄克拉荷马州	2006(O&P only); 2015
275	中俄克拉荷马大学 (University of Central Oklahoma)	俄克拉荷马州	2015
276	俄勒冈州立大学 (Oregon State University)	俄勒冈州	2010
277	波特兰州立大学 (Portland State University)	俄勒冈州	2006;2015
278	阿里基尼学院 (Allegheny College)	宾夕法尼亚州	2006;2015
279	艾尔福尼亚大学 (Alvernia University)	宾夕法尼亚州	2008;2015
280	宾州布鲁姆斯堡大学 (Bloomsburg University of Pennsylvania)	宾夕法尼亚州	2015
281	巴克内尔大学 (Bucknell University)	宾夕法尼亚州	2010
282	卡布里尼学院 (Cabrini College)	宾夕法尼亚州	2008;2015
283	德雷塞尔大学 (Drexel University)	宾夕法尼亚州	2008;2015
284	杜肯大学 (Duquesne University)	宾夕法尼亚州	2008;2015
285	伊丽莎白敦学院 (Elizabethtown College)	宾夕法尼亚州	2010
286	甘农大学 (Gannon University)	宾夕法尼亚州	2015
287	盖茨堡学院 (Gettysburg College)	宾夕法尼亚州	2006;2015
288	拉萨尔大学 (La Salle University)	宾夕法尼亚州	2010
289	弥赛亚学院 (Messiah College)	宾夕法尼亚州	2008;2015
290	米勒斯维尔大学 (Millersville University)	宾夕法尼亚州	2010

（续表）

序号	机构名称(字母顺序排列)	所属州	分类年份
291	穆伦堡学院 (Muhlenberg College)	宾夕法尼亚州	2010
292	北安普顿社区学院 (Northampton Community College)	宾夕法尼亚州	2008;2015
293	宾夕法尼亚州立大学 (Pennsylvania State University)	宾夕法尼亚州	2008;2015
294	圣约瑟夫大学 (Saint Joseph's University)	宾夕法尼亚州	2010
295	索思摩学院 (Swarthmore College)	宾夕法尼亚州	2008;2015
296	天普大学 (Temple University)	宾夕法尼亚州	2010
297	宾夕法尼亚大学 (University of Pennsylvania)	宾夕法尼亚州	2006;2015
298	斯克兰顿大学 (University of Scranton)	宾夕法尼亚州	2008;2015
299	维拉诺瓦大学 (Villanova University)	宾夕法尼亚州	2008;2015
300	宾夕法尼亚州西切斯特大学 (West Chester University of PA)	宾夕法尼亚州	2010
301	威得恩大学 (Widener University)	宾夕法尼亚州	2006;2015
302	Universidad del Sagrado Corazon	波多黎各	2008;2015
303	南加州要塞军事学院 (Citadel Military College of South Carolina)	南卡罗来纳州	2015
304	克莱姆森大学 (Clemson University)	南卡罗来纳州	2008;2015
305	哥伦比亚学院 (Columbia College)	南卡罗来纳州	2010
306	南卡罗来纳大学 (University of South Carolina)	南卡罗来纳州	2008;2015
307	温斯洛普大学 (Winthrop University)	南卡罗来纳州	2008;2015
308	贝尔蒙特大学 (Belmont University)	田纳西州	2010

序号	机构名称(字母顺序排列)	所属州	分类年份
309	利普斯科姆大学 (Lipscomb University)	田纳西州	2010
310	中田纳西州立大学 (Middle Tennessee State University)	田纳西州	2008;2015
311	罗德斯学院 (Rhodes College)	田纳西州	2006;2015
312	田纳西州立大学 (Tennessee State University)	田纳西州	2010
313	孟菲斯大学 (University of Memphis)	田纳西州	2006;2015
314	田纳西大学查塔努加分校 (University of Tennessee at Chattanooga)	田纳西州	2008;2015
315	田纳西州立大学马丁分校 (University of Tennessee at Martin)	田纳西州	2010
316	田纳西大学农业研究所 (UT Institute of Agriculture)	田纳西州	2015
317	安吉洛州立大学 (Angelo State University)	得克萨斯州	2015
318	布林学院 (Blinn College)	得克萨斯州	2010
319	考林县社区学院 (Collin County Community College District)	得克萨斯州	2010
320	萨姆休斯敦州立大学 (Sam Houston State University)	得克萨斯州	2010
321	圣玛丽学院 (St. Mary's University)	得克萨斯州	2010
322	德州理工大学 (Texas Tech University)	得克萨斯州	2006;2015
323	休斯敦大学市中心分校 (University of Houston-Downtown)	得克萨斯州	2008(O&P only); 2015
324	得克萨斯大学阿灵顿分校 (University of Texas at Arlington)	得克萨斯州	2010
325	得克萨斯大学奥斯汀分校 (University of Texas at Austin)	得克萨斯州	2015

（续表）

序号	机构名称(字母顺序排列)	所属州	分类年份
326	得克萨斯大学布朗斯维尔分校 (University of Texas at Brownsville and Texas Southmost College)	得克萨斯州	2010
327	得克萨斯大学埃尔帕索分校 (University of Texas at El Paso)	得克萨斯州	2010
328	得克萨斯大学圣安东尼奥分校 (University of Texas at San Antonio)	得克萨斯州	2015
329	盐湖社区学院 (Salt Lake Community College)	犹他州	2015
330	南犹他大学 (Southern Utah University)	犹他州	2010
331	犹他大学 (University of Utah)	犹他州	2010
332	犹他谷大学 (Utah Valley University)	犹他州	2008;2015
333	韦伯州立大学 (Weber State University)	犹他州	2008;2015
334	威斯敏斯特学院 (Westminster College)	犹他州	2010
335	卡尔斯顿州立大学 (Castleton State College)	佛蒙特州	2015
336	米德伯利学院 (Middlebury College)	佛蒙特州	2006;2015
337	圣麦克尔学院 (Saint Michael's College)	佛蒙特州	2010
338	南佛蒙特学院 (Southern Vermont College)	佛蒙特州	2010
339	佛蒙特大学 (University of Vermont)	佛蒙特州	2006;2015
340	维尔京群岛大学 (University of the Virgin Islands)	维尔京群岛	2015
341	威廉与玛丽学院 (College of William and Mary)	弗吉尼亚州	2015
342	艾默里和亨利学院 (Emory & Henry College)	弗吉尼亚州	2008;2015

（续表）

序号	机构名称(字母顺序排列)	所属州	分类年份
343	詹姆士麦迪逊大学 (James Madison University)	弗吉尼亚州	2010
344	里士满大学 (University of Richmond)	弗吉尼亚州	2010
345	弗吉尼亚联邦大学 (Virginia Commonwealth University)	弗吉尼亚州	2006;2015
346	弗吉尼亚理工大学 (Virginia Polytechnic Institute and State University)	弗吉尼亚州	2006;2015
347	贡萨格大学 (Gonzaga University)	华盛顿州	2015
348	美国传统基督教大学 (Heritage University)	华盛顿州	2010
349	西雅图大学 (Seattle University)	华盛顿州	2010
350	华盛顿州立大学 (Washington State University)	华盛顿州	2008;2015
351	西华盛顿大学 (Western Washington University)	华盛顿州	2010
352	西弗吉尼亚大学 (West Virginia University)	西弗吉尼亚州	2010
353	埃奇伍德学院 (Edgewood College)	威斯康星州	2015
354	马凯特大学 (Marquette University)	威斯康星州	2015
355	威斯康星医学院 (Medical College of Wisconsin)	威斯康星州	2015
356	密尔沃基区技术学院 (Milwaukee Area Technical College)	威斯康星州	2015
357	圣诺伯特大学 (St. Norbert College)	威斯康星州	2010
358	威斯康星大学密尔沃基分校 (University of Wisconsin Milwaukee)	威斯康星州	2015
359	威斯康星大学麦迪逊分校 (University of Wisconsin-Madison)	威斯康星州	2008;2015

（续表）

序号	机构名称（字母顺序排列）	所属州	分类年份
360	威斯康星大学帕克赛德分校 (University of Wisconsin-Parkside)	威斯康星州	2006；2015
361	威斯康星大学白水分校 (University of Wisconsin-Whitewater)	威斯康星州	2015

注：①2010 年分类开始，校园需要在课程的参与（Curricular Engagement，CE）和扩展与合作伙伴关系（Outreach & Partnerships，O&P）中提供证明材料，以便分类。②卡内基社区参与性分类分为 2005 版、2010 年版和 2015 年版。其中 2005 年版社区参与性分类是于 2006 年和 2008 年两次完成的，因此 2005 年版中参与分类的机构分类年份注明 2006 年或 2008 年。③卡内基社区参与性分类每十年进行重新认证，即以前已经获得分类认证的院校在认证的 10 年以后要重新申请。④2010 和 2015 年的分类是在之前的基础上进行的，所以包括 2006 年和 2008 年的名单。但是在 2006 年和 2008 年，同一个院校可以选择在一个地区或两个地区进行分类。

第八章
总结与展望

　　本书贯穿的核心思想是,社会服务既是一项传统大学功能,也是实践上多种大学活动的代称,更是贯穿大学运行系统的重要理念。全书从社会服务的历史嬗变、服务性学术理念开始论述,继而展示人才培养、助力经济发展、国际交往这三个侧面上的服务性理念贯穿,最后论述机构层面和人员层面的社会服务评价。本书重点关注了美国大学尤其是公立大学在社区参与性学术理念下社会服务的内涵、活动、评价等内容,显示了新的时代背景下社会服务正在发生着的新转变、新特征。

　　美国公立大学社会服务变革带给我们的最大启示是社会服务活动与传统学术使命之间的协调,其核心要旨在于把学术旨趣贯穿于多样化的社会服务活动之中,而实现这一点的重要手段包括使社会服务绩效进入传统教师职业晋升体系。当然在环境层面,美国具有大学真正面向社会办学的深层次逻辑,包括资源互动、需求反馈、自我管理等多个机制保障。[①] 可以说,美国公立大学体现社会服务价值的操作手段并不比中国高明多少,但其服务性学术理念的贯穿却比中国先进许多,它跳开了要不要开展社会服务的层面,而直接跳跃到了如何开展社会服务的层面。难能可贵的是,在看似零碎、多样、难测的情况,还是竭力把"学术性"贯穿始终,使社会服务活动始终围绕着大学的核心使命展开,而不"漂移"。

　　我国大学社会服务理念停留于依托自身智力资源,向社会提供直接的、单向的、功利性(营利性)经济和社会发展服务活动的狭义层面。随着融合发展时代

---

① 吴伟.构建高校与社会的深度互动关系[N].中国教育报,2018-12-03,第05版(高教周刊).

的到来,社会各界混成交互成为常态,社会服务更加广泛地嵌入大学运行系统。单纯的社会服务与人才培养、科学研究、文化传承、国际交流与合作等常常混杂在一起,为"浑水摸鱼"提供了条件,经常使得学术使命模糊化,并使传统使命的坚守倍加困难。所以,社会服务活动在实践上常常异化为安身立命、扬名立万的功利性活动,分散了学校、学者、学生的时间和精力,进而在根本上损害纯粹的学术活动之根基。

从政策导向上来看,社会服务在传统学术体系中并未得到充分重视以及当前愈加得到重视的情况同时存在。带有社会服务性质的相关指标逐渐进入各种评价指标体系。如在教育部学位中心组织开展的第四轮学科评估中,首次单独设置"社会服务与学科声誉"指标,关注社会服务特色与贡献,只不过是要求用典型案例的方式来呈现,这或许与实践中没有密歇根州立大学那样完善的系统性数据支持有关。但就教师个人评价而言,社会服务角度上的活动并未得到充分重视,如从事成果转化、工程开发、农业推广等工作的人员在声誉、地位上远远不如单纯的所谓"教学科研并重岗"教师,再如横向项目合作、推动行业发展、政府决策咨询等方面成果在"含金量"上远不如国家级项目、高被引论文等,所以教师参与社会服务的"纯粹"动力不足的情况还比较普遍。

可喜的是,最近几年出台的重要文件中,多样化的社会服务活动正在得到重视。如2017年1月,中共中央办公厅、国务院办公厅发布《关于深化职称制度改革的意见》规定:不将论文作为评价应用型人才的限制性条件……探索以专利成果、项目报告、工作总结、工程方案、设计文件、教案、病历等成果形式替代论文要求;再如2018年7月,发布《关于深化项目评审、人才评价、机构评估改革的意见》中指出:科学设立人才评价指标……把学科领域活跃度和影响力、重要学术组织或期刊任职、研发成果原创性、成果转化效益、科技服务满意度等作为重要评价指标。2019年10月,北京市政府印发《关于新时代深化科技体制改革 加快推进全国科技创新中心建设的若干政策措施》中提出:将创新职称评价方式,推行代表作评价制度,将项目成果、研究报告、专著译著、工程方案、技术标准规范等纳入代表作范围,同时推动医疗卫生机构和医学科技人才评价机制改革,将临床试验和科技成果转化纳入医疗卫生机构绩效考核和人员职称评审体系。这些文件的相关内容,在将社会服务纳入传统学术评价体系的行动上迈出了重要一步。

借鉴美国大学经验，我国大学应首先成立类似于"拓展与参与活动发展委员会""拓展与参与办公室"的社会服务专责机构，在内部统筹规划各类社会服务活动，减少部门间在管理上的交叉重叠和事实上的效益损耗，尤其是发展规划、学术评价、公共关系等。由于不同学科有不同的服务特性，校内二级学院可以考虑成立相应的功能单元，使其依据自身的学科特性设计策划各具特色的社会服务活动。唯其如此，才能使多样化的社会服务活动开展得扎实有效，打破我国大学教师个人社会服务评价难以量化、动力不足的困境，增强教师开展社会服务活动的责任感与使命感。

其次，我国大学应积极建设数据收集系统，为社会服务评价提供有力支持。目前我国大学社会服务成果数据库缺失、教师的社会服务成果混杂于其他成果之中，没有准确全面的数据支持是相关成果纳入评价体系的重要障碍。相对于教学与科研活动评价，大学本身与其师生的社会服务效益很难用单一指标、单一维度来衡量，其社会价值往往需要较长时间才能得到体现，而影响其效果的因素又复杂多变、多元综合。因此，完善的数据库将为教师评价甚至院校评价或分类提供更为全面客观的数据支撑，还可为社会服务活动反馈有效信息以支撑未来发展规划。事实上，在"双一流"背景下，国内不少大学已经启动建设内部的、统一的数据资源系统，打破各部门间的"数据孤岛"，以更好地监测学科建设成效，这为建立社会服务数据库提供了一个较好契机。我国大学还可以借鉴密歇根州立大学拓展与参与评估系统的建设与使用经验，有条件的大学可依据自身发展特色建立单独的社会服务活动数据收集系统，构建社会服务成果数据库。

最后，倡导融合性学术服务理念的根本目的是激发教师参与社会服务活动的热情，提高参与度及服务质量。然而，我国大学教师的职称评价多数从两方面出发：一是教师基本素养，如思想政治道德水平、学历与资历、外语水平等；二是教师的专业素养，如教学成果、科研成果等，而对社会服务活动较少关注。可见，大学教师的评聘体系往往只关注教师的人才培养与科学研究的义务，而忽视教师的社会服务责任，这直接导致了教师社会服务参与动力不足。我国大学可以借鉴美国经验，将教师的具体评聘指标下放到各二级学术单位及院系，以便开展符合不同学科发展特点的多样化社会服务。各类型大学应基于自身特色与办学目的而定位社会服务方向，制定各自独特的社会服务活动规划，将多样化的教师评价指标体系与之相对应。

当前,社会发展日新月异,科技创新逐日追风,大学的存在价值与最终贡献不断受到挑战和质疑,而不再是不证自明、"存在即合理"的时代。大学迫切需要在急剧变革的社会中继续寻找其存在的合法性基础,在注重"有用"的社会中求得生存之道,走出并超越象牙塔,改变自己变革社会中的"传统堡垒"形象。以融合性学术理念全面改革大学的教学、研究、社会服务功能的实施与评价体系,将学术服务理念深深融入大学的使命与责任,才能实现大学以学术服务社会、以研究引导社会创新、以教学培养社会人才的重要目标。当然,要在中国完全实现这一点,正如反"五唯"(唯论文、唯帽子、唯职称、唯学历、唯奖项)一样,依然任重而道远。

附录一
美国部分大学"重大挑战"行动

随着人类改造自然的能力空前增强以及生存空间的不断拓展,阻碍继续进步的挑战也变得日趋紧迫而复杂,而应对这些重大挑战亟待协同创新。在生产制造、医疗卫生、网络空间安全、资源能源开发等领域,问题解决已远非单个机构、学科、领域的智力、资源、领导力所能胜任。作为知识创造和转化的中心,大学不会也不应该在应对这些人类社会最前沿的问题上屈于人后。本书把部分美国大学正在积极谋划实施的重大挑战行动作为其社会服务功能演进过程中的重要内容和高级阶段,予以总结和阐释。

一、"重大挑战"行动倡议

1. 美国"重大挑战"行动背景

重大挑战往往与人类生存发展密切相关,如环境污染、资源短缺、信息安全、开发新能源、预防恐怖袭击等全球性问题,解决此类问题需要科技的进步和多国的投入。"21 世纪大挑战"计划①最早于 2010 年由白宫科技政策办公室(Office of Science and Technology Policy, OSTP)提出,是美国总统国家创新战略的一个组成部分,并在奥巴马总统在任时得到极力推动。此计划制定了能源、教育、环保、卫生、信息技术、制造业和小企业、国家安全及航空航天科技等领域的具体创新目标,力图进一步提高美国创新能力,为维持其全球领导地位提供战略支撑。

---

① Office of Science and Technology Policy. 21st Century Grand Challenges [EB/OL]. https://obamawhitehouse. archives. gov/administration/eop/ostp/grand-challenges,2019 - 08 - 26.

　　该计划脱胎于 2010 年 2 月 4 日由白宫科技政策办公室和美国国家经济委员会联合发布的一项"信息请求"[①],收集了公众对以下内容的意见:①总统创新战略中确定的重大挑战;②政府应考虑的其他重大挑战,如后文提及的美国国家工程院确定的 14 项重大挑战;③有兴趣相互合作或与行政部门合作来实现其中一个或多个指标的合作伙伴,如企业、投资者、基金会、社会组织、非营利组织、慈善家、研究型大学、财团等;④为鼓励个人和组织解决重大挑战做出过程性贡献,而必须设计一个"参与架构"的模型。

　　白宫科技政策办公室认为,通过推行重大挑战行动计划可以实现:①帮助创造未来的行业和工作机会;②扩大人类对自己和周围世界的认识和理解;③帮助解决与能源、健康、教育、环境、国家安全和全球发展有关的重要问题;④作为公共和私营部门之间合作的"北极星",指导双方合作。2013 年 4 月 2 日,美国总统奥巴马呼吁企业、研究型大学、基金会和慈善机构加入该计划,旨在推动美国国内优先事项的突破。随后,美国政府与美国国家工程院密切合作,组织工程大挑战系列峰会;与非营利性独立实验室 Expert Labs(隶属于美国科学促进会)等技术伙伴合作,共同探索利用美国民众在重大挑战方面的专业知识和新方法,鼓励对科学、技术和创新感兴趣的民众参与到公共政策的制定中来,并开发出更好的工具来运用好"集体智慧"。大型企业也纷纷通过"重大挑战"行动参与国家创新战略,如盖茨基金会通过其"全球健康重大挑战"计划推进健康产业发展,谷歌公司通过参与"国防高级研究计划局重大挑战"计划(DARPA Grand Challenge)推进无人驾驶技术发展,国际商业机器公司(IBM)也积极推进了计算和人工智能领域的研发。

　　白宫科技政策办公室持续推进了"重大挑战"框架下的国家创新战略,以维持其尖端科技的全球领导力,典型如"面向下一个十年的纳米技术型重大挑战"[②](Nanotechnology-Inspired Grand Challenges for the Next Decade)。公开征求意见后,白宫科技政策办公室发布了三大政策性优先事项:国家纳米技术

① Office of Science and Technology Policy and National Economic Council. Grand Challenges of the 21st Century [EB/OL]. https://obamawhitehouse. archives. gov/blog/2010/02/04/grand-challenges-21st-century, 2019 - 08 - 26.

② The White House. A Nanotechnology-Inspired Grand Challenge for Future Computing [EB/OL]. https://obamawhitehouse. archives. gov/blog/2015/10/15/nanotechnology-inspired-grand-challenge-future-computing, 2015 - 10 - 20.

倡议（National Nanotechnology Initiative）、国家战略计算倡议（National Strategic Computing Initiative）、大脑倡议（Brain Initiative）；并将目标设定为：创建一种可以主动解释和学习数据，并使用所学知识解决不熟悉问题的新型计算机，它还能以人脑的能量效率运行。计算能力是信息技术革命的"命门"，而当前基础物理的限制将极大阻碍晶体管技术满足高运算、低能耗的需求。"面向下一个十年的纳米技术型重大挑战"的提出，正是希望能够通过挑战纳米技术极限和计算机科学界当前认知，超越基于晶体管处理器所能实现的冯·诺依曼架构，突破其影响了数十年的计算方法，从而绘制出一条新路径，保持美国在该领域的领先地位。

联邦政府通过国家科学基金会、国防高级研究计划局（DARPA）等部门和高级智能研究计划（Intelligence Advanced Research Projects Activity）设立若干重大专项，推动了新型低功耗传感和计算方法（包括神经形态、磁电和模拟系统）方面的初步进展，为神经科学和认知科学的巨大进步做铺垫，有效地支撑了国家层面在该领域的重大挑战行动。该计划所取得的阶段性成果极大推动了新型计算机的研发，提高了疾病针对性治疗水平，同时很大程度上能够主动识别并阻止网络入侵，对改善智能机器人与人类工作的安全保障有重要意义。

2. 美国国家工程院的"重大挑战"倡议①

针对如何通过工程科技解决当今世界最为紧迫的重大挑战，美国国家工程院于 2008 年发布"工程重大挑战"（Grand Challenges for Engineering）倡议，并提出愿景："使世界更加可持续、安全、健康和快乐"。美国国家工程院所提出的 14 项重大挑战领域包括：使太阳能经济化、利用核聚变提供能量、开发固碳方法、管理氮循环、提供清洁用水、恢复和完善城市基础设施、推进卫生信息学、设计更好的药物、逆向构建大脑、防止核恐怖、搭建安全网络、增强虚拟现实、推进个性化学习、构建科学发现工具等。倡议提出以来，美国国家工程院、英国皇家工程院和中国工程院分别于 2013 年 3 月（伦敦）、2015 年 9 月（北京）和 2017 年 7 月（华盛顿）联合主办全球重大挑战峰会（Global Grand Challenges Summit）。系列会议聚焦人类社会面临的重大挑战且共同关心的问题，积极开展学术交流、

---

① NAE. Grand Challenges for Engineering [EB/OL]. https://www.nae.edu/grand-challenges-project.aspx, 2019 - 08 - 26.

寻求跨学科的解决方案。比如,最近一次峰会主要讨论了生活质量、卫生、可持续发展、安全和教育、公众参与等五个议题。基于重大挑战所瞄准的重大问题及其解决的未来愿景,该倡议已经产生了全球性影响,引发了产学研各界的广泛讨论和行动。

杜克大学、欧林工学院(Olin College of Engineering)和南加州大学在 2009年召开的首届重大挑战峰会上共同发起了"重大挑战学者计划"①(Grand Challenge Scholars Program,GCSP),支持本科生通过科学研究、跨学科课程、创业活动、国际交流和服务型学习来参与重大挑战行动。"重大挑战学者"通过为人类共同面临的重大挑战提供解决方案或项目实践来培养学生的研究能力和创造力,具体包括:鼓励学生通过亲身体验来理解多学科交叉;鼓励学生通过参加商业模式实践去创业;通过丰富的全球化体验增强学生对多元文化的理解,并通过服务性学习让学生在真实情境中获得深刻体验。

"重大挑战学者"计划的设立旨在更好地服务国家创新战略,培养兼有扎实工程知识、敏锐经济商业意识、具有时代文化和社会政治背景的、能够在重大挑战时代发挥作用的高层次人才。截至 2018 年 4 月,美国已有 49 所大学设立了"重大挑战学者"项目,另有 73 所大学设立发展项目;国际上,有 7 所高校设立操作性项目,26 所高校设立准备性项目。在计划实施过程中,着力结合校内课程、联合课程与课外项目,重点加强工程类学科毕业生五个范畴的能力,包括:个人能力、跨学科能力、可行的商业/创业能力、跨文化能力、社交意识能力等。②

二、"重大挑战"大学行动案例

1. 美国"重大挑战"大学概览

随着加州大学洛杉矶分校重大挑战计划推进并取得显著进展,不少知名大学开始效仿并推出自己的重大挑战行动。根据加州大学洛杉矶分校于 2017 年10 月公布的参加"大学主导的挑战"战略论坛的成员单位信息③,彼时有卡内

---

① NAE. Grand Challenges Scholars Program [EB/OL]. http://www. engineeringchallenges. org/14365/GrandChallengeScholarsProgram. aspx,2019 - 08 - 26.

② NAE. Grand Challenges Scholars Program [EB/OL]. http://www. engineeringchallenges. org/14365/GrandChallengeScholarsProgram. aspx,2019 - 08 - 26.

③ University of California, Los Angeles. Report on University-Led Grand Challenge [EB/OL]. http://bit. ly/Report-Univ-LedGCs2018,2019 - 02 - 13.

基·梅隆大学在内等 9 所知名大学开展了重大挑战行动，在生物工程、教育、健康、能源、环境、空间科学等方向设立研究计划，以大团队、跨学科、长期规划来实现重大战略目标。具体情况详见下表。

附表 1-1　重大挑战计划院校及其项目推进情况

学校	计划名称	主题/方向	目标/进展
卡内基·梅隆大学（Carnegie Mellon University）	"moonshot" program	生物工程器官	以三年为周期，培养优胜团队的科研能力，提升学校的长远影响力
佐治亚理工学院（Georgia Institue of Technology）	重大挑战计划	网络空间、教育等 8 个方向	设立即时学习社团，吸纳新生作为项目成员共住宿舍，结合本科学位课程探索影响社会的重要问题及解决方案
印第安纳大学（Indiana University）	重大挑战计划	精确健康、环境变化的准备、成瘾危机的应对	预计未来 5—10 年投资 3 亿美元应对印第安纳州面临的重大挑战，目标：广泛应用精确医学改变健康状况；对抗极端天气模式和不可预测环境变化的威胁；跨部门合作解决成瘾问题
麦吉尔大学（McGill University）	Sustainability Systems Initiative	可持续性材料、城市环境与景观设计	通过自然科学和人文社科研究人员之间的合作推动重大的、有影响的和社会相关的进步，将社会向可持续的生存模式推进
得克萨斯大学奥斯汀分校（The University of Texas at Austin）	跨越障碍（Bridging Barriers）	建筑和自然环境	研究人员主导的全校性计划，由主管科研的副校长牵头，800 多名教员和研究生参与。已推出第一个挑战"2050 年得克萨斯星球"（Planet Texas 2050），目标是在极端气候和快速城市化背景下确保 2050 年德州在建筑和自然环境中的能力恢复
加州大学洛杉矶分校（University of California, Los Angeles）	重大挑战计划	环境和可持续发展、健康	将数百名教师、学生、社区成员和许多领域的顶尖专家联系在一起，以解决最棘手的社会问题。已推出"可持续洛杉矶"、"抑郁症重大挑战计划"等两项重大挑战计划
俄亥俄州立大学（The Ohio State University）	Discovery Themes	能源与环境、健康与食品生产、安全与生产	教师和校外伙伴协作，利用自身优势解决三大主题的挑战。2014 年起已通过该计划聘用 120 多位常任制教师（tenured and tenure-track faculty），计划 2020 年前再增加 80 位

（续表）

学校	计划名称	主题/方向	目标/进展
威斯康星大学麦迪逊分校（University of Wisconsin - Madison）	重大挑战计划	教育、健康、艺术	将教育学院与更广泛的社区伙伴聚集协同起来，通过发包竞争性拨款计划解决三大领域的关键问题，为教职员工和学生的相关创新研究提供支持。"挑战大赛"吸引了教育学院所有系所人员及跨学科团队参与
科罗拉多大学博尔得分校（University of Colorado Boulder）	我们的空间，我们的未来（Our Space. Our Future.）	地球和空间科学	利用在地球、空间和社会科学与新技术等方面的学科优势、外部资源，将地球和空间科学领域的关键知识传递给利益相关者和决策者，为跨部门合作创造条件，建立新的基础设施，培养满足国家战略需要的人才
明尼苏达大学（University of Minnesota）	Grand Challenges	水资源、环境可持续发展、社区公正及个人适应性、健康事业	已开展 3 年，主要聚焦五大挑战，侧重点如下：本科挑战课程，每学期提供约 10 门跨学科团队课程；跨学科研究团队竞争性资助和后勤支持，累计资助 50 多个部门、35 个团队的数百位教职工超 700 万美元，保障学者间开展多形式合作产生新项目
华盛顿州立大学（Washington State University）	Grand Challenges	维持健康、可持续资源、机会与公平、智能系统、国家安全	将其研究和创新集中在特定领域，以实现广泛的社会影响。目前资助了 6 个项目以推进新的研究领域的科研工作，利用基金雇用了 26 名新教员。

资料来源：根据加州大学洛杉矶分校 2018 年 2 月发布的"大学主导的挑战"战略论坛报告（*Report on University-Led Grand Challenge*）整理。

2. 加州大学洛杉矶分校的重大挑战计划①

　　加州大学洛杉矶分校于 2013 年发布"重大挑战"计划，号召所有学科的教师、学生和支持者共同解决关键问题。加州大学洛杉矶分校重大挑战计划是一个全校性的"大科研合作"计划（mega-research），遵循其提出的"大目标，大影响"（Big Goals，Big Impact）的初衷，通过整合全校相关资源致力于共同解决重大社会挑战，并争取发展资源、扩大影响力、布局未来创新领域。加州大学洛杉矶分校认为，作为一所享有盛誉的公立研究型大学，其拥有解决当前社会重大挑战性问题的智力资本与资源，也有服务区域、国家乃至全世界全人类福祉的责任与使命。加州大学洛杉矶分校重大挑战计划立足重大挑战、面对重大问题、设立

① UCLA. What are UCLA Grand Challenges? ［EB/OL］. https://grandchallenges. ucla. edu/, 2019 - 08 - 27.

重大项目,采用科研的整体化思维方法,团结校内外一切可利用的力量共同参与行动计划,在共同的计划目标的召唤下推进项目、取得成功。

加州大学洛杉矶分校重大挑战计划展现了大学科研的新范式,包括建设团队、构建跨部门伙伴关系、促进合作、寻求新观点、持续评估和报告其进展。重大挑战计划通过设定宏大目标,组建强大的团队来寻求解决之道:宏大的目标吸引激励强大团队的组成,强大的团队又进一步促成了宏大目标的实现。加州大学洛杉矶分校重大挑战计划目前已推出两个项目:2013 年 11 月发布可持续洛杉矶计划①(Sustainable LA,SLA GC),提出的目标是"到 2050 年使洛杉矶在能源、水资源等方面实现 100%可持续发展并且不损害生物多样性,成为全球的模范区",聚焦能源与环境、减少建筑能耗、加强能源消费管理,改变当地供水短缺的现状、减少耗水量、改善水资源管理技术和基础设施,寻找新方法来整合周围环境和生态、将生物多样性融入建筑环境、提升生态系统修复能力;2015 年发布"抑郁症重大挑战计划"②(Depression Grand Challenge,DGC),提出的目标是"2050 年前实现抑郁症患者减半并且在 21 世纪末攻克抑郁症",旨在通过实施历史上最深入的抑郁症研究,探索确定与抑郁症有关的基因、生物学、认知、社会和环境因素,以新的治疗方法和干预措施为抑郁症患者和高危抑郁症患者制定更有效的治疗方法。

加州大学洛杉矶分校重大挑战计划是一系列科研计划,更是一场多主体参与社会运动(social movement),旨在为社会问题提供解决方案,聚焦重大问题,通过吸引社会资源更好地探索创新突破,同时,通过科研创新和技术转移来提供社会服务,完成大学使命并扩大自身影响力。"可持续洛杉矶计划"建立了全国甚至全球层面的宏伟目标,吸纳来自整个学术界的创新合作,同时还有产业界伙伴、其他大学、政策制定者、慈善组织的参与。项目的选定是充分集思广益的过程,上至学术领袖,下至普通学生,都参与到重大挑战计划的凝练中来;而项目实施经历了扎根实践和基层并由教师驱动的过程,来自所有学科的教师、学生和支持者一起解决关键的科学、工程和技术问题。重大挑战计划还建立了强大的专

---

① UCLA. Transforming Los Angeles through cutting edge research [EB/OL]. https://grandchallenges. ucla. edu/sustainable-la/,2019 - 08 - 27.

② UCLA. Understanding, preventing and treating the world's greatest health problem [EB/OL]. https://grandchallenges. ucla. edu/depression/,2019 - 08 - 27.

家团队以提供战略咨询,跨学科的研究委员会负责组织实施,项目日常管理运行团队以及学生培养计划等,同时还为计划实施建立有效的基础设施投资保障。重大挑战计划集成了研究开发、人才培养和公众参与等各项职能,极大地拓展了学术活动的空间和链条,对于提升人才培养质量、改善社会服务水平都有积极意义。①

重大挑战计划的两个重大项目都是在委员会机制的协调推进下实施的。"可持续洛杉矶"项目在指导委员会的监督下,由跨学科研究委员会研讨制定工作计划,然后提交给科学和技术咨询委员会审查通过。各委员会组成如下:①指导委员会(Steering Committee),由分管环境和可持续研究的校长助理和项目主任、科研校长办公室有关负责人牵头,具体包括各跨学科研究委员会负责人;②跨学科研究委员会(Interdisciplinary Research Committees),由能源、水、生态系统健康和空间与学科整合等4个具体委员会组成,成员来自各相关学科或科研领域的专家;③学术和技术咨询委员会(Scholarly and Technical Advisory Committee),由外部顾问组成,成员包括亚利桑那州立大学、加州州立大学、加州大学欧文分校、南加州大学、斯坦福大学、明尼苏达大学、得克萨斯大学奥斯汀分校和洛杉矶水电部门的专家(见附表1-2)。在此基础上辐射形成"150+40+1"架构,即:在一个目标指引下,整合建筑与城市设计、土木与环境工程、环境健康科学和公共政策等40个相关学科的150位各自领域专家,跨学科协同推进项目执行。②

"抑郁症重大挑战项目"专家团队由以下几个委员会负责协调实施:①执行委员会(Executive Committee),由加州大学洛杉矶分校神经行为遗传学中心主任兼DGC项目主任担纲,整合加州大学洛杉矶分校大卫·盖芬医学院(全美排名13)、加州大学洛杉矶分校心理学系和Howard Hughes医学研究所的知名专家;②领导委员会(Leadership Council),由加州大学洛杉矶分校内部成员和外部顾问共同组成,内部成员为校内相关学院和机构的负责人,外部顾问则来自提供研究经费支持的各类基金会和慈善机构负责人和捐赠人;③科学顾问委员会

① 吴伟,翁默斯,范惠明.洛杉矶加州大学创业转型之路探析[J].比较教育研究,2016年第5期,第20-25页。
② Michelle Popowitz, Cristin Dorgelo. Report on University-Led Grand Challenges [R/OL]. https://escholarship. org/uc/item/46f121cr, 2018-02-13.

(Science Advisory Board),由外部伙伴组成,具体成员分别来自加州理工学院、斯坦福大学、麻省理工学院—哈佛博德研究所和贝勒医学院的负责人,职能是审查拟采用的科学和技术方法的效性和相关性(见附表1-2)。在此基础上辐射形成"100+25+1"架构,即:在一个项目中,整合生命科学、医学、计算机科学和心理学大类25个相关学科、100位各自领域专家,跨学科协同推进项目执行。

附表1-2 加州大学洛杉矶分校重大挑战计划的组织体系

项目名称	组织体系	人员构成	工作职责
"可持续洛杉矶"计划	指导委员会	两位全职负责人和各跨学科研究委员会负责人	指导监督跨学科研究委员会运行
	跨学科研究委员会	能源、水、生态系统健康和空间与学科整合等相关学科或科研领域专家	研究并制定整体工作计划
	学术和技术咨询委员会	外部顾问:其他高校或者政府部门专家	审议工作计划
"抑郁症重大挑战"计划	执行委员会	项目负责人、重量级专家	负责项目执行
	领导委员会	校内相关学院、机构负责人;外部慈善机构负责人或捐赠人	提供资源和资金支持
	科学顾问委员会	外部伙伴高校或者机构负责人	审查研究方法的效性和相关性

资料来源:根据加州大学洛杉矶分校官网重大挑战专栏(https://grandchallenges.ucla.edu)公示的项目信息整理。

重大挑战计划立项时运用了多种方法来确定新项目的研究方向和资源分配的重点领域。包括:设立专项基金资助系列项目;举办各类会议获取广泛意见;宣传重点项目提升品牌影响等。2014年10月,加州大学洛杉矶分校设立了1 500万美元的专项基金,主要以种子基金形式支持校内项目。采用公开竞赛等形式遴选高质量项目方案,资助有价值的跨学科研究,并以此为基础设立重大挑战计划中新的研究项目。据统计,可持续洛杉矶项目自2015年起共设计了三大类共计43个种子项目,其中能源领域24项、水领域16项和生态系统健康领域15项(含交叉项)。同时,为了避免在申报过程中多个项目拼凑,更好地产出跨学科研究成果,管理层定期举办工作会议来引导符合重大挑战标准的项目设计并提供示例说明。

通过举办战略论坛等形式的大型校际研讨会,建立开源构思环境,设定明确目标,促进团队合作,为学科会聚背景下的重大挑战项目设计获取建议性意见。通常会在会议召开前组织议案采集和公开竞赛。2017 年 10 月加州大学洛杉矶分校召集全美正在探索和开展重大挑战计划的 21 所大学参加了为期两天的研讨会和战略论坛,各大学 40 多名不同研究背景的专家分享了最佳实践,并为成立正式的实践社区构建了框架。加大宣传的目的是建立合作、变革文化、吸引公众参与、增加学校影响并且吸纳学生加入项目。通过参与大型会议,加州大学洛杉矶分校很好地宣传并扩大了重大挑战计划的影响力和社会参与度。比如,2018 年 9 月 12—14 日,在加州大学洛杉矶分校举办全球气候行动峰会之际,可持续洛杉矶项目负责人合作主持分论坛,分享该计划在大城市主导技术推动可持续发展方面的研究经验。

重大挑战计划利用地区优势,制作发布专业评估报告,提升自身影响力。2015 年,加州大学洛杉矶分校环境与可持续性研究所通过与 LA2050 社区以及当地基金会合作,发布了《洛杉矶 2015 环境报告单》(*2015 Environmental Report Card for Los Angeles County*)。这一形式为全美首创,随后以每两年发布一次的频率更新,持续提升学校和重大挑战计划的知名度和社会影响力:2017 年"可持续洛杉矶重大挑战计划"项目组发布了侧重于能源和空气质量的环境报告单,即将发布以水为主题的评估报告单。

重大挑战计划利用科研优势,积极获取政府支持,并通过多形式、多途径争取资金和政策扶持。2018 年 7 月,重大挑战计划中物理和材料科学方面的研究团队经美国能源部批准设立 SCALAR 研究中心,成为同期新增的 4 家能源前沿研究中心(EFRCs)之一,并获得 975 万美元资助,推动了新一代电池材料和设备的相关研究;2018 年 8 月,重大挑战计划 Luskin 中心获得加州战略增长委员会 410 万美元的合作赠款,用于加强弱势社区的气候复原力研究。可持续洛杉矶项目邀请 Goldhirsh 基金会主席作为其领导委员会成员并建立巩固的合作关系,并促成 5 万美元年度基金的设立,持续资助"重大挑战本科生科研学者计划"(GC-URSP)。2014—2015 学年起,已有 100 多位学生完成这一培养项目。

3. 得克萨斯大学奥斯汀分校的重大挑战计划

2016 年,得克萨斯大学奥斯汀分校提出了一项具有使命性的重大挑战"跨越障碍"(Bridging Barriers)倡议①：打破学术孤岛，促进解决人类和世界面临的最棘手问题的研究。旨在"通过不同学科、技术和思维方式的沟通，跨越基础知识和现实问题之间的障碍"，得克萨斯大学奥斯汀分校促成来自不同学科的研究人员分享知识、提出问题，并不断打破学术障碍。"跨越障碍"重大挑战计划已经成为得克萨斯大学奥斯汀分校最大的跨学科倡议，支持研究人员组成大型团队，负责识别紧迫的现实问题，在十年内找出解决这些问题的最佳方法。倡议下推动实施的研究项目植根于协作和学术自由，为社会、环境和人道主义危机提供切实可行的解决方案。从人工智能到社会不平等，大学校内外人员组成的研发团队正在为未来可能成为得克萨斯大学奥斯汀分校重大挑战的工作奠定基础。

像其他重大挑战倡议一样，"跨越障碍"倡议将来自几十个学科的研究人员聚集在一起，解决影响当今世界的重大问题。同时，"跨越障碍"倡议的起源是独一无二的：其下的每个项目的每个方面，从概念到启动，都由得克萨斯大学奥斯汀分校的研究人员和研究生构思和设计。目前，已经推出两项"跨越障碍"重大挑战项目："2050年得克萨斯星球"(Planet Texas 2050)，旨在探索在极端气候和快速城市化的背景下，得州如何确保在2050年的城市和自然环境中保持自我恢复能力；"整个社区—全面健康"(Whole Communities-Whole Health)，将改变科学服务社会的方式作为重大挑战，来最终解决众多社区儿童所面临的生活贫困、慢性病、遭受虐待和忽视等社会问题。

"2050年得克萨斯星球"②的目标是通过保证全天候的可靠供电、干净的饮用水、洁净的空气、稳定的经济和安全的居住场所，以防止居民生活水平降低，维持社区的健康和繁荣。2016年，得克萨斯大学奥斯汀分校校长提出了这一行动计划，召集全校14个研究单位的120余名研究人员，共同致力于研究水、能源、城镇化进程和生态系统服务等四个关键资源系统的相互联系，并在此基础上开展项目研发、提出政策建议，以提高德州的适应性和复原力。

得州目前人口接近2 800万，到2050年，这一数字预计将翻一番，达到5 500万。大多数人聚集在已经非常拥挤的城市中心，如达拉斯-沃思堡、休斯敦、圣安

---

① The University of Texas at Austin. Grand Challenges Are Moonshot Goals [EB/OL]. https://bridgingbarriers.utexas.edu/, 2019 - 08 - 27.
② The University of Texas at Austin. Plant TEXAS 2050 [EB/OL]. https://bridgingbarriers.utexas.edu/planet-texas-2050/, 2019 - 08 - 27.

东尼奥和奥斯汀,对有限资源带来了巨大挑战。此外,长期干旱、破纪录的热浪和破坏性洪水带来的环境压力也不容忽视。可以说,得州人口的快速增长和极端气候的频繁出现已经影响到水和能源等生产生活必需资源的供应、货物运输等基础设施、可靠的应急服务等系统的保障,与此同时,得州的生态系统也正在面临着前所未有的风险。

在上述背景下,"2050 年得克萨斯星球"被设定成为期八年的冲刺行动,旨在能让得州社区找到更有弹性、准备更充分的解决方案。为此,得克萨斯大学奥斯汀分校将建筑师、考古学家、城市规划师、公共卫生专家、地质学家、工程师、计算机科学家、艺术家等智力资源集聚在一起。同样重要的是,该计划还与 21 世纪面临类似挑战的美国和世界各地的研究人员分享最新研究成果、工具和项目运行流程,将该"跨越障碍"重大挑战计划的成果贡献给全世界。

"整个社区—全面健康"①的目标是将最前沿的行动和健康科学进步成果普及给最需要它们的儿童和家庭。尽管取得了很大社会进步,得州中部仍有许多孩子不能够茁壮成长。孩子们带着巨大潜力降临到这个世界,但早期逆境会使它脱离正常的成长轨迹,并且长期承受巨大压力会导致严重问题。这些压力可能包括贫困、家庭分离、接触毒素和污染、暴力或遭受歧视。这些不利的童年经历严重损害了许多儿童的生物系统,增加了身心健康问题以及就读困难、失业甚至寿命缩短的概率。得克萨斯大学奥斯汀分校认为,传统的社会学研究在方法上存在严重缺陷:科学家从一项研究中获得结果的时间与参与者发现这些结果的时间之间存在严重迟滞;许多群体尤其是最脆弱的群体在传统研究中代表性不足,这意味着研究结果常常不能准确反映不同社区人群的真实情况。

基于上述考虑,得克萨斯大学奥斯汀分校在面对日趋多样化社区环境的前提下,尝试利用前所未有的健康和人类行为研究技术,开展革命性研究,以帮助人们茁壮成长。"整个社区-全面健康"提出了"把科学带回家"的倡议,以变革传统研究在不同的时间点拍摄人们生活"快照"的做法,获得完整信息,做出正确假设,并且制定出切实有效的政策和行动计划。得克萨斯大学奥斯汀分校"跨越障碍"重大挑战行动倡议是通过与社区成员坐在一起、经过长期的交流了解他们对

---

① UT Austin. Whole Communities-Whole Health [EB/OL]. https://bridgingbarriers. utexas. edu/whole-communities-whole-health/, 2019 - 08 - 27.

自己孩子健康所存在的问题和顾虑,并且与他们交流合作,从而获得相关问题的解决途径,以帮助他们在几天或几周内,而不是几年内,对孩子的生活做出有意义的改变。此外,工作团队通过共享技术、专家和社区资源,将资源进行整合,用"电影"代替"快照",以便更全面地了解影响儿童福祉的因素,利用科学改变生活,指导整个社区的整体健康工作。

4. 科罗拉多大学博尔得分校的重大挑战计划①

科罗拉多大学博尔得分校一直是太空研究的先驱。该校师生利用近半个多世纪以来积累的专业知识和尖端技术,在地球和空间科学领域提出了一项重大挑战计划,旨在利用其在天基观测和探索(space-based observation and exploration)方面的专长,来应对环境、资源和地球本身的快速变化所带来的重大挑战,解决包括干旱在内的全球性紧迫问题。这一计划被定名为"我们的空间,我们的未来"(Our Space. Our Future.),由学校研究与创新办公室(Research & Innovation Office, RIO)提出并负责监督实施,办公室由分管学术活动的执行副校长牵头,分管科研和创新的副校长担任办公室主任;下设11个研究机构,负责全校一半以上研究经费的分配,其中,重大挑战行动计划主要依托地球实验室②(Earth Lab)、综合远程和原位传感③(Integrated Remote and In-Situ Sensing, IRISS)团队和空间气象技术、研究和教育中心(Space Weather Technology, Research and Education Center, SWx-TREC)等实施。

地球实验室是科罗拉多大学博尔得分校的一个地球科学数据综合中心,被作为"我们的空间,我们的未来"重大挑战的一部分,旨在利用来自太空和其他平台的大量数据来加速科学发展;通过使用这些数据更好地理解和预测地球系统变化,降低环境风险,并培养新一代地球分析科学家来解决突出的地球科学问题。比如,数据依赖性地球实验室(Data-obsessed Earth Lab)项目利用海量数据进行具体分析,帮助公众熟知不断变化的地球生态,包括改善森林健康、理解

---

① Research & Innovation Office/University of Colorado Boulder. Our Space. Our Future [EB/OL]. https://www. colorado. edu/grandchallenges/, 2019 - 08 - 27.

② Earth Lab, University of Colorado Boulder. Science Projects Earth Lab Science [EB/OL]. https://www. colorado. edu/earthlab/, 2019 - 08 - 27.

③ University of Colorado Boulder. Integrated Remote and In-Situ Sensing [EB/OL]. https://www. colorado. edu/iriss/, 2019 - 08 - 27.

野火、预测干旱等。

综合远程和原位传感团队是一个跨学科团队,领导新型远程和现场感测系统的设计、开发和部署,以加强从地面、大气和空间的数据收集。利用无人驾驶飞行技术,团队从地球、天空和空间收集实时数据,提升社会应对紧急情况、预测恶劣天气的能力,同时通过无人驾驶飞机系统(UAS)与地面观测系统、空间观测系统、地对空感测柱相结合,改变数据收集技术和战略。综合远程和原位传感多学科团队通过自身的理论基础和科研优势,与合作伙伴探索商业合作,并促进关于新技术和大数据收集的伦理、法律和社会政策影响的讨论,从而将传感系统带入广泛和深入的应用,包括改善气候和天气预报的准确度,提升相关政府决策的有效性,以及应对众多新出现的研究和教育挑战。

综合远程和原位传感团队拥有 18 种不同类型的无人机和 39 种类型的地面车辆,已培养了 120 多位专业人员,无人机飞行范围遍及六大洲,年均飞行超过200 小时。凭借其强大的专业人员和设备配备,该团队于 2019 年 7 月参与了有史以来规模最大、最雄心勃勃的基于无人机的严重雷暴调查——科罗拉多大学博尔得分校的 TOURS 项目,成功利用多驾无人机进行了龙卷风的数据监测[①],收集到风速、气压、精确的全球定位系统位置数据,以及地面研究团队无法获得的其他风暴信息。

空间气象技术研究和教育中心旨在促使联邦机构、学术界、商业伙伴和工业界能够合作应对美国不断发展的空间天气预测的需求,产生突破性的研究进展和创新性的任务技术,这些技术与运营预测企业的需求直接相关,以确保研究到运营(R2O)和运营到研究(O2R)的循环。实现方式如下:将重要的地球和空间科学知识传递到利益相关者和决策制定者;帮助大学、企业和政府协同工作,更高效地解决国家和国际上重要的问题;提升科罗拉多大学博尔得分校在地球和空间科学领域的科研能力,及其在国内和国际上的地位;探索新方法以满足新兴地球和空间探索领域的国家需求;加强与联邦政府合作,增加商业伙伴的数量,提升争夺传统和非传统融资机会的能力。

---

① Josh Rhoten. The air up there: CU team deploys multiple drones in tornado study [EB/OL]. https://www. colorado. edu/engineering/2019/07/01/air-there-cu-team-deploys-multiple-drones-tornado-study, 2019 - 07 - 01.

三、简单讨论

如前所说,重大挑战计划是大学社会服务的重要内容,或者说是大学社会服务演变的最新阶段。从积极意义来看,通过重大挑战行动,至少能为大学带来三方面的好处:一是提升自身的社会关注度。应对全球性和地区性重大创新挑战显著提升了大学在政产学研各界的影响力,可谓是"形象工程"。如加州大学洛杉矶分校通过"可持续洛杉矶"计划将学校的跨学科研究和面向区域的社会治理运动进行了充分结合,为学校带来了较好的社会声誉。二是吸纳社会各界的倾斜性支持。重大挑战计划把科学研究与人才培养相结合,以及它对人类福祉的关怀等"故事"设计,使其能够吸引到跨部门和多学科的创新资源,进行实现更大规模的创新成效。如科罗拉多大学博尔得分校地球实验室通过"我们的空间,我们的未来"重大挑战计划吸引到 DigitalGlobal 公司合作,得以在科学研究过程中获取更多高分辨率图像和相关工具。三是推进大学自身研究范式的转变。掌握专业知识的研究人员与行业专家、政府领导者合作,前瞻性地朝着关涉人类命运的宏伟目标前进,这个过程将极大打破大学原有的院系-学科设置以及传统的学术运作范式。如得克萨斯大学奥斯汀分校通过"跨越障碍"变革了传统的社会科学研究方式,更真实、更有效地与研究对象交流并发现问题,进而共同探讨并解决问题,促使其社会服务职能得以高效率呈现。

综合来看,在实施重大挑战计划的过程中,大学与公益性组织、行业协会、企业、各级政府等开展了广泛而深入的合作。大学与公益性组织通过制定规划以及召集相关领域的专家提供智力支持,发布白皮书和其他出版物进行有效宣传等,有力支撑重大挑战项目实施,并在项目实施到一定阶段之后开展评估。相关协会和专业发展组织可以为大学领导人和专家举办关于重大挑战的学习班,传播大挑战的理念及实施方式。企业可以与大学合作开展面向重大创新的研究,扮演大学重大挑战行动中具体项目和活动的赞助者和组织者。联邦、州、地方政府和官员可以为政府机构和大学研究社区在重大挑战上的合作提供指导和支持。

近年来,我国高等教育整体实力快速提升,部分国内顶尖大学在不少科研定量指标上已经进入世界一流水平。但在应对地区、国家和全球性重大挑战,以及原始性创新方面还存在极大短板,这与科研活动过程中的大项目、大平台、大团队不尽如人意相关。美国部分大学在应对重大挑战过程中所开展的研究范式转型,能够为我国顶尖大学提供重要启示。

一是我国大学尤其是研究型大学应具有面向全人类的使命关怀。中国正走向世界舞台的中心,知识创新旨趣也应该逐渐体现出服务全人类的终极关怀和拓展全球科技前沿的雄心壮志。21世纪以来,能源资源、环境与气候变化、贫困、生命健康、城市治理、粮食安全等一系列全球化问题影响着人类可持续发展,给经济、政治、社会、文化带来深刻影响,成为不确定性世界中亟待解决的重大问题。当然,解决中国发展中的问题很大程度上就是应对这些全球性挑战的体现,而"一带一路"倡议更是我们构建人类命运共同体的重要行动,值得强调的是,我国大学要在这些议程中扮演更加重要的角色。

二是研发过程要充分体现大跨度的学科集成模式。自然科学、工程技术甚至是人文社会科学的交叉融合,正在把人类对自然世界、人类世界的认识推向崭新的高度,并不断形成新的研究领域,也主导着当前的技术发展与知识创新范式。重大挑战问题的应对,不仅需要大学内部科研工作者共同努力,还需要联系校内外合作伙伴,汇聚自然科学、社会科学、人文等多个学科领域。我国大学在协同多主体创新资源,甚至在协调内部的多学科资源来应对重大创新难题上的能力相对不足,工程化水平相对低下,在这一点上,囿于各种传统体制机制原因,仍然任重而道远。

三是广泛吸纳社会力量参与重大问题解决并引导其资源投入。在开展面向重大挑战问题的跨学科研究过程中,高校必须与营利性组织和非营利性组织以及社区群众等进行深度合作,一方面把最急迫的需求反映到研发过程中,甚至贯通成果转化为应用价值的通道,另一方面是为重大挑战计划聚集更大规模的社会力量和研发资源。"可持续洛杉矶"项目邀请 Goldhirsh 基金会主席作为其领导委员会成员并建立巩固的合作关系,促成其设立5万美元年度基金资助"重大挑战本科生科研学者计划"(GC-URSP),2014—2015年已有100多名学生完成该项目。同时,重大挑战行动也是一种社会运动,对于构建大学—社会的共同体关系,至少在知识普及方面具有重要作用。其间,大学展示了其研究的价值,加深了公众对大挑战计划的理解,赢得公众对其社会服务能力的认可。

四是把重大挑战解决过程作为培养拔尖创新人才的重要场景。在美国,尤其是在其公立大学,服务性学习或者说参与社会服务工作已经成为培养人才的重要环节。重大挑战应对过程中汇聚了大量高水平的、跨学科的教育教学资源，这是培养拔尖创新人才的重要条件，而人才培养成果也反过来有助于长远视野下重大挑战的更好解决。美国部分大学启动实施的重大挑战学者计划典型地体现了这一点。我国大学也应充分吸纳学生参与重大挑战性科研活动，制定鼓励跨学科人才培养制度及科研奖励制度，提高教职工参与重大挑战计划的积极性，为其提供将理论与实践结合的平台，提高其分析和解决实际问题的能力。

附录二
加州大学系统的社会服务行动①

　　加州大学系统是全球范围内最具声誉和影响力的公立大学系统,涵盖包括全球顶尖大学伯克利加州大学、洛杉矶加州大学、戴维斯加州大学等在内的 10 所分校。如前所述,随着办学经费紧张、生源竞争激烈、社会创业需求增加等办学环境的快速变化,以及基于公立大学贡献公益的使命传统,加州大学系统多数分校近年来都强化了社会服务相关活动。这些活动包括农业、环境管理、健康事业、教育援助等方面,对普通加州人的生活和加州整体经济发展带来了深远影响。通过广泛的社会链接,加州大学宣传了办学成就并扩大了社会影响,获取了多方面的办学资源,也在社会服务中凝练塑造了创新发展的战略方向,进而实现了加州、社区、大学的互利共赢。

一、加州大学社会服务计划

　　加州大学总校发布的年度问责报告(*Annual Accountability Report*),指标体系完备、数据翔实,既说明成绩,也不回避问题。② 2017 年度《加州大学绩效报

---

① 本部分主要根据 2017、2018 和 2019 年加州大学年度问责报告(Annual Accountability Report)第 10 章"公共服务"部分的内容整理,在原报告中分别为第 151－163 页、第 156－165 页、第 146－160 页,也参考了《大学在加州经济竞争力中的作用报告》(*The Role of Universities in Economic Competitiveness in California*),以及加州大学校长办公室(The Office of the President, The University of California)官方网站(https://www.ucop.edu)的相关资料,少部分内容(如有标注)也参考了相关的中文期刊文章。其中,加州大学年度绩效报告从 2009 年开始推出,指标完备、数据翔实,是加州大学审视自身办学成就、争取社会各界理解、提升学校影响力等的重要途径,是主动接受政府和公众问责的一种方式,其内容覆盖加州大学办学的各个方面。
② 王硕旺,黄敏. 公立大学如何回应社会问责——基于美国加州大学年度问责报告的比较研究[J]. 中国高教研究,2014 年第 7 期,第 48－53 页。

告》指出,加州大学公共服务的使命是为全国人口福利和经济增长做出贡献,这是其有史以来最基本的办学特征;其公共服务使命甚至可以追溯到 1862 年的《莫里尔法案》,赠地大学的源头理念使得公共服务使命与其教学、研究任务一直紧密联系在一起。目前,加州大学在农业、环境、教育等方面开展了多种多样的社会服务计划,将科学研究、社会服务和人才培养深度融合,切实提高了加州社会发展水平。

1. 农业研究和推广

《莫里尔法案》之后的联邦立法增加了赠地学院在农业实验站(Agricultural Experiment Stations)开展研究的任务,并通过"合作拓展部"(Cooperative Extension)将该研究活动与各州的当地社区联系起来。在加州大学系统内部,农业实验站与合作拓展部统一由"农业和自然资源部"(Agriculture and Natural Resources,ANR)领导,后者协调加州大学多个分校的合作拓展部组织组成网络化系统,而合作拓展部相当于其延伸到州内各个角落的"手臂",连接加州 58 个社区,为其提供应对实际问题的大学研究成果。农业和自然资源部通过 3 000 个合作伙伴计划以维护和密切与加州居民的联系。

2015 年,加州农业部门收入 570 亿美元,是美国和全球粮食供应的主要贡献者。农业和自然资源部是加州大学应对当地农业和环境问题的主要依托。加州农业上的持续成功依赖于科学和技术上的革新,而这种革新大多肇始于大学的研究活动。农业和自然资源部与社区、企业合作,以加强加州的农业经济,确保食品供应安全;管理病虫害;改善水质、保护水资源和安全;提高人们在农业和营养方面的科学素养;提高能源安全等级和绿色科技水平。2018 年,合作拓展部共有 175 名合作推广顾问致力于研究、推广和教育;9 个研究与推广中心为公众提供教育,并为研究人员提供进行实地实验的场所;约 565 名附属农业试验站研究人员分布在加州大学的三个校区,115 名合作拓展部专家分布在五个校区、研究与推广中心和各县办事处。

2. 环境管理

加州大学的公共服务使命包括广泛的环境管理活动,农业和自然资源部管理着一个广泛的环境保护与可持续发展项目,旨在助力环境质量改善和自然资源保护,以应对干旱、气候变化和物种入侵等关键问题。美国加州自然主义计划(California Naturalist Program)扩大了农业和自然资源部在学术上的公共服务影响。为了建设多样化的志愿者队伍，该计划与联邦、州、地方和非营利组织合作，开设实践性的科学课程，并通过监测和评估确保质量。自 2012 年以来，该计划已与 45 个组织合作，2 700 多名毕业生被其认证为加州自然主义者，这些自然主义者参与了 70 多万亩土地的保护和恢复工作。此外，加州大学直接管理代表该州大部分生态系统的土地，用于研究、教学和公共服务。"加州大学自然保护体系"（UC Natural Reserve System）包括 41 个地点，面积超过 75.6 万英亩。这些土地为研究提供不受干扰的环境，丰富学生的教育经历，并为公共服务项目提供场地。最新加入的是默塞德附近的默塞德春天池塘（Merced Vernal Pools）和草地保护区（Grasslands reserve）。

3. 健康和营养计划

无论是在校园还是在整个加州的社区，促进所有加州人的健康是加州大学系统公共服务使命的一个重要组成部分。农业和自然资源部在全州范围内提供社区合作项目，以解决儿童肥胖、健康选择和食品安全问题。在加州，农业和自然资源部领导了"国家扩大食品和营养教育计划"（Food and Nutrition Education Program，EFNEP）和"补充营养援助教育计划"（Supplemental Nutrition Assistance Program Education，SNAP-Ed），比如加州大学 CalFresh 计划。这些计划帮助资源有限的家庭掌握知识、技能、态度和行为，帮助他们解决与饥饿、营养不良、贫穷和肥胖有关的社会和健康问题，同时也改变了他们的饮食方式，使他们更加注重食品安全和食品花销预算。2017 年，"国家扩大食品和营养教育"计划范围已覆盖 7 800 多名成年人和 3.6 万名青年。根据对成年参与者的调查显示，91％的人至少改善了一项营养实践，87％的人提高了一项或多项管理食物预算的技能。加州大学 CalFresh 计划则是一项涉及美国农业部、加州社会服务部和加州大学合作拓展部的联合协议，为有资格参加"补充营养援助教育计划"的人提供服务。2017 年，CalFresh 计划为大约 16.2 万名参与者提供面对面的咨询服务。此外，农业和自然资源部还为当地、全州和全国的营养政策计划提供相关建议。农业和自然资源部通过 685 项政策参与活动向政策制定者和决策者提供科学信息。例如，基于饮用水中铅测试的现状和专业知识，农业和自然资源部推动了加利福尼亚州立法（AB 2370）的通过，该法案将要求在儿童保育设施中进行铅测试，并分配国家预算资金用于实施和修复铅污染。

4. 教育伙伴关系

作为公立赠地大学,加州大学一直把教育援助作为拓展与参与的重要内容。40多年来,加州大学"学生学术准备和教育伙伴"(Student Academic Preparation and Educational Partnerships,SAPEP)帮助加州学生为接受高等教育做准备。该项目包括早期的学术推广计划(Early Academic Outreach Program,EAOP),数学、工程、科学成就(Mathematics,Engineering,Science Achievement,MESA)和 Puente 项目,旨在通过专注于大学学习的具体领域来提高学生的学术准备。2017—2018 年,"学生学术准备和教育伙伴"计划为1 400多所公立学校的18万多名 K-12 学生和114所加州社区学校的2.7万多名学生提供了服务。此外,5.3万多名 K-12 学生的家长以及 1万名左右的教师、辅导员和学校管理人员也参加了该项目。除了致力于提高 K-12 和社区学院学生的学术能力之外,加州大学也积极发展同国外大学的教育伙伴关系。加州大学洛杉矶分校的"科技跨学科学者计划"(The Cross-disciplinary Scholars in Science and Technology,CSST)强调跨学科的培训和研究,旨在通过邀请高水平的学生来加州大学洛杉矶分校学习和从事研究,以加强国际合作。与国外大学签订的机构协议和来自其本国机构的奖学金为学生提供了支持。该计划涉及校园内许多不同的学术部门、研究中心和行政部门,包括学术计划开发办公室、国际学院和加州纳米技术研究所(California NanoSystems Institute,CNSI)。[①]

加州大学系统在储备加州师资队伍方面也扮演着重要角色。加州大学的教师教育项目(UC's Teacher Education Programs)为教师候选人提供了与学生进行严格的、相关的、探究性的教育经历的机会。教师教育项目招收、准备和支持教育的工作者,他们必须致力于追求卓越的学术,并致力于培养所有的学生创造最高等级的成果和机会。此外,加州大学也致力促进教师队伍多样化。加州大学新的战略计划"UC 2030"设定了教师和科研目标:"在未来 4 年内新增 1 100名教师职位"。尽管加州大学 2030 年的许多目标需要十年才能实现,但教师

---

① 加州纳米技术研究所创建于 2000 年,是美国加州大学洛杉矶分校和加州大学圣芭芭拉分校联合运作的研究中心。美国科研经费最充足、与产业界联系最紧密的先进技术创新中心之一。2005 年 6 月,由浙江省人民政府、浙江大学和加州纳米技术研究所三方联合共建的科研实体——浙江加州国际纳米技术研究院(Zhejiang-California International NanoSystems Institute,ZCNI)经浙江省人民政府批准设立。该研究院由浙江大学管理,参照加州纳米技术研究所等国际一流研究机构的管理模式和机制,独立运行。

队伍发展目标目前仅限于未来四年。新增教师将支持学生培养和研究活动，有助于实现本科生和研究生学位授予目标，在新兴领域如可持续和适应性城市系统、人工智能和数据科学、公共人文和伦理研究、网络和网络安全等领域创建新的本科和研究生项目。新的新增计划还将用于发展科研，扩大转化研究，以满足开发智能能源网、改善移民和医疗政策、了解气候变化的影响等社会需求。

加州大学还通过专业发展项目和教师准备课程为教育工作者提供持续支持，目前已经开展了 7 800 多个教师专业发展项目和 65 个教师准备课程。例如，加州主题项目（California Subject Matter Project，CSMP）是一个由 9 个学科组成的全州项目网络，每年为 1 万多所学校提供超过 2 000 个专业发展项目。该项目的专业学习机会与国家采用的标准相一致，并由 K - 12 和大学教育者共同设计，以提高所有学生学习效果。教师准备课程 CalTeach 通过招募本科生来学习数学教学和科学教学专业并提供 K - 12 学校现场教学体验，现已使得许多加州大学学生成为加州公立学校的 STEM 教育工作者。

二、对硅谷和圣地亚哥地区的影响

1. 硅谷

硅谷的初期发展离不开斯坦福大学的支持，而加州大学伯克利分校也在保持硅谷的创新能力上发挥着重要作用。加州大学伯克利分校与硅谷的互动形式主要包括教师咨询，基于大学成果创办的技术公司的许可，教师、学生或校友参与新公司的组建，培训大学毕业生，招募工业界教师，专业人士继续教育，由工业界人士组成大学顾问委员会等。其中，技术转移是加州大学伯克利分校服务硅谷发展最主要的方式。其电气工程和计算机科学系（EECS）通过与硅谷工业公司进行多种形式的产学研合作，有效地将科技成果转移到工业界，并产生经济效益和社会效益（见附表 2 - 1）。

通过剖析这些项目对当地经济发展的作用路径，可以发现 USB 主要通过与产业界的双向互动，如教职工把技术转移到产业（RISC）、产业人员访问学校（BSD）、任命有产业界经验的教授、研究人员休假到企业中访问（BSD）等多种方

附表 2-1 加州大学伯克利分校电气工程和计算机科学系和硅谷企业合作项目

序号	项目名称	时间	项目成果
1	加利福尼亚数字计算机项目（CALDIC）	1948 年—1954 年	该项目由美国海军研究办公室赞助,建造了唯一一台数字计算机。参与该项目的毕业生部分成为计算机行业领军人物。其中阿尔伯特·霍格兰（Albert Hoagland）、罗伊·霍夫（Roy Hough）和路易斯·斯腾文斯（Louis Stenvens）三人毕业后加入位于圣何塞的新成立的 IBM 研究实验室,成为移动硬盘技术发展的核心人物;道格拉斯·恩格尔巴特（Douglas Engelbart）进入斯坦福研究院,并开发了个人计算机的一些标志性产品如鼠标、"视窗"用户界面以及超文本等
2	Genie 项目和商业分时共享	1964 年—1968 年	该项目由美国高级国防项目研究机构资助,用于研究开发分时计算以提升远程共享计算机处理能力。USB 研究团队开发了分时程序 Genie,Genie 软件的免费共享性造就了科学数据系统（Scientific Data System, SDS）公司和硅谷分时公司（Tymshare）的成功。参与该项目的三名学生 Butler Lampson、Charles Thacker 和 L. Peter Deutsch 后加入施乐帕洛阿尔托研究中心,成为计算机工作站的计算机研究小组的核心成员
3	交互式图形和检索系统项目（INGRES）和关系数据库行业	1973 年—1980 年	关系数据库产业源于 IBM 圣何塞实验室和伯克利电气工程和计算机科学系的竞争研究,其中伯克利研究工作由美国国防部和国家科学基金会赞助,开发出 QUEL 软件;IBM 则开发出 SQL① 软件。这一项目在 20 世纪 70 年代取得显著成果,主要是在硅谷催生了一批初创企业,并使数据库软件产业中心由东海岸转移到西海岸。尽管最终 USB 的 QUEL 软件在市场上失败了,而 IBM 的 SQL 软件主宰了商业应用,但在该项目中得到训练的学生对硅谷关系数据库专门知识的聚集作出了突出贡献
4	精简指令集计算（RISC）	20 世纪 70 年代末至 80 年代中期	IBM 率先提出了精简指令集计算的概念,以此来加速集成电路的处理速度。由伯克利的大卫·帕特森（David Patterson）教授和斯坦福的约翰·轩尼诗（John Hennessey）教授资助的竞争性 DARPA② 研究极大地改进了这项技术,并将它转移到当地的初创公司,进而推动了太阳微系统公司和硅图形公司以及其他一些初创公司的大规模发展。这项技术最终使得 RISC 芯片被广泛应用于 ARM③ 公司的手机微处理器

---

① SQL：Structured Query Language,是一种数据库查询和程序设计语言,用于存取数据以及查询、更新和管理关系数据库。
② DARPA：Defense Advanced Research Projects Agency,美国国防高级研究计划局,简称 DARPA,是美国国防部属下的一个行政机构,负责研发用于军事用途的高新科技。
③ ARM：Advanced RISC Machines,全球领先的半导体知识产权（IP）提供商。

（续表）

序号	项目名称	时间	项 目 成 果
5	伯克利 UNIX 软件发行版（BSD）	1973 年—1995 年	UNIX 是一个多任务、多用户的计算机操作系统,最初于 1969 年由贝尔实验室开发。1956 年,UNIX 作为非电话技术应用于公共领域。电气工程和计算机科学系与贝尔实验室密切合作,极大地改进了 UNIX 技术,使之成为伯克利软件分发版 UNIX(BSD UNIX)。DARPA 为改进 UNIX 提供进一步支持,要求所有 ARPANET(是 Internet 的机构基础与前身)机器都有运行 UNIX 操作系统以确保兼容性,以及资助 USB 的罗伯特·法布里(Robert Fabry)教授建立计算机系统团队来更新 BSD。曾参与 BSD UNIX 研究工作的 USB 博士生威廉·乔伊(Willian Joy)加入硅谷太阳微系统公司。太阳微系统公司采用 BSD UNIX 作为其操作系统,使得 BSD UNIX 得到广泛采用,并奠定了其在互联网的基础地位
6	冗余廉价磁盘阵列（RAID）	1987 年	三名电气工程和计算机科学系研究人员(Randy Katz 教授、David Patterson 教授、研究生 Garth Gibson)开发了一种使用大量小磁盘阵列来替代大型昂贵数据存储硬盘的作为海量数据存储的方法。这项研究已经被 IBM、DEC、EMC 等多家大型公司和至少 45 家初创公司商业化,其中大部分初创公司都集中在海湾地区

资料来源：①John Aubrey Douglass and C. Judson King. The Role of Universities in Economic Competitiveness in California: A Case Study for the Catalan Association of Public Universities [R/OL]. https://gspp. berkeley. edu/assets/uploads/research/pdf/roleuniversitiesseconcompetitivenesscalifornia. report_informe_california_. january_2018_. pdf, January 2018, pp50－74.②马丁·肯尼,大卫·莫厄里. 公立大学与区域增长: 加州大学透视[M].李应博,孙震,译. 北京:清华大学出版社,2018 年,第 86－105 页。

式进行技术创新和软件研发①,尤其是在此过程中 USB 培育了优秀的毕业生,这些毕业生留在硅谷工作并逐渐成长为行业领袖,或者是孕育了大量初创公司或专业研究机构,这都极大地推动硅谷在计算机软件、硬件与结构等领域形成创新集群。

2. 圣地亚哥

圣地亚哥位于美国西南角,在大洛杉矶以南,拥有独特的地理位置。历史上圣地亚哥的支柱产业是旅游业,但是因为巴拿马运河的建成,大量军事(美国海军和陆军)设施进入该地区,飞机制造业不断成长且与军方互动密切,这种情况持续到第二次世界大战。随着 1945 年二战结束,许多军事行动已经结束或停

---

① 马丁·肯尼,大卫·莫厄里著. 李应博,孙震译. 公立大学与区域增长: 加州大学透视[M].北京:清华大学出版社,2018 年,第 100 页。

止,该地区经济陷入困境,亟待产业多样化开发和经济重建。

1912 年,加州大学接管了拉霍亚地区的斯克里普斯海洋学研究所(Scripps Institution of Oceanography, SIO),并在其基础上成立了圣地亚哥分校,以满足不断增长的人口对高等教育的入学需求。在 20 世纪 80 年代之前,尽管加州大学尚没有促进工业发展的项目或优先事项,更多的是个人根据自己的想法来进行研究,但是它在吸引以科学为基础的公司进入圣地亚哥地区方面发挥了重要作用。1985 年,加州大学圣地亚哥分校与当地社区合作创建了 UCSD CONNECT。CONNECT 是一个汇集了创新和商业化过程中的所有参与者——科学家、企业先驱、风险资本家、律师事务所和各种其他服务的提供者的组织,旨在为创新和新企业的形成营造良好的环境氛围,并向希望将技术发展商业化的人提供具体的建议和帮助。2005 年,CONNECT 约拥有 20 名员工,年度预算为 300 万美元,且从加州大学圣地亚哥分校剥离出来,获得了独立地位。自成立以来,CONNECT 已经帮助 3 000 多家初创公司吸引了超过 20 亿美元的投资资本。CONNECT 获得了较高的声誉,并在全球 50 多个地区树立了榜样。截至 2013 年,加州大学圣地亚哥分校技术转让办公室每年处理 400 项披露,获得约 200 项新专利,监督 403 项有效许可,其中 215 项在加州,47 项在美国境外,每年从许可中获得约 2 亿美元的收入。

三、对农业和生物技术产业的影响

1. 农业

加州的农业产业规模非常庞大,2013 年占美国农业出口总额的 14.7%。截至 2012 年,加州 375 亿美元农业产出的三分之一出口到国外。该产业本身在私营部门的研究非常少,大多数研究由联邦和州政府资助。因此,从很早时候开始,加州大学就承担起加州农业研究的任务,影响加州农业的许多进步都来自加州大学的研究,如最新的番茄和草莓品种、杏仁(主要出口产品)产量翻了一番、害虫控制、可控的苹果酸乳酸发酵和葡萄酒生产的定量感官评估方法。加州大学 25 项最高专利中有 5 项是草莓或柑橘品种。

与其他领域一样,在农业领域,研究成果和商业应用之间存在巨大的鸿沟。为了弥补鸿沟,一百年来,加州大学开展了广泛的合作推广工作,包括建立 9 个研究和推广中心、全州 57 个地方办事处以及聘请 130 名校园合作推广专家和

200 名当地合作推广顾问和专家。这些专家帮助研究人员与种植者和加工者建立起联系,使研究人员将研究成果和所掌握的知识付诸实践,使种植者和加工者改进产品。其中合作推广产生的影响最大的案例是滴灌技术的使用。滴灌技术于 1969 年引入,但到 1988 年,加州只有 5% 的灌溉面积使用滴灌技术。后经过合作推广,截至 2019 年,将近 40% 的灌溉土地使用滴灌技术。滴灌的广泛使用极大地提高了农作物产量,并且有助于每年节省 0.78 亿—2.83 亿美元。

加州大学为促进当地农业发展作出的努力也为其自身发展带来了好处。加利福尼亚的农业社区非常支持加州大学,并且经常在年度州预算程序或其他与州立法相关的需求方面对该大学提供帮助。

2. 生物技术产业

生物技术产业起源于加州,并与大学有着独特的密切关系。美国生物技术产业的三大集群除了马萨诸塞州的波士顿区之外,另外两个就是加利福尼亚的旧金山湾区和圣地亚哥区。加州大学旧金山分校和圣地亚哥分校以不同的方式,对当地的生物技术产业发展产生影响。

20 世纪 60 年代中期,加州大学旧金山分校的科学研究较少,但新领导层强烈希望进行前沿研究以提高学校的社会地位。威廉·鲁特于 1968 年被聘为新整合的生物化学和生物物理学系主任,并进行了一系列改革。他开始建立研究团队,并看到了利用多学科研究和快速增长的分子生物学技术来探索比迄今为止这类研究主题更复杂的生物体的前景。因此他在选择教员和领导者时强调了三点要求——愿意与其他研究人员一起工作,接受其他学科或分学科的研究人员,以及紧密结合加州大学旧金山分校进行临床研究。鲁特的措施适应了时代需要,使得加州大学旧金山分校在 20 世纪 70 年代通过重组 DNA、癌基因和朊病毒等发现在学术研究上获得了卓越地位,前一项使得许多新兴生物技术产业出现,后两项造就了诺贝尔奖。旧金山湾区的商业生物技术产业发展则始于年轻的巡回风险投资家赫伯特·博耶(Herbert Boyer)(加州大学旧金山分校教授)和罗伯特·斯旺森(Robert Swanson)决定组建基因泰克公司,该公司于 1976 年成为第一家大型生物技术公司。其创始人致力于打造"开放科学"模式,即在这种模式下,研究和科学信息可以通过公开出版物以及与大学和其他地方的研究人员密切互动实现自由共享。大学与企业的关系愈发密切,基因泰克公司的早期实验如人体胰岛素实验都在加州大学旧金山分校实验室进行。基因泰克的成功和加州大学旧金山分校的研究氛围使得新生物技术公司大量涌现，1976 年—2003 年，加州大学旧金山分校的技术授权给至少 79 家公司，其教职员工直接参与了其中 41 家公司的创建。

与旧金山湾地区不同，圣地亚哥地区生物科学产业发展并不依赖于开放科学模式，而是更强调专有模型，它以市场为中心，注重对已有技术的持续利用，而非对未知技术的长期投资。① 圣地亚哥地区生物技术产业发展始于艾佛·罗斯顿(Ivor Royston)(当时是加州大学圣地亚哥分校医学院助理教授)于 1978 年组建了公司 Hybritech。Hybritech 是加州大学圣地亚哥分校一家重要的衍生公司，它并不以追求科学成就为目标，而是采取了面向市场的经营策略，具有较强的商业化倾向。Hybritech 的成功使得它在 1986 年被礼来公司(Eli Lilly and Company)以约 4.13 亿美元收购，虽然此次收购并不愉快，二者公司文化的格格不入导致并购后的几年多数前 Hybritech 管理人员从礼来公司离职，但是这些人员为圣地亚哥的生物技术产业发展"播下了种子"，他们之间可靠的、可信任的网络使风险投资家借以孵化新的公司。1986 年—1990 年成立的公司中，至少有 12 家由 Hybritech 的管理人员创办或由他们担任高级管理职位。2002 年的一项研究发现，圣地亚哥有 40 多家生物技术公司的高级经理或董事会顾问与 Hybritech 有关联。礼来公司对 Hybritech 的收购造就了圣地亚哥生物技术产业的创业网络，与 Hybritech 有关联的、有经验的、高水平的管理与科研人员将商业化理念带入新公司，促进了圣地亚哥生物技术集群的形成。

---

① 马丁·肯尼，大卫·莫厄里.公立大学与区域增长：加州大学透视[M].李应博，孙震，译.北京：清华大学出版社，2018 年，第 57 页。

致　谢

　　写书是一件非常辛苦的事,也可能是吃力不讨好的事。前者在于,书的篇幅要比单篇期刊论文长许多倍,工作量也更大,内容组织难度也高出不少,尤其是多个作者之间的沟通协调还要花费不少时间;后者在于,在现有的评价系统中,著作的分量有愈来愈低下之势,而在快餐化阅读时代,著作的影响力也有不断降低之虞。或许正是源于以上两个原因,本书的出炉被一拖再拖,现在终于要与读者见面了,值得长舒一口气。

　　自从社会服务功能产生以后,大学一直沿着与经济社会发展之间关系不断深化的方向前进,在政府的推动和社会需求的拉动下,其从"象牙塔"向"服务站"的转变极为明显。当今人类社会发展面临着诸多共同挑战,同时,无论主动或被动,大学已经深深嵌入到社会发展的大循环之中。校园的边界日渐模糊,教师的使命日渐多元,大学活动愈发交织,社会服务性活动把传统的教育教学、知识创新、成果转化、国际合作等串联起来。美国既是大学社会服务功能的诞生地,也是社会服务功能持续演进的全景舞台,尤其是在基于公益性旨趣的社会服务活动上更是独树一帜。公益性服务强调大学与校外主体的互动,旨在增加公共福祉,呈现对传统的教学、研究和社会服务的整合性特征,这在美国被概括为"拓展与参与"。

　　我对这个主题感兴趣,是感觉这与国内经常提到的"顶天立地"很有关系,尤其是在"立地"方面;同时,长期关注大学发展实践和从事院校研究的经历,也使我对社会服务的趋向、理念不断重构大学发展范式的状况有较为深切的感受。而这,恰是"拓展与参与"很本质的蕴含。本书所关注的社会服务,更多是基于社会服务活动的"立地"的方面，即在与广泛的社区受众的沟通、协调中实现共生共赢。当然，为了概念阐释的完整，本书也重点关注"重大挑战"背景下，美国大学正在开展的社会运动式的、看上去并不十分"草根"的协同创新活动。

臧玲玲、齐书宇和我，是在学术活动中结识的伙伴，她们两人甚至至今尚未谋面，既是源于我的居中搭桥，更是因为信息化时代所带来的便捷。撰写此书的缘起，最早可追溯至攻读博士学位期间偶然关注到的一个话题，并于后来形成了一篇文章，即《拓展与参与：美国公立大学功能的新变化》（吴伟、邹晓东、王凯、黄扬杰，《高等教育研究》2013年第6期，第84-93页）。记得当时粗略检索了一下，好像对此主题进行深入研究的中文文章非常少。后一直想做深入的了解和分析，但因为工作繁忙之故，始终未能成形。偶然的机会，在与臧玲玲、齐书宇二位老师的交流中谈及，她们均表示有兴趣。后来，我们就一起沿着这个思路不断深入，并一起发表了多篇相关论文，对此问题的认识也因此不断深化。

我所在的浙江大学、臧玲玲曾经任教的河南大学（她目前在北京师范大学做博士后研究）、齐书宇所在的北京工业大学，都正在做，并极力要做，更多更高质量的社会服务，尤其是针对所在区域的社会服务。同时，我们也看到，社会服务中功利化、碎片化、短期化的不良倾向也在不断侵蚀着大学发展的根基，有时甚至直接侵蚀到大学的社会声誉，长此以往，大学何堪大学之清名？本书对美国大学的拓展与参与活动进行了经验扫描，尤其是对其本质上倡导的学术旨趣互动性、互惠性、公共性特征和强调社会服务做了深入阐释，为中国大学社会服务的航标校正提供了重要参考。

本书撰写过程中，三位作者克服了日常工作繁杂、异地交流不便、家庭事务琐碎等诸多困难，较高质量完成了各自的撰写任务。其中，吴伟负责对全书进行设计，并撰写了绪论和第一、三、四、五章并整理了附录一、二；臧玲玲负责撰写第二和第六、七章的各一部分，并协助修改了第三、四章；齐书宇负责撰写第六、七章的各一部分及第八章，最后由吴伟对全书进行校对定稿。浙江大学公共管理学院（科教发展战略研究中心）的研究生何秀（已毕业，现任职浙江大学图书馆）、郑心怡、蔡雯莹（已毕业）、徐梦玲，以及浙江大学中国科教战略研究院科研助理朱嘉赞老师，协助整理了部分资料，尤其是何秀还提供了第三章的草稿并负责对不少章节进行了一校，在格式、文献等方面花费了大量精力。还要感谢上海交通大学出版社易文娟老师，是她不断的鼓励和督促，才使得书稿得以较快完成，也正是她的辛苦努力,才使得本书的瑕疵减到最少。华东理工大学高等教育研究所范惠明老师,给书稿撰写提供了不少思路和素材,也一并感谢。还要感谢宁波市教育局副局长胡赤弟教授对本书撰写的极大鼓励,他认真审阅全书并欣然作序,还对未来相关研究提出了殷切期望。

当然,本书仍存在不少缺憾,如未对欧洲、亚洲甚至拉美等地区大学社会服务的最新实践进行充分关注,原计划对美国大学相关案例所开展的实地考察也因故未能实现,理论层面的探讨还较为匮乏,等等。作为一本关注大学发展实践的图书,囿于我们学术素养的欠缺,总体上对高等教育相关理论的提升还比较初步,对国外社会服务实践的梳理也可能存在不少纰漏,以上缺陷会在未来的研究中加以弥补。

吴 伟

2019 年 10 月